Educa tu cerebro

David Bueno i Torrens (Barcelona, 1965) es doctor en Biología y profesor e investigador de la sección de Genética Biomédica, Evolutiva y del Desarrollo de la Universitat de Barcelona. En octubre de 2019 fundó la cátedra de Neuroeducación UB-EDU1st y desde entonces la dirige en calidad de CEO. Ha desarrollado su trayectoria profesional y académica fundamentalmente en Barcelona, pero también ha sido investigador en la Universidad de Oxford y ha realizado estancias en el European Molecular Biology Laboratory de Heidelberg, en la Universidad de Innsbruck y en el Cold Spring Harbour Laboratory de Nueva York.

Imparte clases de genética, comunicación científica, formación del profesorado y neuroeducación. Ha publicado más de setenta artículos científicos en revistas especializadas. Colabora habitualmente con diversos medios de comunicación, ha ganado varios premios de difusión científica por sus trabajos sobre neuroeducación, y participa en proyectos de reflexión e innovación educativa promovidos por la Generalitat de Catalunya. Es autor de numerosos libros de divulgación y ensayo, entre los que destacan *El cerebro del adolescente* (2021) y *Educa tu cerebro* (2024).

Biblioteca

DAVID BUENO

Educa tu cerebro

Aprende cómo funciona y cómo optimizarlo para disfrutar de una vida más plena

Traducción de

Andrea Montero Cusset

DEBOLS!LLO

Papel certificado por el Forest Stewardship Council®

MIXTO
Papel | Apoyando la silvicultura responsable
FSC® C117695

Penguin Random House Grupo Editorial

Título original: *Educa el teu cervell*

Primera edición en Debolsillo: febrero de 2025

Diseño de la cubierta: Penguin Random House Grupo Editorial / Begoña Berruezo
Imagen de la cubierta: © Getty Images
Fotografía del autor: © Xavier Torres-Bacchetta

Printed in Spain – Impreso en España

ISBN: 978-84-663-7994-6
Depósito legal: B-21.236-2024

Compuesto en M. I. Maquetación, S. L
Impreso en Novoprint
Sant Andreu de la Barca (Barcelona)

P379946

Índice

Epílogo

Empecemos por el final para cambiar algunas cosas

En efecto, como supongo que ya habréis intuido, este no es un libro convencional. Me refiero a que no sigue una de las normas básicas de los libros. Cuando iba a la escuela me enseñaron que el prólogo va al principio y el epílogo al final. Supongo que por eso la mayoría de los libros empiezan de esa manera, o directamente con una introducción, pero nunca con el epílogo. Según el diccionario, el epílogo es «la recapitulación de lo dicho en un discurso o en otra composición literaria», y normalmente se usa para proporcionarle un cierre. Ahora bien, ¿por qué no podemos invertir el orden? ¿Qué pasaría si lo hiciésemos?

Probémoslo.

Este libro empieza por el final, con el epílogo. Y acabará por el principio, con un prólogo. No con *el* prólogo, sino con *un* prólogo. Ya veréis por qué.

Este libro pretende cuestionar algunas de las cosas que pensamos sobre la educación y el cerebro, de ahí que quiera cambiar la estructura; que no acabe con la última palabra escrita, sino que esta última palabra sirva de inicio para que cada uno, cada lector, aproveche lo que más le convenga, de forma crítica; que nos abra a nuevos pensamientos pero sin ofrecer recetas que haya que seguir. Quiero que sea un libro que podáis criticar; es más, me gustaría que lo criticaseis. Porque de la crítica constructiva surgen los grandes cambios, personales y colectivos.

Asimismo, deseo que nos ayude a conocernos un poco mejor y que con ese conocimiento podamos hacer lo que queramos. Y quiero que nos ayude a conocer un poco mejor a las otras personas, y entre ellas, de manera muy especial, a nuestros hijos e hijas. Y, en el caso de los que nos dedicamos a la docencia, también a nuestros estudiantes. Para que podamos crecer *con* ellos y *en* ellos, y para que ellos puedan continuar creciendo *con* nosotros y *en* nosotros. Fijaos en que digo «con» y «en»: «con» expresa relaciones que denotan acompañamiento, y «en» indica el lugar donde se produce algo.

Convirtámonos en motor educativo y, sobre todo, de cambio educativo, hacia nosotros mismos y hacia los demás. Un cambio basado en el acompañamiento y el crecimiento. Porque nuestra mente no es fija y siempre puede continuar creciendo y ampliando horizontes. Esta es la conclusión del libro. Por eso lo he iniciado con el epílogo. Ahora bien, si queréis saber por qué y cómo podemos continuar creciendo y qué ventajas cognitivas presenta hacerlo, tendréis que continuar leyendo. Hablo de un crecimiento que pueda llevarnos a una vida más plena, en el sentido de más digna y dignificante, y más empoderada.

Quiero concluir este breve epílogo con unas frases sacadas de dos de los numerosos campos culturales que me apasionan, la poesía y el rock and roll (junto con la filosofía, la historia de la cultura y el pensamiento, las artes plásticas y escénicas, la ciencia en general, etcétera, como descubriréis en los ejemplos que iré poniendo en los distintos capítulos). Retomaremos estas frases al final del libro, porque para mí son el inicio de lo que vendrá después.

... que tot està per fer i tot és possible.

... que todo está por hacer y todo es posible.

Verso final del poema «Ara mateix», de Miquel Martí i Pol,
del poemario *L'àmbit de tots els àmbits* (1981)

So close, no matter how far
Couldn't be much more from
the heart
Forever trusting who we are

And nothing else matters

Never opened myself this way
Life is ours, we live it our way

All these words, I don't
just say
And nothing else matters

Tan cerca, por lejos que esté,
no puede haber mucha más
distancia desde el corazón.
Siempre confiamos en quienes
somos
y no importa nada más.

Nunca me he abierto así,
la vida es nuestra, la vivimos
a nuestra manera.
Todas estas palabras no las
digo por decir,
y no importa nada más.

Del grupo estadounidense de heavy metal Metallica;
primeras estrofas de la balada «Nothing Else Matters»
del álbum *Metallica* (1992)

Introducción

Trece preguntas, tres historias y una fórmula

El cerebro es el órgano del pensamiento. Nos permite adquirir conocimientos y experiencias nuevas, al tiempo que gestiona todos nuestros comportamientos. Eso incluye todas las conductas relacionadas con los aprendizajes, en un círculo vicioso inacabable. Y también, y no menos importante, nos permite adaptarnos a este entorno en función de cómo nos relacionamos en él. La forma en que nos comportamos con nosotros mismos y con los demás influye en todo este proceso. Cabe destacar muy especialmente la motivación que tengamos para continuar aprendiendo y creciendo, y las percepciones que tengamos sobre esta posibilidad. O, alternativamente, si pensamos que ya hemos alcanzado un límite prácticamente infranqueable.

Este libro es un ensayo divulgativo sobre nuestras posibilidades de continuar progresando cognitiva y mentalmente, y también sobre nuestra capacidad de querer hacerlo, para poder tener una vida más plena, en el sentido que he señalado en el epílogo inicial: más digna y dignificante, y más empoderada. Iré desgranando toda una serie de temas que nos ayudarán a entender un poco mejor cómo es, cómo funciona y cómo se construye y reconstruye constantemente el cerebro. Ya he hablado de ello en otros libros que he publicado, pero en este lo enfocaré desde una perspectiva diferente, la llamada «mentalidad de crecimiento». Ya veremos qué es y si es real o no. De momento no hace falta que nos preocupemos por eso. Solo os diré que en este libro relacionaré este concepto con muchos otros aspectos de nuestra vida mental y de las capacidades cognitivas que poseemos, más allá de la hipótesis original. Iremos mucho más allá de la propuesta de la mentalidad de crecimiento. Hacerlo supone un riesgo, que tendremos que compartir. Huir de los caminos canónicos siempre implica cierto riesgo. Pero precisamente por eso nos entusiasma tanto. Creo que es la mejor forma de poder dar un paso adelante tanto en lo personal como de manera general, en ciencia o en cualquier otra disciplina. Pese a la posibilidad de equivocarnos, si no nos arriesgamos, no avanzamos. O quizá deberíamos decir que avanzamos gracias a los errores que cometemos.

Lo haré, como en todos los libros que he escrito, desde una perspectiva científica, basada en trabajos procedentes de la neurociencia y la neurociencia cognitiva. Y también de la psicología, la biología, la genética, la pedagogía, la sociología e incluso, en alguna ocasión, la filosofía. Estoy absolutamente convencido de que las ideas más interesantes, las que pueden ayudarnos a vivir con más plenitud, nacen de la confluencia de saberes humanos. Y este caso no es diferente. Para sacar el máximo provecho, hay que ser integrador. Por eso también os pediré que miréis en vuestro interior y a vuestro alrededor, hacia el pasado y hacia el futuro, y por descontado también hacia el presente.

Todos los capítulos nos invitarán a dedicar esta mirada, porque para mí la mentalidad de crecimiento es una actitud interna, de cada persona. Una actitud que, como es lógico, con nuestro ejemplo y nuestra forma de hacer y de vivir, transmitimos a nuestros hijos y estudiantes. Si queremos que ellos quieran continuar creciendo, primero debemos querer hacerlo nosotros.

Una advertencia más. Existe abundante bibliografía científica especializada en torno a este tema, y la he utilizado como base para escribir este libro, pero la visión que os ofreceré también posee componentes personales. El motivo está claro: he querido huir de un libro aséptico y convertirlo en vivencial. También haré algunas propuestas que no están estrictamente recogidas en la bibliografía científica, pero que creo que pueden ayudarnos a entender el quid de la cuestión.

Antes de proseguir quiero formularos unas preguntas. No es necesario que las contestéis; simplemente leedlas y dejad que vayan resonando en vuestro interior:

Trece preguntas:

1. ¿Crees que puedes continuar desarrollando tus habilidades y talentos con práctica y esfuerzo, o piensas que ya son fijos e invariables?
2. ¿Cómo afrontas los retos y los obstáculos? ¿Te ves capaz de superarlos mediante el esfuerzo y llevando a cabo aprendizajes nuevos?
3. ¿Cómo recibes la crítica y el fracaso? ¿Los ves como oportunidades para aprender y crecer, o los consideras indicativos de tus limitaciones personales?
4. Cuando te encuentras con tareas o situaciones que no has afrontado nunca, ¿tienes una actitud positiva y abierta para aprender y adquirir conocimientos nuevos, o prefieres seguir haciendo lo que siempre has hecho porque sabes que te sale bien?

5. ¿Cómo te enfrentas a las dificultades? ¿Las ves como momentos para desarrollar tu perseverancia y resiliencia, o tiendes a rendirte con facilidad?
6. ¿Cómo te enfrentas a tus éxitos y a los éxitos de los demás? ¿Eres capaz de celebrar y admirar los avances ajenos sin sentirte amenazado o en condiciones de inferioridad?
7. ¿Cómo te motivas cuando te encuentras delante de desafíos? ¿Eres capaz de generar una mentalidad positiva y buscar estrategias para salir adelante?
8. ¿Te gusta aprender de personas con más experiencia y conocimientos que tú en un ámbito determinado? ¿Tienes interés en adquirir nuevos conocimientos y perspectivas?
9. ¿Cómo ves los errores? ¿Crees que son parte inherente del proceso de aprendizaje y los utilizas como una oportunidad de mejora, o los ves como fracasos y te los tomas como una afrenta personal?
10. ¿Cuál es tu actitud hacia el aprendizaje constante? ¿Crees que el aprendizaje no tiene límites y que siempre hay alguna cosa nueva que descubrir y admirar?
11. ¿Crees que si quieres hacer algo podrás hacerlo de un modo u otro o piensas que tienes unos condicionantes que favorecen algunas de tus características y limitan otras, pero que, aun así, siempre puedes ir un paso más allá?
12. ¿Buscas alternativas para seguir mejorando lo que ya sabes que haces bien, o crees que si ya lo haces bien te conviene no cambiarlo por si acaso?
13. ¿Confías en las decisiones que tomas y te empoderan, o prefieres que otras personas decidan por ti?

El cerebro también es la sede de los sueños. A través de su actividad podemos imaginar tantos futuros posibles como queramos. O tantos como podamos, dependiendo de adónde llegue nuestra imaginación y las ganas o la capacidad que tengamos de asumir retos y llevarlos a la práctica.

Conocer el cerebro, cómo se va construyendo y cómo funciona, es una de las vías principales para cambiarlo. Y este será el nudo central del libro: ¿podemos cambiar nuestro cerebro?, ¿podemos educarnos a nosotros mismos?, ¿cómo puede ayudarnos todo esto a afrontar con más confianza la educación de nuestros hijos y estudiantes?, ¿cómo se relaciona con tener una vida plena y con qué margen de maniobra contamos?

Ahora bien, si pensáis que responderé a estas preguntas por vosotros, estáis equivocados. Mi intención es ofrecer un puñado de elementos para que cada uno pueda abordarlos como crea más oportuno. Este libro tiene la ambición de ser un inicio de pensamiento, no un final cerrado. Si fuese un final cerrado se convertiría en todo lo contrario de lo que explica. Pretendo lanzar ideas al vuelo, no encerrarlas en una jaula de dogmatismos. Por eso quiero que el libro estimule la crítica y la autocrítica. Pretende ser una historia que comience cuando acabéis de leerla.

Según la filósofa estadounidense Wendy Brown, «pensar no es ejecutar bien un procedimiento determinado ni aplicar unas fórmulas adecuadamente». Pensar es para ella «afrontar unos problemas para los cuales no disponemos de formulismos previos. Si no nos planteamos cuestiones nuevas, si no hay interrupción del sentido común, el pensamiento no se activa [como, por ejemplo, empezar por el epílogo y acabar por el prólogo]. Para activar el pensamiento hay que ir a buscar situaciones inacabadas sin reproducir esquemas. Pero hay que hacerlo con humildad, para acercarnos a lo que no sabemos sin sacarnos soluciones mágicas del sombrero. Y también con valentía, para renunciar al reconocimiento fácil, a los dogmas establecidos y a las etiquetas».*

Humildad y valentía, sin soluciones mágicas, únicamente elementos para pensar, porque es a través del pensamiento como podemos ensanchar nuestros límites personales y ganar en libertad de autogestión. El libre albedrío es uno de los temas que han guiado mi investigación académica y personal, y también tendrá protagonismo en este libro, hacia el final, junto con otra idea que ya he mencionado: la mentalidad de crecimiento, de la cual hablaremos mucho a partir del capítulo cuatro. La mentalidad de crecimiento forma parte de una propuesta de la psicóloga estadounidense Carol Dweck. Según Dweck, hay personas que piensan que sus capacidades mentales, entre ellas la inteligencia, no pueden incrementarse, mientras que otras piensan que sí. Y eso comporta dos maneras radicalmente distintas de actuar, pensar y vivir. También afirma que cabe la posibilidad de pasar de una mentalidad a la otra, si se dan determinadas condiciones. En 2020 realicé un trabajo sobre esta cuestión para un instituto de la Unesco con el que colaboro, el International Bureau of Education, desde una perspectiva neurocientífica. De ahí nació la idea del libro, *educarnos para educar*. Pero no adelantemos acontecimientos, porque vale la pena aproximarnos poco a poco, no solo para entender todas sus implicaciones, sino también para disfrutar del trayecto.

Ahora me gustaría compartir con vosotros tres historias reales y personales y una fórmula matemática que me han

* Estas frases de Wendy Brown las he tomado prestadas del libro *Malas compañías*, de la filósofa Marina Garcés.

inspirado. El tema de la inspiración es sin duda fascinante. Según el diccionario, inspirar es «infundir o hacer nacer en el ánimo o la mente afectos, ideas, designios, etc.». Por consiguiente, se trata de tres historias y una fórmula que me han infundido ideas y me han llevado a escribir este libro. Son su origen conceptual, por lo que han preconfigurado su temática y su estilo. En los distintos capítulos encontraréis más historias reales que nos ayudarán a ir centrando los temas concretos que desarrollo, pero las que os presentaré ahora son el origen de este trabajo.

Hay más definiciones todavía de la palabra «inspiración» que nos resultan útiles. En neurociencia cognitiva se define como el estado de motivación que permite que fructifiquen las ideas que tenemos. Hablaremos mucho de la importancia de la motivación. Estas historias me han motivado hasta el punto de querer que las ideas que contienen fructifiquen en este ensayo, el cual se nutre también de ideas y conocimientos previos que ya tenía y de muchos otros que he adquirido mientras lo preparaba. No en balde, en la bibliografía del final encontraréis casi trescientas referencias que he utilizado para sustentar todo lo que explico, las conclusiones que extraigo y las propuestas que hago a partir de ellas. Algunos de estos trabajos son fruto de mi propia investigación científica. Muchos otros los he tomado de la literatura especializada. En cualquier caso, todos tienen una base científica y neurocientífica, biológica y genética, y también psicológica, pedagógica, sociológica o filosófica.

En ambientes artísticos, en cambio, se dice que la inspiración es lo que desata la creatividad y la difusión de pensamientos y emociones, la idea original o el detonante que hace que alguna cosa se vuelva estética. Volviendo a estas historias, han supuesto un impulso crucial para emprender el proceso de creación de este ensayo divulgativo, con el cual pretendo difundir una serie de pensamientos racionales y también de estados emocionales que considero interesantes para seguir reflexionando sobre contextos educativos, desde la estética propia de cualquier sistema orgánico como es el cerebro. Y también desde la sensibilidad, la motivación y, como dicen los movimientos artísticos con respecto a la inspiración, desde la creatividad.

Finalmente, la psicología moderna considera que la inspiración es el uso de ideas que provienen de experiencias previas, incluidas las preconscientes, que se combinan para generar algo nuevo. Las tres historias que estoy a punto de presentaros también me han hecho remover experiencias previas y han favorecido que fuesen combinándose y recombinándose, como espero que os ocurra a vosotros cuando leáis los distintos capítulos del libro. Ya veréis cómo al final estas tres historias y la fórmula matemática que la sigue acaban enlazando unas con otras, en los contenidos de los distintos capítulos, y que los dotan de sentido.

Primera historia:

En 2007, un compañero de la facultad de Biología me hizo una propuesta inesperada: que coordinase la asignatura de Biología en las pruebas de acceso a la universidad de Cataluña (para entendernos, la famosa, o infame, según cómo se mire, selectividad). Él llevaba casi diez años al frente y, aprovechando que se acercaba un cambio curricular importante, pensaba que había llegado el momento de pasar el relevo a otro. Me lo propuso por diversos motivos, entre los cual se contaba el hecho de que yo era buen conocedor de los estudios de secundaria y de bachillerato, aparte de los universitarios. Antes de ser profesor e investigador en la universidad, había trabajado como docente en una escuela de Barcelona. Además, también había escrito una docena de libros de texto y propuestas didácticas para estas etapas educativas.

Soy un amante de los retos y las novedades, que me estimulan y me motivan, y enseguida acepté. Desde entonces hasta ahora que escribo estas líneas, a mediados de 2023, he estado ejerciendo de responsable de esta asignatura. Una de las tareas principales, aunque no la única, consiste en preparar las pruebas de Biología, un trabajo que comparto de manera asamblearia con siete subcoordinadores fantásticos. Por otro lado, respondo a dudas y consultas que me plantean los profesores de esta asignatura, varios cientos en toda Cataluña, y de vez en cuando también recibo correos de algunos estudiantes de bachillerato.

Esta primera historia proviene de unos correos que me envió una alumna poco después de haber hecho la prueba de selectividad. Me decía que por culpa de la prueba de Biología no podría entrar en el grado de Medicina, que era lo que siempre había soñado y lo único que la motivaba. Cabe decir que la nota final proviene de distintas medias, que incluyen las notas de bachillerato en un 60 %, las de las asignaturas obligatorias de selectividad en un 40 %, y de una ponderación de las asignaturas optativas, entre las cuales está Biología. La calificación de Biología tiene efecto en el cómputo global, por descontado, pero es un efecto relativo cuando se considera en su conjunto. No estoy discutiendo aquí que este sistema sea el más idóneo, ni siquiera que sea cien por cien justo, porque tiene aspectos mejorables. Y algunos muy mejorables. Lo que importa es que es común para todo el estudiantado, lo que garantiza la equidad.

Le respondí al correo explicándole cuál es el sistema que se sigue, que es público y sin duda ella ya conocía, para que viera que, si bien la nota de Biología seguro que había influido, todas las demás también habían afectado al resultado final.

Volvió a escribirme, esta vez con alguna falta de respeto hacia mi persona que pasé por alto porque consideré que debía de encontrarse bajo una presión y un estrés elevadísimos. Este es otro aspecto importante de esta historia, la presión y el estrés. Le sugerí que pidiese una segunda corrección de su prueba. Recibí un tercer correo, en un tono similar al segundo, y le pedí que, por favor, no volviera a escribirme. Todas las correcciones deben ser anónimas, y empezaba a darme detalles y datos que podían alterar este anonimato.

No he tenido más noticias. Deseo de todo corazón que haya encontrado su camino, pero me quedé con una frase que me impactó mucho: «Si no consigo entrar en Medicina, mi ilusión se habrá acabado para siempre, porque es lo único que me interesa y me motiva». La motivación y el interés son, sin duda, cruciales en la vida de las personas, pero que una joven de diecisiete o dieciocho años considere que solo tiene una opción vital válida resulta muy preocupante. Indica una escasa flexibilidad cognitiva, dificultades de resiliencia y de autogestión emocional, una visión finalista de los errores y el fracaso, y una limitada mentalidad de crecimiento. Porque opciones siempre hay, y tenemos muchos caminos que podemos escoger transitar. Pero debemos ser capaces de verlos y de tomar las decisiones adecuadas para continuar creciendo, de la manera más reflexiva posible.

Segunda historia:

He tenido la suerte de haber podido conocer a mis cuatro abuelos y de haber disfrutado de ellos unos cuantos años. De formas distintas, porque cada uno tenía su propia personalidad, más afable o más distante, dependiendo de cómo hubieran sido su educación y su vida. Porque la educación que recibimos y la sociedad en la que vivimos y nos desarrollamos como personas dejan huella en el cerebro. Y condicionan, aunque no determinan, nuestros comportamientos futuros. Tengo muy buenos recuerdos de los cuatro.

Uno de mis abuelos tuvo una vida ciertamente longeva. Sobrepasó los noventa y nueve años, con la mente muy lúcida. Hasta poco antes de morir aún leía el periódico a diario y discutía sobre política con mi madre y con su mujer, mi abuela, que tuvo una vida casi tan larga como él, hasta los noventa y siete. Escribía poesía, le gustaba ver documentales por televisión y se interesaba por la informática, como paradigma de modernidad. Hasta los noventa largos, no sabría decir con exactitud la edad, dedicaba un rato cada día a estudiar inglés. Como lengua franca en la mayor parte del mundo, afirmaba que había que saberla para estar al día, para no quedar desfasado. Le había oído decir muchas veces que «solo es viejo quien no quiere aprender». Y ese es el mensaje principal de esta segunda historia. A pesar de que en los últimos años de su vida le costaba caminar, nunca lo vi «viejo». Mi abuela no se quedaba corta a su lado. Modesta y discreta, como marcaban los cánones sociales de la primera mitad del siglo XX, tenía un carácter muy vivo.

«Solo es viejo quien no quiere aprender», una máxima que practicaban los dos. Aprender es, como veremos, modificar el cerebro, educarlo. Supongo que habéis detectado una diferencia radical con la primera historia: pensar que cuando tienes una dificultad ya no te quedan más opciones, pese a ser joven, o, por el contrario, tener claro que siempre hay camino por recorrer, cosas nuevas que hacer y aprender, aunque te adentres en la vejez. No es cuestión de edad, ni de nivel de estudios o socioeconómico (a pesar de que estos aspectos en ocasiones pueden influir), sino sobre todo de actitud interna. Hablaremos también de estas actitudes, de cómo nos condiciona la educación que recibimos y la que nos damos a nosotros mismos, y de cómo afectan al cerebro, a su flexibilidad y a su capacidad de continuar creciendo. Veremos que, en mi interpretación, la mentalidad de crecimiento es una cuestión de actitud interna, que no tiene por qué corresponderse necesariamente con la profesión que ejercemos ni con la categoría profesional que alcanzamos. Ni siquiera con el hecho de ser más o menos ambiciosos. En verdad, he conocido a personas muy ambiciosas y que ostentaban cargos de poder y decisión pero que tenían una mentalidad muy fija, la opuesta a la de crecimiento.

Tercera historia:

Una de mis grandes aficiones es el montañismo. Salir a caminar por la montaña, subir picos, recorrer crestas, vagar por los valles, bajar brincando por los berrocales (bueno, esto último lo hacía cuando era joven; ahora los bajo despacio y con mucho cuidado, para no caerme), ponerme las raquetas o los crampones en invierno para seguir subiendo por la nieve o el hielo, atravesar ríos y remojarme, tumbarme en los prados refrescantes y dar una cabezada al lado de un estanque mientras el sol me calienta la cara y el cuerpo, asimilando la infinitud de matices sonoros y cromáticos que acompañan a la naturaleza. Es una afición que me viene de tradición familiar.

Muchos de mis grandes recuerdos de adolescencia también tienen este origen. Horas y horas caminando con mi grupo de amigos, hablando y riendo. Compartiendo el peso de la tienda, del hornillo y de la comida durante las travesías. Cocinando juntos, sudando y pasando frío, mojándonos cuando llovía y ayudándonos unos a otros siempre que hacía falta: en la montaña, nadie puede quedar atrás. Y entre bromas y chanzas, en especial cuando el tiempo no nos acompañaba. Sigo saliendo a la montaña siempre que puedo. Desde hace más de treinta años, con mi esposa, una afición que compartimos desde el día que nos conocimos y que hemos transmitido a nuestros hijos, ahora ya jóvenes.

No todo el que va a la montaña la disfruta de la misma manera. Hay quienes tienen por objetivo alcanzar la cima, y avanzan rápido para, una vez alcanzada, desandar el camino sin entretenerse. Si no llegan a lo más alto, o si tardan más de lo que marcan las guías de montaña, consideran que el día no ha acabado de valer la pena. He conocido a unos cuantos de estos. Yo la vivo de una forma completamente distinta. Para mí, lo que importa no es llegar a la cima, sino disfrutar del camino que conduce hasta ella. Saborear los paisajes, los sonidos, los colores y los olores; disfrutar de la conversación con los compañeros y compañeras de ascensión, y compartir las dificultades y el cansancio. Y si es posible, claro, también disfrutar de la cima. Si es posible, digo, porque lo importante es el camino recorrido y compartido, no (solo) llegar a lo más alto de la montaña. Al cerebro le ocurre lo mismo en todas las situaciones: disfruta más del hecho de tener objetivos y avanzar hacia ellos que de alcanzarlos. Y si son compartidos, sin dejar a nadie atrás, la sensación de recompensa y placer es aún más intensa.

En este libro hablaremos de todo esto y de muchas cosas más, desde una perspectiva neurocientífica amplia, pero enfocada en cómo podemos influir en la construcción de nuestro cerebro, cómo debemos seguir educándonos y por qué deberíamos hacerlo, para, a partir de aquí, ayudar a nuestros hijos y estudiantes a optimizar también el suyo. Decía Miquel Martí i Pol, a quien he citado al principio del libro, «que todo está por hacer y todo es posible». Veremos que no todo está por hacer, y tampoco todo es igualmente posible. Pero hay muchas más cosas que las que a menudo pensamos que sí que podemos hacer. Y muchas más posibilidades de las que imaginamos. Eso, siempre que mantengamos una dosis adecuada de flexibilidad cognitiva y de mentalidad de crecimiento, los dos conceptos que planearán por encima de todas las páginas de este volumen.

Al fin y al cabo, como dicen los componentes del grupo de heavy metal Metallica en la balada que he reproducido parcialmente también al inicio del libro, tenemos que confiar en quienes somos, porque «la vida es nuestra, la vivimos a nuestra manera» y «no puede haber mucha más distancia desde el corazón». Porque, sin confianza y sin sentirnos empoderados en el camino que nos marcamos, la vida no será nuestra, y mutilaremos las posibilidades de las que podamos disfrutar.

Fórmula matemática:

Todo lo que he dicho hasta ahora puede resumirse en una «fórmula matemática», que también aporta consistencia a lo que iré explicando y argumentando en los diferentes capítulos del libro:

$$Vida = \int_{nacimiento}^{muerte} \frac{bienestar}{tiempo} \Delta\, tiempo$$

Traducida, viene a decir que la vida, al fin y al cabo, acaba siendo la suma total del bienestar del que disfrutamos entre nuestro nacimiento y nuestra muerte a lo largo del tiempo. El bienestar que generamos, no la felicidad. Repito: bienestar, no felicidad. Porque este será otro aspecto importante que consideraremos, la diferencia entre bienestar y felicidad. ¿Debemos intentar ser siempre felices o debemos saber gestionar nuestro bienestar? En el plano cerebral, como veremos, las diferencias son importantes.

Ahora ya podemos empezar. Emprendemos el viaje con una ruta marcada, sabiendo que tendremos que ser flexibles y, quizá, ir cambiándola. Y que tendremos que aprender cosas nuevas y, por tanto, crecer por dentro.

La llegada, suponiendo que tenga que haber una, dependerá de cada persona.

1

Miremos alrededor

¿Qué queremos decir cuando decimos «educar»?

Puede que resulte extraño, pero educar implica, literalmente, cambiar el cerebro. Los aprendizajes que realizamos y las experiencias que vivimos, incluyendo los estados emocionales y los pensamientos que tenemos, alteran de manera sutil las conexiones neuronales. Educar es contribuir a configurar y reconfigurar las redes neuronales del cerebro. Es una responsabilidad que compartimos, tanto si hablamos de la educación de nuestros hijos e hijas como de nuestro estudiantado, y también de nosotros mismos. No suele tratarse de grandes cambios neuronales, excepto cuando se produce una experiencia muy traumática, pero la acumulación de muchas modificaciones aparentemente imperceptibles acaba generando efectos visibles.

Cada día, cuando nos acostamos, nuestro cerebro es necesariamente diferente de como era cuando nos hemos levantado, porque ha acumulado algunas de las experiencias que hemos vivido. Y cuando nos despertamos al día siguiente por la mañana tampoco es el mismo que la noche anterior, dado que mientras dormimos continúa su actividad transformadora, combinando y recombinando estos cambios con las experiencias y la biografía anteriores de cada uno. Educar es modificar el cerebro, pero debemos ir mucho más allá, para guiarlo en una transformación respetuosa. Debemos empezar, por tanto, hablando de a qué nos referimos cuando decimos «educar».

Cuando empecé a dedicarme a la educación, en el año 1989, la mayor parte de los aspectos que vinculan los aprendizajes con cambios cerebrales tangibles aún no se conocían. Empezaban a intuirse y ya había algunas publicaciones científicas que hablaban de ellos. Pero yo aún no lo sabía. Lo descubrí una década más tarde.

Según el diccionario, educar es «desarrollar o perfeccionar las facultades intelectuales y morales del niño o del joven por medio de preceptos, ejercicios, ejemplos, etc.», «desarrollar la inteligencia, la voluntad», o simplemente «dirigir, encaminar, doctrinar».

Actualmente, no obstante, con los conocimientos que tenemos del cerebro, de cómo se forma y de cómo gestiona nuestros comportamientos, cuando decimos «educar», ¿tenemos que referirnos únicamente a estas definiciones o es necesario que llevemos el concepto aún más lejos? Esta es la pregunta que, en este primer capítulo, nos servirá para introducir elementos iniciales de reflexión acerca de la educación, unos aspectos que me llevarán a elaborar una definición muy personal de lo que significa educar para mí, en la cual basaré el resto de las reflexiones del libro. Empecemos mirando a nuestro alrededor, como dice el título del capítulo.

Sin embargo, antes quiero contaros una pequeña historia personal que solo conocen algunas personas de mi entorno pero que me abrió los ojos a un mundo que, hasta entonces, me resultaba completamente desconocido. Una historia que, vista en perspectiva, implicó un cambio importante en mi cerebro. Un choque cognitivo del que aún me estoy recuperando. Y espero no acabar de recuperarme nunca; quiero que se mantenga muy vivo para que siga estimulándome en mi trabajo y me ayude a continuar creciendo.

Una confesión inicial

Cuando acabé los estudios de Biología, que a mediados de la década de 1980 duraban cinco años, tenía muy claro que quería hacer una tesis doctoral para dedicarme a la investigación, en concreto a la genética y a la neurociencia. Eso implicaba invertir cuatro años o más de trabajo en el laboratorio para construir una tesis doctoral, motivo por el cual la situación óptima era obtener una beca no solo para cubrir los gastos de los cursos de doctorado que debía superar, sino también para ganar independencia económica. Las becas para la realización de tesis doctorales se concedían casi exclusivamente por las notas obtenidas durante los estudios universitarios. Mis calificaciones, pese a no ser malas (casi un notable de media, un 6,9 sobre 10, para ser exactos), no bastaban ni de lejos para tener beca. Eso me llevó a buscar un trabajo alternativo a tiempo parcial que me permitiese adquirir independencia económica y a la vez disponer de tiempo suficiente para ir avanzando en la realización de la tesis.

Gracias al profesor de Biología que había tenido mientras cursaba COU (el equivalente de aquella época al segundo de bachillerato actual), con quien había mantenido el contacto y me enorgullece decir que también la amistad, encontré trabajo en una escuela de Barcelona. Debía dedicar el 60 % de mi jornada laboral a impartir clases de ciencias naturales y geografía a chicos y chicas de doce a catorce años. Esta dedicación parcial me permitía destinar el resto de la jornada y un montón de horas más por la noche y los fines de semana a llevar a cabo la investigación científica en el laboratorio y preparar la tesis doctoral.

Por aquel entonces, dedicarme a la docencia no formaba parte de mis planes vitales. Nunca había formado parte de ellos. Mientras estudiaba en la universidad, había dado algunas clases particulares y había ayudado a mi profesor de Biología de COU a preparar y realizar unas prácticas de laboratorio con sus alumnos. También impartía clases de taekwondo a niños y preadolescentes en un club deportivo. Practicaba dicha arte marcial de origen coreano desde hacía años. Lo importante de esta historia, la parte que poca gente conoce, es que no comencé a dedicarme a la educación por vocación docente. Lo hice por la simple necesidad de conseguir una independencia económica que me permitiese iniciar la vida adulta. Acababa de cumplir veinticuatro años.

No obstante, dos semanas después de haber empezado a trabajar en aquel centro educativo, de haber compartido los primeros aprendizajes con mi alumnado, de haberme ganado su respeto y que ellos y ellas se hubiesen ganado completamente el mío, me había enamorado de la docencia. El respeto no puede imponerse; debe ganarse a través de la confianza compartida. Para el final del primer trimestre de aquel curso, tenía claro que quería que la educación formase parte de mis propósitos no solo profesionales, sino también vitales. Ya no solo para tener un sueldo, sino también, por encima de todo, por el placer y la curiosidad que me producía. Nunca agradeceré lo suficiente a los estudiantes y compañeros que tuve durante aquellos años todo lo que aprendí de ellos.

Descubrí que disfrutaba tanto de compartir mis conocimientos como de recibir los que, con su actitud y sus aportaciones en clase, adquiría de mi alumnado. Y que aún hoy, más de treinta años después, sigo adquiriendo cada día de mis alumnos. Educar mi cerebro para educar el de mis alumnos, y hacerlo también a través de mis alumnos. No renuncié a la investigación científica, no lo he hecho nunca. Continúo trabajando con un equipo de investigación, ahora dedicado a investigar en torno a neurociencia educativa. O, lo que es lo mismo, en torno a cómo aprende el cerebro y cómo todo aquello que aprendemos, y muy especialmente cómo lo aprendemos, va modificándolo de forma progresiva. Este mismo placer de compartir educación, es decir, de educar mi cerebro al mismo tiempo que ayudo a educar el de otras personas, lo he experimentado también con la máxima intensidad con mis hijos.

En 1994 acabé la tesis doctoral, la cual, por cierto, ganó un par de premios. Y me fui una temporada al extranjero, a Oxford, a dedicarme a otras investigaciones científicas. Pero, como he dicho, incorporé una nueva vertiente a mi vida profesional, la educación, que me ha enriquecido. Ver cómo el estudiantado va creciendo contigo, constatar que aprende de lo que tú sabes y que al mismo tiempo tú aprendes de lo que ellos y ellas te aportan es, para mí, una experiencia indescriptiblemente gratificante. Percibir de manera consciente que hay alumnos cognitivamente más ágiles a los cuales debes proporcionar estímulos más complejos, y otros a los que les cuesta más avanzar pero que con los estímulos y la confianza adecuados tampoco se detienen nunca, haciendo que todos se esfuercen y que exploren su potencial para progresar, sigue colmándome de sensaciones de recompensa. Mis estudiantes actuales lo saben bien (o eso me parece a mí).

Esta historia, que es una confesión honesta de mis orígenes profesionales, me permite introducir una serie de elementos que, como iremos viendo, serán importantes para los argumentos que aportaré en este libro: sensaciones de recompensa y disfrute, esfuerzo, progreso, propósito, cambio, experiencias, estados emocionales, choques cognitivos, motivación… Ahora, sin embargo, quiero que os fijéis en algo que he dicho hacia el final del párrafo anterior. He hablado de «alumnos cognitivamente más ágiles» y de otros «a los que les cuesta más avanzar, pero que con los estímulos y la confianza adecuados tampoco se detienen». No he utilizado la palabra «inteligencia». Hablemos un poco de este concepto, porque tradicionalmente se ha relacionado con la educación. Y además, como veremos, tiene una relación directa con la denominada «mentalidad de crecimiento», de la cual hablaremos mucho en el clímax del libro. Cuando la psicóloga estadounidense Carol Dweck propuso por primera vez la hipótesis de la mentalidad de crecimiento lo hizo precisamente en relación con el cociente de inteligencia. Por eso debemos hablar de ello.

Los ojos de la inteligencia

En 1984, un estudio del psicólogo y filósofo estadounidense James Robert Flynn trastocó algunas concepciones que se tenían sobre la inteligencia. Y, de rebote, posiblemente sin saberlo, contribuyó al cambio en la noción de educación. Nacido en 1934 en Washington, sus ideas sociales y de izquierdas lo obligaron a emigrar con su familia a Nueva Zelanda, país en el que desarrolló buena parte de su carrera científica. Tradicionalmente, la visión más extendida de la inteligencia era que se trataba de una característica mental, cognitiva y cerebral prácticamente inmutable. Como es el caso, por ejemplo, del color de los ojos. Nacemos con una inteligencia determinada y la arrastramos de por vida.

De ser así, la educación de poco serviría para modificarla. Tan solo permitiría destacarla y hacer que brillase con más intensidad, de la misma manera que el color de una prenda de ropa puede realzar nuestros atributos físicos, como la tonalidad de los ojos, que, desde luego, no cambiará. Según los expertos en moda, por ejemplo, la ropa de color azul, naranja o rosa es la que más resalta los ojos azules. Pero siguen siendo azules.

Hablemos un momento de la coloración de los ojos, porque me permitirá establecer una comparación con la inteligencia. ¿Sabíais que, en realidad, los ojos azules no son de color azul? La coloración de los ojos depende de una serie de pigmentos que se acumulan en el iris, una estructura muscular circular que se encarga de controlar la cantidad de luz que entra en el ojo a través de la pupila. El iris consta de dos capas. La capa posterior, que se denomina «epitelio pigmentario», contiene pigmento de color marrón en la mayoría de las personas. La capa anterior, en cambio, también puede contener pigmentos, pero no todo el mundo los tiene. Si la capa de delante también tiene pigmentos, los ojos se ven de color marrón o verde, dependiendo de la cantidad y el tono de este segundo pigmento. Ahora bien, cuando esta segunda capa no tiene ningún pigmento, entonces los ojos se ven de color azul. Esto se debe a que, en realidad, no vemos el color de los pigmentos del iris, sino los rayos de luz que rebotan en ellos. Vemos la luz que se refleja en los ojos. Los que vemos de color azul absorben todos los colores de la luz, salvo el azul, que rebota en ellos. Y por eso los vemos azules.

¿Qué tiene que ver el color de los ojos con la inteligencia? Cuando se valora la inteligencia de una persona no se mira cómo funciona su cerebro, que es el órgano responsable de integrar todos los aspectos que confluyen en esta capacidad cognitiva. Tampoco qué neuronas tiene, cómo están dispuestas ni cómo se conectan entre ellas. Se valora lo que «sobresale» del funcionamiento de este órgano. O, mejor dicho, se evalúan algunos de los aspectos que sobresalen, pero no todos. Se cuantifica qué reflejan los efectos observables sobre tareas externas en un momento dado y en unas condiciones predeterminadas. Ni siquiera se valoran los pensamientos internos, las motivaciones ni los propósitos, sino cómo quedan reflejadas determinadas capacidades en ese momento y en esas tareas.

Hablemos un poco más del color de los ojos, porque aún nos permite establecer otra comparación con la inteligencia. Hace tiempo que sabemos que el color de los ojos tiene una base genética. De forma intuitiva, todo el mundo lo sabe; por eso no es de extrañar que, cuando nace un bebé, se busquen paralelismos con los familiares: tiene los ojos de su madre, de su padre, del abuelo Juan o de la tía Conchita. Hasta hace unos años, se creía que el color de los ojos dependía de un solo gen, y que por tanto el tipo de herencia que presentaba esta característica genética era razonablemente simple. Sin embargo, a menudo las observaciones no encajaban con esta suposición. Ahora sabemos que el color de los ojos depende, como mínimo, de diez genes diferentes que controlan la cantidad de pigmentos que genera el iris, el tono y la proporción de dichos pigmentos. Por eso resulta tan difícil anticipar cómo será el color de los ojos de una persona mirando los de sus padres. Depende de numerosas interacciones.

Pues bien, con la inteligencia resulta todavía más complejo. Tiene una base genética, de la cual hablaremos con algo más de detenimiento en otro capítulo, pero se sabe que hay más de sesenta genes que contribuyen a ella, cada uno de los cuales la matiza de una manera distinta. Y siempre, absolutamente siempre, en interacción con el ambiente, un efecto que no se produce con el color de los ojos.

La visión tradicional que se tenía de la inteligencia, como una característica cognitiva prácticamente inmutable, provenía de la Grecia clásica, y apenas había cambiado a lo largo de los siglos. Sócrates, por ejemplo, proponía que la inteligencia era como un bloque de cera, que puede ser de diferente medida, dureza, pureza y humedad dependiendo de cada persona. Para Platón, no todo el mundo tenía un mismo grado de pensamiento racional (entendido como inteligencia). Creía que solo una élite de personas podía recibir educación académica. La educación no era adecuada para los niños con pocas aptitudes y, además, estas aptitudes se hallaban determinadas por la clase social.

De estas concepciones sobre la aparente inmutabilidad de la inteligencia provienen las definiciones más habituales de «educación» que pueden encontrarse en los diccionarios. Todas enfatizan que permite desarrollar aquello que ya se tiene. Sin embargo, creo que es muy interesante tener en cuenta el origen etimológico de la palabra «educar». Proviene del latín *ducere*, *educare* o *educere*, que a su vez procede de la raíz indoeuropea *deuk-*, que significa «guiar». Educar sería, por tanto, guiar o conducir en el conocimiento o hacia el conocimiento. Guiar, y no (solo) transmitir. Transmitimos cosas finitas, pero podemos guiar por caminos cuyo final no conocemos. También guiarnos y conducirnos a nosotros mismos, de forma voluntaria y consciente, como sujetos activos, y no (solo) dejar que nos guíen y nos conduzcan, de manera pasiva.

Ya seguiremos hablando de educación, pero antes debemos ahondar en Flynn y su estudio sobre la inteligencia. ¿Recordáis a James Robert Flynn, el psicólogo y filósofo estadounidense al que hemos mencionado al comienzo de este apartado, que se vio obligado a emigrar a Nueva Zelanda porque sus ideas sociales no eran bien vistas en los Estados Unidos de la época? Las conclusiones en clave educativa que se pueden sacar de su estudio y de estudios posteriores en la misma línea serán importantes para definir qué entendemos en este libro por educación. Y, en consecuencia, hasta dónde podemos llevar la educación de nuestro cerebro para crecer y para ayudar a crecer también a nuestros hijos y alumnos. La sorpresa, creo, está garantizada.

El efecto Flynn: cuando éramos cada vez más listos

Flynn estaba interesado en ver si la inteligencia es en efecto un parámetro constante y estático o si, en cambio, puede variar con el tiempo entre diferentes generaciones. No examinó si puede variar en una misma persona, sino si se trata de una característica inmutable en la especie humana con el paso de las generaciones. El examen de si puede variar en una misma persona, en el transcurso de su vida, lo haremos más adelante, en otros capítulos, dado que tiene una importancia crucial para el desarrollo de la hipótesis de la mentalidad de crecimiento.

Para averiguar si la inteligencia es un parámetro estático o si puede variar entre generaciones, Flynn estudió si se habían producido cambios en lo que respecta al cociente de inteligencia durante los dos primeros tercios del siglo xx. El cociente de inteligencia (CI) se calcula con una serie de tests denominados de forma genérica «tests de inteligencia», que proporcionan un valor numérico. Son una serie de ejercicios diseñados para cuantificar la capacidad de razonar con lógica acertada, de efectuar abstracciones, de aprender y de procesar información nueva.

El primer test de inteligencia considerado moderno lo publicaron en el año 1905 los psicólogos franceses Alfred Binet y Théodore Simon. Este test, diseñado inicialmente para cuantificar el grado de inteligencia de los niños, permitía valorar su edad mental respecto a la cronológica. Desde entonces se han realizado varias adaptaciones, algunas de ellas para valorar también el CI de personas adultas. Los tests más habituales constan de una serie de problemas de distinta dificultad que hay que resolver y que requieren habilidades aritméticas, identificación de similitudes lingüísticas y orientación espacial de figuras geométricas. Estos son los elementos clave que valoran.

Pese a que nadie discute que hay personas que muestran más habilidades cognitivas que otras, el valor numérico del CI genera críticas diversas. Los que nos dedicamos a la docencia sabemos que, en cualquier grupo de estudiantes, siempre hay unos cuantos que aprenderían sin necesidad de profesorado. En broma, para referirme a ellos, a veces digo que son estudiantes que aprenden «a pesar de tener profesores». Y también sabemos que hay otros a los que a menudo les hará falta más ayuda con algunos aspectos concretos y no tanta o ninguna con otros.

Todos los años, por ejemplo, entre los meses de febrero y mayo imparto la asignatura de Análisis genético en la facultad de Biología de la Universidad de Barcelona. Tengo un grupo de unos ochenta estudiantes, normalmente del grado de Biotecnología. Cuando llevamos un par de semanas de clase, ya empiezo a detectar a aquellos que claramente destacarán y que, cuando acabe la asignatura, sabrán más genética que yo, por las preguntas y comentarios que hacen y por cómo me miran durante las clases. Tendrán menos conocimientos específicos, puesto que yo llevo muchos más años que ellos leyendo sobre genética, pero serán más ágiles y hábiles, y más flexibles a la hora de resolver situaciones nuevas. Eso indica que el futuro de la genética está en muy buenas manos, lo cual para mí es un motivo de honra y de alegría. Aprendo mucho de sus razonamientos, deducciones y observaciones. También empiezo a detectar a aquellos estudiantes a quienes les costará más. Pero sé que, igualmente, al final todos saldrán adelante. Repito, porque tiene relación con el tema central del libro, que discutiremos lo suficiente más adelante: sé que, con esfuerzo y motivación, con confianza, todos progresarán y se desenvolverán bien.

Entre las críticas más habituales al valor numérico del CI, destaca la cuestión de cómo puede cuantificarse una habilidad que, honestamente, aún no acabamos de saber qué es, respondiendo sin más una batería de preguntas de tipo aritmético, lingüístico, memorístico y de orientación espacial. No estoy hablando aún de la famosa hipótesis de las inteligencias múltiples que propuso Howard Gardner, que en el plano neurocientífico se ha demostrado que no es correcta, sino de qué hay que considerar inteligencia. Según el diccionario, es la «capacidad de entender o comprender, de resolver problemas». De cualquier modo, ¿cuáles son las habilidades mentales que constituyen la inteligencia en su conjunto? ¿El CI medido a través de habilidades aritméticas, lingüísticas, memorísticas y de orientación espacial las representa todas, absolutamente todas, de manera adecuada?

Regresemos al estudio de Flynn. Este comparó los resultados de CI que se habían obtenido en diversas poblaciones europeas, norteamericanas y asiáticas en el transcurso de los dos primeros tercios del siglo xx, utilizando los tests de inteligencia estandarizados. Pues bien, en pocas palabras, vio que durante este periodo el CI había aumentado de media tres puntos cada década en todas las poblaciones que analizó. Es lo que se conoce con el nombre de «efecto Flynn».

En principio, el efecto Flynn puede deberse a diversos factores, principalmente dos que ya propuso el mismo Flynn. Por un lado, podría atribuirse a cambios genéticos en las poblaciones. Pero los genes no han cambiado. Se necesitan muchas generaciones para que los cambios genéticos, que son una de las bases de la evolución, se extiendan por toda una población. La alternativa, por tanto, implica la existencia de cambios ambientales, fundamentalmente en la alimentación y en la mejora de los sistemas educativos. Se sabe que una alimentación variada y equilibrada favorece el desarrollo del cerebro y, en consecuencia, de las funciones cognitivas. Y el sistema educativo puede potenciar o, alternativamente, mutilar las características propias de cada persona en lo que se refiere a las capacidades cognitivas, dependiendo de cómo esté diseñado y de cómo se aplique. En este contexto sabemos que ambos factores, alimentación y educación, han mejorado de forma indudable en el transcurso del siglo XX. Flynn había demostrado que la inteligencia medida a través del CI no es estática, sino que puede variar entre una generación y otra.

El efecto Flynn inverso: ¿somos cada vez más tontos o quizá nos estemos haciendo trampas jugando al solitario?

Las sorpresas, sin embargo, empiezan ahora. En 2018 los economistas noruegos Bernt Bratsberg y Ole Rogeberg publicaron un trabajo en una prestigiosa revista científica con el cual, utilizando la misma metodología de Flynn (repito: la misma metodología de Flynn), observaron que a partir de

1990 el efecto Flynn había empezado a retroceder y, literalmente, se había invertido. Sí, lo habéis leído bien: partiendo de este trabajo, desde 1990 cada nueva generación es un poco menos inteligente que la anterior, según las puntuaciones numéricas del CI. Algunos periódicos sensacionalistas titularon la noticia con la frase «nos estamos volviendo más tontos». Se ha denominado «efecto Flynn inverso» e implica una disminución de siete puntos del CI por década. ¡Más del doble que el incremento detectado durante los dos primeros tercios del siglo xx!

Según los autores de este estudio, efecto Flynn inverso puede deberse textualmente al «empeoramiento de la alimentación por la introducción de nuevas costumbres alimentarias y de productos que dificultan el mantenimiento de la variedad y del equilibrio nutricional», y también al «deterioro de los sistemas educativos». En lo que se refiere a la alimentación, se ha visto que, por ejemplo, un consumo excesivo de grasas trans y de azúcares refinados puede dificultar las funciones cognitivas, y estas últimas décadas se han consumido muchos más que en cualquier otro momento histórico anterior. Pero no está nada claro que la alimentación en conjunto haya empeorado y que, por tanto, pueda explicar este efecto tan acusado.

En lo que se refiere a la educación, el razonamiento es aún más controvertido. Muy controvertido. Por un lado, sin duda se han producido cambios significativos en los sistemas educativos de muchos países del mundo, en concreto a la hora de incrementar las actividades cognitivas que potencian las capacidades crítica y analítica a través de las denominadas «competencias básicas». En didáctica, las competencias básicas son las capacidades que se consideran fundamentales para que una persona adulta pueda organizar su vida personal, social y profesional de manera autónoma, empoderada y crítica. Implican ser capaces de utilizar nuestros conocimientos y habilidades en contextos y situaciones cotidianas, incluidos los que se nos presentan por primera vez. En este sentido, ser competente comporta comprender las situaciones, reflexionar sobre lo que está pasando y discernir sobre la mejor acción que podemos emprender de acuerdo con las dimensiones personal, social y también ética de cada situación. Así pues, el término «competencia» incluye tanto los saberes, que son los conocimientos teóricos, como las habilidades, que serían los conocimientos prácticos o las aplicaciones de los saberes. Y también las actitudes. Es decir, los compromisos personales, incluidos no solo los de tipo social, sino también los que cada uno establece consigo mismo, los objetivos y propósitos vitales.

Por otra parte, continuando con este supuesto deterioro de los sistemas educativos propuesto por Bratsberg y Rogeberg para explicar el efecto Flynn inverso, no está nada claro que estos cambios hagan disminuir el cociente de inteligencia. ¿No hay ninguna alternativa? ¿No sería posible que los tests que se utilizan para valorar el CI en estos estudios, que quizá se ajustasen muy bien a la educación de hace un siglo, no discriminen convenientemente otros aspectos de la inteligencia o de la función de la mente humana que tanto la sociedad actual como los sistemas educativos potencian, como, por ejemplo, la capacidad socializadora y globalizadora, o las habilidades integradoras, críticas y analíticas? La capacidad de empoderamiento personal y de activación de la motivación intrínseca ¿no debería estar por encima de la obediencia casi ciega que se estimulaba en otras épocas? ¿Estamos valorando suficientemente bien la guía que hacemos a los estudiantes y la que nos hacemos a nosotros mismos?

Pensemos en la raíz indoeuropea *deuk-* que genera la palabra «educación», que significa «guiar». Esta guía puede llevarnos por caminos cuyo final desconocemos, suponiendo que lo tengan, como he propuesto en un párrafo anterior. Con estas preguntas no estoy diciendo que los tests para medir el cociente intelectual no nos aporten una información muy valiosa. Sin duda la proporcionan. Pero ¿nos están dando toda la información necesaria para el siglo xxi?

Dicho de otra manera: hace cincuenta mil años, en el Paleolítico, cuando nuestros antepasados habían llegado ya a casi todos los rincones de la Tierra provenientes de África, viviendo como cazadores y recolectores, ¿qué puntuación habrían obtenido si los hubiesen sometido a un test de inteligencia estandarizado? ¿Creéis que unos individuos capaces de construir sociedades complejas, de fabricar herramientas y utensilios diversos en función de sus necesidades, de tener pensamientos abstractos, de generar arte y música o de desarrollar creencias filosófico-religiosas también complejas deberían tener un CI más bajo que el nuestro? O planteémoslo al revés: ¿qué puntuación obtendríamos nosotros si nos pasasen el test de inteligencia adaptado a los aprendizajes y las necesidades de nuestros antepasados del Paleolítico? Yo, seguro que muy bajo, no me cabe duda. El cerebro aprende y se adapta al entorno que encuentra, en el cual debe vivir y sobrevivir, y cualquier valoración debe partir de estas necesidades.

En consecuencia, debemos contemplar la posibilidad de que el efecto Flynn inverso no signifique que nos estemos volviendo más tontos, sino que el concepto de inteligencia esté cambiando hacia nuevos paradigmas más globales. Como también está cambiando el paradigma de la educación. Y es aquí donde quiero poner todo el énfasis. Porque es necesario que continúe progresando. El entorno ha cambiado. Lo que nos ofrecemos a nosotros mismos, lo que ofrecemos a nuestros hijos y estudiantes, también. ¿Podemos exigirnos y debemos exigirles las mismas cosas? ¿Es posible que exista un incremento de sobreprotección que esté limitando su capacidad de afrontar nuevos retos y de superar las dificultades y que también esté limitándonos a nosotros, como proponen algunos especialistas (entre los cuales me cuento)? ¿Y puede ser que, en paralelo, también esté aumentando la sensación de soledad, en especial de aislamiento social, a pesar del uso desmedido de las redes sociales digitales, o quizá debido a este hecho? Si no lo valoramos todo en conjunto, nos arriesgamos a hacernos trampas jugando al solitario. Pensar que los ojos azules tienen pigmentos de color azul es incorrecto, como hemos explicado. El color de los ojos depende de la luz que reflejen los pigmentos del iris. Y la inteligencia depende de lo que refleje la actividad del cerebro en función de las exigencias con las que se encuentra. En ambos casos, lo que observamos viene supeditado a la luz con la que los iluminamos.

De la inteligencia monolítica a la plural (pero siempre con una sola inteligencia)

Hablemos más de la inteligencia, ya que, como he dicho en varias ocasiones, tiene efectos claros en la educación y en la mentalidad de crecimiento. No cabe duda de que no resulta fácil hablar de ella, porque es un concepto abstracto difícil de definir. Seguramente podríamos ponernos de acuerdo con facilidad en que se trata de una medida de alguna capacidad mental, pero la expresión «capacidad mental» describe una gama muy amplia de procesos cognitivos.

La primera cultura de la que se tiene constancia histórica que habló de inteligencia fue, como en tantas otras cosas, la griega clásica. Hace dos mil cuatrocientos años, Aristóteles equiparó la inteligencia con la razón, y la definió como la capacidad que tenemos las personas de controlar las pasiones. Es decir, la habilidad que tenemos o que podemos tener de gestionar los instintos a través de la reflexión. Como veremos en otro capítulo, esta capacidad de autogestión personal forma parte de las denominadas «funciones ejecutivas». Son un conjunto de procesos mentales necesarios para el control cognitivo de la conducta, e implican la habilidad de seleccionar y controlar con éxito las actuaciones porque facilitan la consecución de los objetivos que nos marcamos. Así pues, influyen en cómo manifestamos esta capacidad que denominamos «inteligencia» (y también en la mentalidad de crecimiento).

Se han realizado numerosas definiciones de inteligencia, no siempre coincidentes, precisamente a causa de la dificultad de definir conceptos abstractos complejos y extraordinariamente plurales como este. Aun así, de un modo u otro la mayoría hacen referencia de forma directa o indirecta a conceptos como aprender, entender, comprender, pensar y afrontar situaciones nuevas. No se trata solo de discriminar entre conocimientos, sino de comprenderlos, interpretarlos y poder usarlos de manera razonablemente útil en situaciones nuevas. Ni siquiera la palabra «comprender» resulta sencilla de definir. En un proyecto en el que colaboré con Ferran Adrià, el revolucionario cocinero catalán, para preparar unos capítulos del volumen 0 de la *Bullipedia* («Conectando conocimiento. Metodología Sapiens»), recuerdo haber pasado muchas horas hablando con él en su estudio sobre qué implica mental y cerebralmente el hecho de comprender. Y no acabamos de dar con el quid de la cuestión.

Para afrontar el reto de entender qué es la inteligencia, de comprenderla en toda su complejidad y plenitud, en 1983 el psicólogo estadounidense Howard Gardner propuso la hipótesis de las inteligencias múltiples en el libro *Frames of Mind* (*Estructuras de la mente*). ¿Es cierto que tenemos muchas inteligencias, como propuso Gardner? En caso afirmativo, ¿cuáles serían y cómo se relacionarían entre sí, suponiendo que lo hiciesen? ¿O quizá la hipótesis de Gardner no sea (del todo) correcta?

Se trata de una hipótesis muy popular, que se esgrime no solo como un argumento contra la utilización clásica del cociente de inteligencia, sino también animando a caracterizar a los estudiantes en términos de un número determinado de inteligencias relativamente independientes entre sí. Pues bien, la hipótesis de las inteligencias múltiples forma parte de los denominados «neuromitos», creencias sobre el cerebro que se han ido difundiendo pero que no cuentan con ninguna demostración empírica. En conjunto, se ha generado un aluvión de publicaciones de carácter pedagógico que pretenden utilizar estas inteligencias en clase, y también de tipo científico para intentar demostrar o refutar su existencia como inteligencias independientes. Convencionalmente, a partir de la propuesta de Gardner se habla de inteligencia lingüística, musical y artística, interpersonal, intrapersonal, lógico-matemática, físico-cinestésica, espiritual, naturalística y visuoespacial. Cabe decir que no todo el mundo las menciona todas y que a veces se incluye alguna otra.

En efecto, esta hipótesis ayudó a desmontar la creencia de que la inteligencia es un aspecto monolítico y casi único, y que por tanto puede medirse con cierta sencillez con unos «simples» tests. En este sentido, considero que la hipótesis de las inteligencias múltiples de Gardner ha sido sumamente útil para hacernos reflexionar sobre la complejidad de este constructo mental que denominamos «inteligencia». No obstante, los estudios que se han realizado desde la vertiente neurocientífica indican que no se ajusta a la realidad. El cerebro funciona como un todo integrado, de modo que no es realista describir la inteligencia como un conjunto parcelado de características independientes.

Por ejemplo, cuando trabajamos la supuesta inteligencia lógico-matemática, lo hacemos también a través de la lingüística, la interpersonal y la intrapersonal, e incluso la físico-cinestésica y la musical, con los movimientos que hacemos de manera inconsciente o con las secuencias lógicas que se esconden detrás de la música. Ningún estudio neurocientífico ha demostrado la validez de la hipótesis de las inteligencias múltiples, lo cual no obsta para que psicológicamente pueda ayudar a entender la complejidad y la diversidad de la inteligencia humana.

También la neurociencia ha dado trabajos que indican, según las actividades que realicemos, que el cerebro activa preferentemente unas redes neuronales u otras. Pero no lo hace de forma independiente, sino siempre coordinada e interdependiente, como una sola manifestación de este constructo mental que llamamos «inteligencia». En cualquier caso, a pesar de que en el plano neurocientífico la hipótesis de las inteligencias múltiples no se ajuste a la realidad y que, por tanto, debamos hablar de una sola inteligencia, sí que podemos decir que esta presenta múltiples facetas, lo cual nos puede ayudar personal y educativamente a planificar actividades más completas y transversales que incorporen más aspectos complementarios. Esto provocará que se activen más redes neuronales del cerebro. Y si se activan más, las experiencias y las informaciones quedarán mejor guardadas y más interconectadas, por lo que podremos utilizarlas después con más eficiencia.

Acabemos este apartado sobre la inteligencia con otra distinción que considero importante y que es complementaria a las anteriores. En inglés hay dos palabras que el diccionario suele traducir al castellano de la misma forma, pero que presentan diferencias sutiles que añaden una reflexión muy interesante a esta discusión. Son las palabras *intelligent* y *smart*. *Intelligent*, como resulta obvio, se traduce como «inteligente» en castellano para referirse a una persona. *Smart*, en cambio, pese a que los traductores automáticos suelen traducirlo también como «inteligente», indica una persona hábil, astuta e ingeniosa (aparte de elegante, si hacemos referencia a la forma de vestir o a su pulcritud e higiene personales).

Según esta distinción, las personas inteligentes (*intelligent*) tienen muchos conocimientos y son capaces de aprovecharlos con facilidad. Las personas ingeniosas (*smart*), en cambio, también poseen conocimientos, por descontado, pero sobre todo se ven impulsadas por una curiosidad constante para adquirir aún más. Una persona ingeniosa es la que tiene «la facultad para discurrir o inventar con prontitud y facilidad» e «intuición, entendimiento, talento y facultades creadoras», según el diccionario. Por tanto, podemos ser muy inteligentes y al mismo tiempo poco ingeniosos; también podemos ser muy ingeniosos sin necesidad de ser extremadamente inteligentes. Veremos que esta distinción también se halla relacionada con la mentalidad de crecimiento. Y, de paso, con cómo podemos optimizar el cerebro para disfrutar de una vida más plena. Una persona puede ser muy rígida e inflexible, y a la vez tener muchos conocimientos. O poseer menos pero, en cambio, estar convencida de que puede continuar avanzando. En cualquier caso, debemos plantearnos qué queremos que sea la educación: ¿cuestión únicamente de inteligencia o también de ingenio?; ¿solo saber y saber hacer o también querer saber y querer hacer?; ¿solo saber discriminar entre conocimientos o además comprenderlos, interpretarlos y poder usarlos en situaciones nuevas, acumularlos o incrementarlos a través de la curiosidad, e incluso generar algunos nuevos?

¿Qué creo que debe ser la educación?

El espejo de la educación

Más allá de las definiciones habituales de «educar», en este capítulo he querido incidir en el aspecto de guiar en el conocimiento y hacia el conocimiento. También para educar nuestro propio cerebro. Por lo general quien recibe la educación se considera el estudiante o el alumno, dos palabras que, a pesar de que a menudo las utilizamos de manera indistinta —también lo hago yo con frecuencia en este libro—, en realidad tienen significados ligeramente diferentes. «Estudiante» procede del verbo latino *studere*, que quiere decir «dedicarse con atención a algo», «tener gran gusto por algo, estar deseoso de algo y hacer algo con afán». «Alumno», en cambio, procede del verbo latín *alere*, que significa «inventar» o «nutrir», o de su derivado *altus*, que quiere decir «el que ha sido alimentado», en este caso haciendo referencia a un alimento intelectual. Ser alimentado (*altus*) es una actitud pasiva. Implica recibir aquello que se nos da. Contrariamente, dedicarse con atención, estar deseoso, hacer con afán, etcétera (*studere*), son actitudes proactivas; no solo de búsqueda, sino también de querer buscar. Educar y educarse debe implicar, por tanto, querer ser estudiantes, es decir, tener deseo, gusto y afán, y comportamientos de guía proactiva de búsqueda con atención. No ser (solo) alumnos.

Según la Unesco, educar es el proceso que facilita el aprendizaje o la adquisición de conocimientos, habilidades, valores, creencias y hábitos. Implica sacar el potencial que llevamos dentro. Pero para sacarlo, antes debe conocerse. Educar y educarse no es solo, por tanto, un proceso de adquisición de conocimientos, habilidades, valores, etcétera, sino que también debe ser un ejercicio sincero de introspección. Qué somos y qué queremos ser. Qué podemos dar y qué queremos dar.

Hay quien dice que la educación debe servir para que las personas saquemos lo mejor de nosotras mismas, nuestra mejor versión, todo nuestro potencial. Bajo mi perspectiva, esta visión de la educación, si se me permite decirlo, es excesivamente utilitarista y extractiva. Para mí debe tenerse en cuenta no solo qué podemos ofrecer, sino también hasta dónde queremos llegar, valorándolo y decidiéndolo de manera consciente, crítica y libre. Y eso implica procesos mentales aún más complejos que la metacognición —que es la capacidad de pensar sobre nuestros pensamientos y los procesos de pensamiento— y grandes dosis de gestión emocional. Iremos hablando de ello en los próximos capítulos.

La educación, así pues, también debe implicar capacidad de gestión emocional. Aristóteles decía que «educar la mente sin educar el corazón no es educar en absoluto». También debe incluir todos aquellos aspectos que permitan que nos convirtamos en agentes de cambio y de progreso, adquiriendo las herramientas personales y sociales necesarias para transformar la realidad. Y, para ser agentes de cambio, necesitamos tener un propósito, saber y decidir qué queremos cambiar, y cómo queremos cambiarnos. Y sobre todo, antes de nada, por qué y para qué queremos hacerlo, planteándonos las preguntas más adecuadas. Saber generar nuestro propio bienestar, que no (necesariamente) felicidad. Más adelante ya veremos las importantes diferencias que existen entre estos dos estados en lo que se refiere al cerebro, y qué consecuencias mentales y psicológicas tienen.

En resumen, desde mi punto de vista personal y subjetivo, y por tanto criticable y matizable, la educación es la construcción de la personalidad en un momento cultural, histórico y social determinado, pero con una visión de futuro, guiándonos en una transformación respetuosa. Incluye conocimientos y experiencias, puesto que la personalidad se forma en parte sobre la base de los conocimientos que adquirimos y de las experiencias que vivimos, y del estado emocional en el que los adquirimos. Pero también debe incluir necesariamente la capacidad de reflexionar, de gestionar los estados emocionales, de planificar el futuro propio, de marcarnos objetivos vitales y propósitos, de tomar decisiones propias reflexivas y razonadas con un pensamiento tan libre y flexible como sea posible. En definitiva, de apoderarse y empoderarse de la propia vida, con una visión también social y ética de nuestro crecimiento y del entorno.

Sin duda, educarnos a nosotros es también educar a nuestros hijos y estudiantes. O, en otras palabras, si queremos educarlos a ellos primero, debemos querer educarnos a nosotros mismos. ¿Por qué debemos educarnos nosotros primero? Por un motivo muy sencillo de base neuronal: se debe a las denominadas «neuronas espejo». Las describió por primera vez en 1996 un grupo de investigadores encabezado por el neurólogo italiano Giacomo Rizzolatti. Estaban estudiando el control neuronal de los movimientos de las manos y habían colocado electrodos en la corteza prefrontal de un macaco. Se trata de la zona del cerebro que, en las personas, permite gestionar también las funciones ejecutivas. Le proporcionaban trozos de alimentos y registraban su actividad neuronal cuando los manipulaba con las manos. En un momento dado, uno de los investigadores se puso a pelar un plátano para comérselo, relativamente alejado del macaco. Pero, cuando el macaco lo vio, sus neuronas se activaron exactamente de la misma manera que si fuese él quien lo estuviese manipulando, por simple imitación neuronal, como si fuese reflejo en un espejo. De ahí procede el nombre de «neuronas espejo».

Las neuronas espejo se activan de la misma forma cuando realizamos una acción que cuando observamos cómo la realiza otro individuo. Reflejan el comportamiento de los demás como si fuese el nuestro. Se han identificado neuronas espejo en diferentes áreas cerebrales, incluidas las zonas implicadas en la memoria, el lenguaje, la creatividad, la gestión emocional, la empatía e incluso el raciocinio, entre otras. En lo que respecta a la neurociencia, hay autores que apuntan a que todo el cerebro participa de este sistema como si fuese un gran espejo. Con todo, pese a que esta distinción es muy importante en contextos académicos, lo que resulta interesante en un contexto educativo son las implicaciones del sistema de las neuronas espejo.

El sistema de neuronas espejo ejerce una función crucial para las capacidades cognitivas ligadas a los aprendizajes, ya que nos permite aprender a través de la observación de los demás, por imitación. Y diría más: casi nos obliga a aprender lo que observamos sin que nos demos cuenta. Pocas horas después de nacer, los bebés ya muestran una tendencia innata a imitar las muecas que observan, una capacidad que se sustenta en estas neuronas y que constituye sus primeros aprendizajes. También juegan un rol crucial en la vida social, ya que no solo permiten reflejar internamente las acciones de los demás, sino que además nos permiten inferir cuáles son sus intenciones y emociones, por comparación con las propias. Dicho de otra forma, hacen posible comprender el porqué de las acciones de los demás y sus propósitos. Las neuronas espejo contribuyen a todos nuestros aprendizajes, incluidos, muy especialmente, los sociales.

Las implicaciones para la educación son impresionantes y justifican la gran importancia de los modelos familiares, sociales, culturales, educativos, etcétera, en la formación de las personas. Y también permiten explicar la dificultad de romper con las inercias sociales en lo que se refiere a la transmisión de comportamientos estereotipados que tienden a mantenerse generación tras generación por imitación preconsciente. No obstante, conocer el motivo y reflexionar en torno a él implica que podamos comenzar a ponerle remedio. Educarnos para educar. Si nosotros no queremos continuar avanzando, si pensamos que ya no podemos hacerlo más, no podremos transmitir esta mentalidad a nuestros hijos y estudiantes.

Si, por ejemplo, queremos motivar a nuestros hijos o estudiantes, no basta con decirles que deben motivarse. Debemos vibrar nosotros con lo que les transmitimos y con lo que hacemos. Es así como se comunican las actitudes, por imitación, predicando con el ejemplo. No podemos pedirles, por poner un caso, que se esfuercen para progresar y que sean capaces de asumir nuevos retos y hacer frente a las dificultades si nosotros no estamos dispuestos a ello. No podemos pedirles que se valoren de manera asertiva a sí mismos y a sus compañeros si nosotros no lo hacemos.

En definitiva, me gusta decir que la educación debe ser críticamente radical. ¿Qué quiero decir con esto? La palabra «radical» alude a aquello que es fundamental o esencial, que afecta a la raíz misma de una cosa. La educación debe ser radical no para cambiarlo todo de arriba abajo, que es otro de los significados de esta palabra, sino para potenciar de raíz aquello que es fundamental y esencial, como el pensamiento crítico y reflexivo, la gestión emocional y el empoderamiento personal y colectivo. El pensamiento crítico se sustenta en los conocimientos previos que tenemos, es decir, en la experiencia y en el control cognitivo que permite valorar la validez racional y emocional de estos conocimientos.

La educación debe favorecer y potenciar que no seamos solo espectadores de nuestros propios aprendizajes, sino también guionistas y directores de nuestra propia trayectoria vital. Y para conseguirlo debemos ser capaces de generar buenas preguntas acerca de nosotros mismos y nuestro entorno, acerca de cómo somos y cómo queremos ser, acerca de qué hacemos y qué queremos hacer, impulsadas por la curiosidad. No se trata de pedir que alguien nos responda ni de responder a las preguntas de los demás, sino de ayudarnos a producir preguntas que estimulen nuestra reflexión crítica.

Se ha demostrado que responder a tus propias preguntas es mucho más estimulante y motivador que el hecho de que te las responda otro. Cuando respondemos a las preguntas que nos hacemos, se activa una zona del cerebro denominada «estriado» que genera sensaciones de recompensa y también nos permite anticipar recompensas futuras. Es lo que estimula la guía proactiva de búsqueda con atención a través del deseo, el gusto y el afán que mencionaba cuando definía qué significa para mí educar y educarse. Ahondaremos en ello en otros capítulos del libro.

Empezaba la primera frase de este capítulo diciendo que, pese a que pueda resultar extraño, educar implica, literalmente, cambiar el cerebro. La palabra «extraño» alude a algo extraordinario, desacostumbrado, inexplicable, que excita la curiosidad y la sorpresa. Educar y educarse también debe ser, por tanto, una manera de ofrecer y ofrecernos cosas extraordinarias, desacostumbradas e inexplicables que exciten y que nos exciten la curiosidad, la sorpresa y la admiración.

En resumen

Hay muchas maneras de definir la palabra «educar», con implicaciones diversas. Para el propósito de este libro, educar el cerebro para optimizarlo y disfrutar de una vida más plena, yo me quedaría con estas:

- Guiar o conducir en el conocimiento y hacia el conocimiento. Guiar y no (solo) transmitir. Transmitimos cosas finitas, pero podemos guiar por caminos cuyo final desconocemos.
- Construir la personalidad en un momento cultural, histórico y social determinado, pero con visión de futuro, guiándonos en una transformación respetuosa. Incluye conocimientos y experiencias, puesto que la personalidad se forma en parte sobre la base de los conocimientos que adquirimos y de las experiencias que vivimos, y del estado emocional en el que los adquirimos. Pero también debe incluir necesariamente la capacidad de reflexionar, de gestionar los estados emocionales, de planificar nuestro propio futuro, de marcar los objetivos vitales y propósitos, de tomar decisiones propias, reflexivas y razonadas con un pensamiento tan libre y flexible como sea posible. En definitiva, educarse debe ser apoderarse y empoderarse de la propia vida, con una visión también social y ética de nuestro crecimiento y del entorno.

- Debe incluir también todos aquellos aspectos que permitan que nos convirtamos en agentes de cambio y de progreso, adquiriendo las herramientas personales y sociales necesarias para transformar la realidad. Y, para ser agentes de un cambio digno y dignificante, para disfrutar de una vida más plena, necesitamos tener un propósito, saber y decidir qué queremos cambiar, y cómo queremos cambiarnos, planteándonos las preguntas más adecuadas.
- Debe favorecer y potenciar que no seamos solo espectadores de nuestros propios aprendizajes, sino también guionistas y directores de nuestra propia trayectoria vital.
- Debe ser una manera de ofrecer y ofrecernos cosas extraordinarias, desacostumbradas e inexplicables que exciten y que nos exciten la curiosidad, la sorpresa y la admiración.
- Y debe integrar no solo conocimientos y experiencias, datos y saberes, sino también, y muy en especial, ingenio. Las personas ingeniosas se ven impulsadas por una curiosidad constante por adquirir nuevos conocimientos y saberes con espíritu de innovación.

Si consideramos estas definiciones para sacar el máximo provecho personal y colectivo, necesitamos querer ser, conscientemente, estudiantes, es decir, querer dedicarnos a ello con atención, gusto, deseo y afán, manifestando comportamientos proactivos de búsqueda con atención. Solo de esta forma podemos transmitírselo también a nuestros hijos y estudiantes, a través del efecto imitador de las neuronas espejo. En definitiva, como veremos en el próximo capítulo, educar debe ser aprender a vivir juntos y aprender juntos a vivir.

2

Miremos al pasado

Aprender es cosa de niños, y por eso podemos educarnos toda la vida

«Educar» y «aprender» no son palabras sinónimas, pero sin duda aluden a procesos íntimamente relacionados. No se puede educar sin que haya aprendizaje, como decía a menudo el pedagogo y filósofo brasileño Paulo Freire. Conocido por obras tan interesantes como polémicas por su orientación política, como, por ejemplo, *Pedagogía del oprimido* y *Cartas a quien pretende enseñar*, Freire defiende la pedagogía crítica. Se trata de una propuesta pedagógica que intenta ayudar a los estudiantes a cuestionar los sistemas sociales de dominación y las creencias y prácticas que los generan para capacitarlos para entender el mundo preguntándose sobre los mismos conocimientos. En cualquier caso, no podemos educarnos sin tener que aprender cosas nuevas y sin ser críticos con lo que creemos saber. Porque posiblemente también debamos «desaprender» cosas que dábamos por hechas, suponiendo que desaprender sea posible.

«Enseñar» y «educar» tampoco son conceptos sinónimos, pese a que a menudo los utilizamos de manera indistinta. «Educar» hace referencia al ser humano en su integridad y complejidad en relación con la sociedad. «Enseñar», en cambio, tiene una intencionalidad más definida, que responde a un determinado programa de conocimientos que quiere transmitirse de un modo relativamente organizado. Enseñamos matemáticas, literatura, ciencia o artes, pero educamos para la vida, para entendernos. Por eso este libro se titula *Educa tu cerebro* y no *Enseña a tu cerebro*.

Este aspecto es importante por un motivo. Hay investigadores del campo de la neurociencia e incluso del mundo de la neuroeducación a los cuales, más allá de lo que dicen los trabajos científicos basados de manera estricta en la neurociencia empírica, que por exigencias del método científico se han realizado en condiciones de investigación muy controladas, no les gusta integrar otros paradigmas. Caen en un cierto cientifismo. El cientifismo es la pretensión de que todas las ciencias, naturales y sociales, deben basarse en el método científico, tal y como se aplica en las ciencias experimentales. En neuroeducación esto resulta complejo, puesto que hay numerosas variables que no podemos controlar y que nos pasan desapercibidas. En este capítulo veremos algunos de estos casos.

Además, la educación, pese a que repercute en cada uno de nosotros de manera individual, tiene un claro componente social que sobrepasa la individualidad estricta, y por eso las investigaciones que considero más interesantes en neuroeducación, las que nos aportan datos más eficaces a la hora de ser utilizados, son las que se llevan a cabo en contextos «ecológicos». Es decir, las que se realizan en situaciones reales dentro de clase, de la familia o en grupos sociales, con toda la heterogeneidad y complejidad que eso comporta. Por poner un ejemplo concreto: a menudo, en las formaciones en las que participo o en entrevistas que me han hecho, hablo de la importancia de los estados emocionales para la adquisición eficiente de aprendizajes. Más de una vez me han criticado por ello, porque, desde un punto de vista estrictamente científico o neurocientífico, lo más importante es la motivación intrínseca y abordar los aprendizajes con una buena planificación temporal (es decir, no hacerlo todo a última hora), para poder reflexionar con tiempo sobre lo que se está aprendiendo.

Tienen toda la razón. No obstante, sin un estado emocional individual, pero también colectivo, que lo favorezca, a muchas personas, a muchos estudiantes, puede costarles, o costarnos, encontrar esa motivación intrínseca que favorece una buena planificación. O la encuentran a costa de sacrificar parte de su bienestar, en el sentido de que esperan que el resultado final del esfuerzo les sea satisfactorio pero olvidándose de disfrutar mientras recorren el camino. Recordemos una de las historias de la introducción, en la que hablaba de la importancia de disfrutar mientras se hace camino en la montaña, no (solo) saborear el hecho de alcanzar la cima. Se trata de pasar del individualismo («yo me motivo») a una visión más compartida de la educación («trabajemos para avanzar»); de educarse con los demás y en los demás. Y eso se hace en contextos ecológicos, y debe estudiarse también de esta forma, aunque resulte más compleja y las conclusiones que se extraen a menudo sean menos claras.

La educación es posiblemente la práctica más antigua de la humanidad. Educar es aprender a vivir juntos y aprender juntos a vivir, como dice la filósofa Marina Garcés. Es la puerta obligada a la realización personal y al progreso colectivo que posibilita la superación de los condicionantes personales, sociales, económicos y culturales que cada uno tiene. O los condicionantes que cree o que alguien le ha hecho creer que tiene. Educar debe ser ayudar y ayudarnos a deshacernos de la pereza y la cobardía de ser e imaginar. Y es un proceso continuo. En palabras de Aristóteles, «la educación es un camino que nunca se acaba, es un proceso de perfeccionamiento a lo largo de toda la vida; por eso la educación dura tanto como dura la vida de la persona».

Todo este proceso comienza, sin embargo, en la infancia. De hecho, como veremos en el próximo capítulo, comienza incluso antes, durante el desarrollo fetal, y condiciona, pero no determina, cómo será nuestro proceso educativo. Quiero enfatizar esta última frase: las experiencias vividas nos condicionan, y en algún momento es fácil que debamos enfrentarnos a estos condicionantes, pero no nos determinan de manera absoluta. Y esto afecta a cómo nos educamos a nosotros mismos y educamos a los demás. Las raíces de todo esto debemos buscarlas en nuestro pasado evolutivo, en el Paleolítico, que es cuando fue forjándose nuestro cerebro, lenta y progresivamente. Infancia y Paleolítico serán los dos ejes transversales de este capítulo. El objetivo es que conozcamos un poco más de dónde venimos. Tener un punto de partida es imprescindible para decidir hacia dónde queremos ir y también por qué camino queremos transitar. ¿Cómo íbamos a decidir nuestro destino y la forma de acercarnos a él si no supiésemos de dónde partimos?

La madre osa polar, la chimpancé sorprendida y el segundo papá

Otro de los temas que abordo a menudo cuando comparto formaciones o participo en conferencias y charlas es la importancia que tiene el apoyo emocional a cualquier edad, pero muy en especial durante la infancia y la adolescencia. Son las épocas de la vida en las que se producen los procesos más importantes de formación y transformación del cerebro, a través de la educación, los aprendizajes y las experiencias que vivimos. El cerebro se encuentra en un proceso de cambio constante en cualquier momento de la vida, pero en estas etapas es más plástico y maleable, y las personas son más receptivas a los entornos educativos, vengan de donde vengan: familia, escuela y sociedad. Y, por tanto, es el momento en el que este apoyo cobra mayor importancia.

Hablar de apoyo emocional, sin embargo, no es sencillo. Y vivirlo y transmitirlo, tampoco. Por un lado, resulta fácil hacer interpretaciones erróneas. En más de una ocasión, hablando de la importancia de las emociones para el desarrollo personal y la adquisición de aprendizajes, me he encontrado con críticas como las que mencionaba en los primeros párrafos de este capítulo, en el sentido de que solo con las emociones no iríamos a ninguna parte. Y es cierto, se requieren más cosas, muchas más cosas. Nunca he dicho que sea el único aspecto importante. Pero los estados emocionales establecen el marco en el que se producen todos los demás procesos, la escena en la que se desarrollan las interacciones sociales. Y, dependiendo de cómo sea esta esfera, dependiendo de cuál sea su contenido, todos los aspectos reflexivos de autogestión personal, de empoderamiento, etcétera, podrán ser más ricos o, por el contrario, deficitarios.

Además, a menudo cuesta encontrar el equilibrio entre sobreproteger y todo lo contrario, transmitir sensaciones de indiferencia o abandono. Ambos extremos resultan contraproducentes para el desarrollo equilibrado del cerebro y, en consecuencia, de la personalidad. Muy en especial si pensamos que la base de la educación debería ser aprender a vivir juntos y, al mismo tiempo, aprender juntos a vivir. Sin olvidar que también debe ser la puerta hacia la realización personal y, a la par, hacia el progreso colectivo, que posibilitan la superación de los condicionantes que podamos tener. Quiero contaros tres historias reales que creo que nos ayudarán a centrar el tema. Las dos primeras son zoológicas. Con frecuencia, externalizar ejemplos hacia el mundo animal nos facilita la comprensión, puesto que la mayor parte de las especies animales no presentan aspectos culturales que dificulten la interpretación. O, de presentar algunos, sin duda no son tan complejos como los que tenemos las personas.

A principios de 2023, descubrí un vídeo en YouTube que me emocionó y me conmocionó.* Lo habían colgado el 15 de octubre de 2015, desde la cadena de noticias estadounidense ABC News. Podéis verlo si queréis, pero también os lo describo para hacer una interpretación que podamos utilizar a lo largo de este capítulo. El vídeo arranca con una osa y su cría jugando en el espacio que tienen reservado en un zoo local de Estados Unidos, que los presentadores de la noticia no identifican. Los osos polares (*Ursus maritimus*, según el nombre científico) son los carnívoros terrestres vivos más grandes que existen. El apelativo *maritimus* hace referencia a su habilidad para desplazarse tanto sobre el hielo como a nado, lo cual los obliga a pasar con agilidad de un medio a otro, un aspecto relevante para esta historia.

En un momento del juego entre la osa y su cría, la madre se aleja y la cría empieza a revolcarse y a brincar. Como veremos en este capítulo, el juego es una actividad que en todos los mamíferos está ligada de manera indisociable a los aprendizajes que deben realizar las crías. En un momento dado, sin querer y sin esperárselo, la cría cae al agua de la piscina

* «Mama polar bear rescues cub who can't swim»: <https://youtu.be/9VF_F_pd_kA>.

que forma parte de su espacio. Se trata de una piscina aparentemente profunda, por las imágenes del vídeo. La cría, muy joven, cae al agua y se hunde. Intenta nadar hacia la orilla, pero con la turbación no acaba de sacar la cabeza de debajo del agua. Rápidamente la osa percibe la situación y, sin pensárselo dos veces, se lanza de cabeza a la piscina. ¿Por qué creéis que lo hace? ¿Para rescatar a la cría y llevarla a tierra firme? ¿Para reñirla por haber sido imprudente? Pues no, no lo hace por ninguna de estas dos razones.

Una vez que la osa está en la piscina, con el hocico ayuda a la cría a sacar la cabeza de debajo del agua, para que con la agitación no se ahogue. Pero deja de ayudarla de inmediato. Espera pacientemente que la cría nade sola hasta la orilla de la piscina y que con las patas de delante intente alzarse hasta tierra firme. Ella, la madre, no se marcha. Se sitúa justo detrás de su cría y va dándole golpecitos muy suaves con el hocico en el tronco. En algún momento incluso parece que se lo lame. Esto último no se ve claro y quizá me lo he imaginado yo al visualizar el vídeo (nuestro cerebro construye la realidad a través de las percepciones y de la imaginación). Se pasan un buen rato en esta situación: la cría intentando salir por sí misma sin demasiado éxito y la madre detrás sin ayudarla a salir pero animándola a hacerlo con su presencia y apoyo. El vídeo termina cuando la cría parece que sale, pero no acaba de verse. La cría debe esforzarse para salir, debe aprender a hacerlo sola. Pero no lo hace sola, tiene a su madre proporcionándole apoyo.

Fijaos en la parte importante de esta historia real, o cuando menos en los aspectos que quiero destacar. La osa en ningún momento transmite indiferencia ni permite que la cría se sienta indefensa y sola, abandonada. La acompaña desde el primer instante. Pero no la ayuda a salir. Solo le saca la cabeza del agua, pero espera con paciencia, sin meterle prisa, que salga por sí misma, que se esfuerce y aprenda estrategias para avanzar y vencer las dificultades que puede encontrar en la vida propia de los osos polares. No le ahorra riesgos; solo genera un marco de relativa seguridad a su alrededor. Espera con paciencia al tiempo que le transmite su apoyo al estilo de los osos. No la saca de la piscina ni la deja sola para que se espabile. Ni la sobreprotege ni muestra indiferencia o abandono. Se limita a educarla para la vida de un oso polar. Educarla, no solo enseñarla. Con su presencia la ayuda a coger confianza en sus capacidades, a aprender a vencer las dificultades, a ser resiliente ante las adversidades, pero sin dejarla sola, permaneciendo a su lado, transmitiéndole confianza. Repito: si tenéis la oportunidad, mirad el vídeo. La primera vez que lo vi, se me humedecieron los ojos al pensar que eso es lo que debería ser la educación, con los demás y con uno mismo. Porque a veces también podemos abandonarnos a nosotros mismos o podemos sobreprotegernos. Y también pensé que a menudo, por un motivo u otro, no lo hacemos tan bien como esa madre osa. Aprender a vivir juntos y aprender juntos a vivir.

Todo esto puede aplicarse también entre adultos, por descontado. Os explico el contenido de otro vídeo, también zoológico, que lo ejemplifica a la perfección. En este caso, hace referencia a los chimpancés, nuestros hermanos evolutivos. Si queréis, también podéis verlo en YouTube.* En junio de 2023, una entidad que trabaja para la recuperación de estos animales, Save the Chimps, liberó a una chimpancé adulta que había nacido en cautividad y había pasado los veintiocho años de su

* «Chimp sees sky for first fime after being caged for life»: <https://www.youtube.com/watch?v=NHVeORUc6O0>.

vida encerrada en una jaula del tamaño de un garaje. No había visto nunca el cielo ni había pisado hierba fresca.

Tras un periodo de adaptación, la dejaron salir por primera vez a una reserva que tienen, la más grande del mundo para recuperar a chimpancés que han permanecido en cautividad. Cuando la chimpancé sale por la puerta y ve el cielo por primera vez, abre los ojos como platos y se emociona. Su cara transmite una sorpresa y una alegría indescriptibles. Mira arriba y abajo, a derecha e izquierda, como si no saliese de su asombro. Y también como si no supiese qué hacer. Entonces, rápidamente, se le acerca el macho alfa de la reserva, el dominante. ¿Y sabéis qué hace? Se limita a abrazarla con ternura. ¿Cuántas veces nos abrazamos con ternura, física o metafóricamente, a través de la mirada, de unas palabras de ánimo, cuando vemos que alguien necesita nuestro apoyo (no solo nuestros hijos e hijas, sino también nuestra pareja, amigos o estudiantes)?

Después de abrazarla, deja que empiece a explorar el entorno por sí misma, pero él permanece su lado, dándole pequeños golpecitos en la espalda, animándola a avanzar. No la lleva cogida de la mano ni la retiene, sino que la anima a ser ella misma la que descubra el cielo y la hierba del nuevo espacio en el que podrá vivir en semilibertad. Entretanto, otros chimpancés se han acercado para mostrarle también, al estilo de los chimpancés, su apoyo. Van siguiéndola para que no se sienta sola, pero la dejan a su aire. Finalmente se adentra sola en su nuevo espacio, que compartirá con el resto de los chimpancés que viven en él. Repito: aprender a vivir juntos y aprender juntos a vivir. Deshacerse de la pereza y la cobardía de ser e imaginar.

El vídeo de la osa y su cría me recordó otra historia que me había contado una persona muy cercana a mí, un joven que durante unos años había trabajado en el servicio de acompañamiento de niños de educación infantil en una escuela de Barcelona, por las mañanas y las tardes, fuera del horario lectivo. Me contó el caso de una niña que todos los días iba al colegio a las ocho de la mañana acompañada de su padre. Cuando llegaban a la puerta, el padre la dejaba al lado de este joven y, sin decirle nada a su hija, sin mirarla, le soltaba la mano, daba media vuelta y se iba sin más. Con indiferencia. La niña intentaba salir corriendo detrás del padre, momento en que el encargado del acompañamiento debía retenerla y consolarla, porque se ponía a llorar con desconsuelo. Según sus palabras, debía retenerla con firmeza para que no se escapase, pero lo hacía con tranquilidad. Después entraban en la sala de juegos y se sentaba a su lado mientras hablaba y jugaba con los demás niños. No le decía «no llores», porque si lloraba era que lo necesitaba. En cambio, permanecía a su lado hasta que dejaba de llorar y se ponía a hablar y a jugar con él y con los demás niños. El último día de aquel curso, para despedirse de cara al verano, la niña se limitó a decirle: «Eres mi segundo papá».

Creo que cualquier comentario que añadiese yo aquí no podría enfatizar más el contraste entre estas historias y las consecuencias que pueden tener. Y podría contar otras historias. Este mismo joven me comentaba un día el contraste que veía entre la actitud de ese padre y el de otro progenitor que, pese a que su hijo tenía edad para quitarse él solo la chaqueta al llegar a la escuela, se lo hacía absolutamente todo, de manera servicial pero al mismo tiempo también autoritaria, desde llevarle la mochila hasta quitarle la chaqueta. Incluso le decía a qué tenía que jugar ese día.

Hablemos de la importancia de la infancia para nuestros aprendizajes posteriores, en concreto de aspectos relacionados con el juego y con la sensación de libertad (como la cría de oso polar que brincaba libremente dentro del espacio que tenían reservado en aquel zoo), y de cómo pueden estar condicionándonos estas experiencias en el modo en que nos educamos. Y también, por extensión, de cómo puede condicionar a nuestros hijos e hijas y a nuestros estudiantes. Esto nos llevará a hablar de los orígenes evolutivos de nuestra especie, del momento en que se forjó el cerebro humano. Ahí descubriremos que, de una forma u otra, todos somos niños todavía. Más adelante abordaremos muchos otros aspectos también vinculados a las experiencias de infancia. Y acabaré este capítulo proponiéndoos un pequeño juego.

La importancia del juego y del juego libre (y qué pasa si no jugamos o si no lo hacemos con libertad)

Cuando empecé a escribir este capítulo, en torno a marzo de 2023, tenía un esquema preparado para ir siguiendo el hilo conductor. Un esquema muy básico, porque me gusta sentirme libre cuando escribo, pero que intento seguir para no desviarme demasiado del camino trazado. No obstante, apenas dos días antes de que escribiera las primeras palabras, una revista científica publicó un artículo que alteró mis planes. No porque fuese en la dirección contraria de lo que quería explicar, sino precisamente porque lo reforzaba con una potencia que, con sinceridad, no me había imaginado. Y rehíce el esquema. A menudo, para mantener los objetivos y el propósito que nos marcamos, debemos ser flexibles. Rehacer el camino para alcanzar el objetivo. Coger un atajo o, alternativamente, zigzaguear si la pendiente es pronunciada. La flexibilidad cognitiva, a la cual dedicaremos una parte importante de otro capítulo, no implica dejarse llevar por las situaciones, sino saber cambiar de pensamiento para mantener los objetivos y propósitos que hemos establecido, adaptando la forma de proceder en función de cómo vayan variando las circunstancias. Es lo contrario de enrocarse en una idea o en una manera de hacer, de ser mentalmente rígido e inflexible.

En este trabajo que menciono, y que ahora os describiré con más detenimiento, un equipo de psicólogos y antropólogos estadounidenses examinó qué relación existe entre las oportunidades que tienen los niños de jugar, y muy en especial de hacerlo libremente, y el bienestar que sienten, en relación con la probabilidad de sufrir posteriores trastornos de ansiedad, angustia y estrés. Utilizaron datos de muchos estudios previos. Es un tipo de trabajo científico que se denomina «metaanálisis». Más adelante, en el capítulo 4, hablaré de otros metaanálisis, que realicé y publiqué yo mismo en relación con la mentalidad de crecimiento y la sensación de bienestar, en un proyecto del International Bureau of Education de la Unesco patrocinado por la International Brain Research Organization.

En uno de los trabajos que utilizó este equipo de investigadores estadounidenses, se comparaban aspectos relativos al juego entre niños de cinco años que vivían en Zúrich, Suiza. Algunos de estos niños vivían en un barrio en el que, por sus características, podían salir a jugar a la calle sin necesitar la supervisión constante de los adultos. Otros, en cambio, vivían en otra zona de Zúrich, en familias de un nivel cultural y socioeconómico similar pero que, debido al volumen de tráfico de la calle, cuando querían jugar, debían ir con sus padres a un parque relativamente cercano, donde muy a menudo los progenitores, que estaban presentes todo el tiempo, intervenían de algún modo en su juego.

Advirtieron que los niños que pueden jugar con libertad pasan el doble de tiempo jugando que los demás, tienen muchos más amigos y demuestran mejores habilidades motrices y sociales. Según los investigadores que llevaron a cabo este estudio, los viajes al parque con los padres no compensaron, o no compensaron del todo, la pérdida de libertad en el juego por diversos motivos. Primero porque los padres no tienen paciencia ni tiempo para quedarse tanto en el parque. Además, la supervisión de los padres durante el rato que estaban en el parque reducía la posibilidad de que los niños organizasen libremente su juego, en especial cuando lo hacían de manera vigorosa y hasta cierto punto arriesgada, como, por ejemplo, cuando intentaban subirse a un árbol. Por otro lado, la volubilidad en la presencia de los compañeros y compañeras que encontraban en el parque dificultaba las oportunidades de juego colaborativo y la posibilidad de planificar juegos de más duración o a más largo plazo, incluso de hoy para mañana, porque al día siguiente no sabían con qué niños se encontrarían en el parque, ni siquiera si ellos mismos irían.

Fijaos en algunos de los elementos más interesantes que aparecen en este estudio: el tiempo que pasan jugando, la libertad de jugar a lo que quieren sin interferencia de los adultos (o con unas interferencias muy inferiores en cantidad y calidad), el establecimiento de juegos colaborativos y la posibilidad de planificar a más largo plazo, sin la prisa de la inmediatez. Un estudio similar realizado en Australia indica que la sensación de libertad que tienen los niños y los adolescentes, no solo en el juego, sino también cuando van solos a la escuela sin una supervisión directa y constante de sus progenitores, incrementa su sensación de bienestar. No incrementa su felicidad, sino su bienestar, una distinción que en otro capítulo abordaremos de forma extensa, dada su importancia.

Más allá de promover un bienestar mental inmediato, en distintos trabajos que también fueron examinados en este metaanálisis se vio que el juego libre, es decir, sin intervención directa de los adultos, o simplemente la posibilidad de hacer actividades de manera independiente, también ayuda a los niños y a los adolescentes a construir las capacidades y las actitudes mentales que favorecen la generación y el mantenimiento de más sensación de bienestar de cara al futuro. El motivo, según explican estos investigadores, tiene que ver con la percepción que adquieren de quién controla sus actividades.

En este sentido, se distinguen dos tipos de control: el interno y el externo. El control interno hace referencia a la tendencia de una persona a creer que es ella misma quien tiene el dominio sobre su vida. Y que, por tanto, puede resolver los problemas que surgen y los retos que se plantea o que se le plantean a medida que van surgiendo. En cambio, el control externo es la tendencia a creer que las experiencias que vivimos se rigen por circunstancias fuera de nuestro control. «Yo gestiono mi juego y mis actividades o, alternativamente, lo hacen otras personas, y por tanto lo que ocurre y qué solución puede haber quedan fuera de mi control». Esta diferencia durante la infancia y la adolescencia marca una clara tendencia posterior durante la juventud y la edad adulta, y condiciona la estructura neuronal del cerebro. ¿Cuántas veces pensamos o hemos pensado que somos nosotros mismos quienes decidimos qué queremos hacer en cada ocasión y cuántas que no tenemos control sobre lo que nos ocurre?

Este trabajo que menciono de forma extensa, dada su relevancia, y que, como he dicho, se publicó a principios de marzo de 2023, aún va más lejos con los datos que utiliza y las conclusiones que extrae. Sus autores son capaces de relacionar esta sensación de control interno debida a haber tenido más oportunidades de jugar y practicar actividades libremente con una mayor facilidad para gestionar las situaciones de estrés posteriormente, en la juventud y la edad adulta. Y, en consecuencia, con una menor predisposición a sufrir ansiedad, angustia y trastornos como la depresión.

En otras palabras: aunque suela ser bienintencionado, el impulso que a menudo sentimos los adultos de guiar y proteger a los niños y los adolescentes prácticamente todo el tiempo puede privarlos de disfrutar de una independencia y una sensación de libertad suficientes para potenciar su resiliencia y unas buenas percepciones de bienestar, y de consolidar una salud mental tan firme como sea posible posteriormente en su vida.

Otro de los casos que se estudiaron en este trabajo hace referencia al riesgo de subirse a un árbol. Trepar a un árbol siempre implica cierto riesgo, y cuando vemos que lo hacen nuestros hijos e hijas a los padres se nos eriza todo el vello del cuerpo (una señal fisiológica que indica que estamos reaccionando ante una situación de peligro potencial). Pues bien, se ha visto que el riesgo relativo que implica subirse a un árbol o hacer cualquier otra actividad similar favorece que después no desarrollen fobias y reduce su ansiedad en el futuro, puesto que aumenta su confianza en sí mismos para hacer frente a situaciones imprevistas y a nuevos retos. Dicho de otra forma: aprenden a gestionar mejor el estrés y la ansiedad. Del mismo modo, el impulso que posiblemente sintieron nuestros padres cuando nosotros éramos niños y adolescentes de protegernos y guiarnos puede estar pasándonos cierta factura en la actualidad.

También la sensación de abandono o de menosprecio genera efectos similares en el cerebro a medio y largo plazo: incrementa la posibilidad de sufrir ansiedad, estrés y angustia, y dificulta la gestión de los estados emocionales. Ni sobreproteger ni ignorar, ni tampoco transmitir la sensación de que los hijos e hijas o los alumnos molestan: estar ahí, pero interviniendo lo mínimo posible para transmitir apoyo y confianza, como la osa con su cría. Y lo mismo podemos aplicarnos a nosotros mismos, como los chimpancés de la segunda historia.

Llegados a este punto, hay dos acciones complementarias que creo que merece la pena considerar. Primero, reflexionar sobre cómo actuamos con nuestros hijos e hijas y con nuestros estudiantes, a cualquier edad, para mantener un espacio razonablemente seguro pero sin aniquilar su necesidad de generar juegos y actividades de forma libre, no guiada ni supervisada. Segundo, pensar que podemos jugar a cualquier edad, de forma libre o razonablemente libre. A continuación veremos por qué y aclararé qué quiere decir «jugar». Pero podemos tener en cuenta que siempre es posible actuar con más libertad de lo que lo hacemos, y que eso favorecerá nuestro bienestar y nuestra capacidad de gestionar futuras situaciones que sean estresantes o que puedan provocarnos ansiedad o angustia. Como veremos a continuación, hasta cierto punto seguimos siendo niños toda la vida, y esto que acabo de explicar también se aplica a los adultos, a cualquier edad. Como dicen al final de su artículo los autores de este trabajo que he comentado extensamente, «si los niños deben crecer bien adaptados, necesitan cada vez más oportunidades para la actividad independiente, incluidos el juego autodirigido y las contribuciones significativas a la vida familiar y comunitaria, que son las mejores señales de que confiamos en ellos, de que los percibimos como responsables y capaces». Y eso, añadiría yo, es necesario para disfrutar de una vida plena. Recordemos que la osa de la historia inicial no evita que su cría juegue sola hasta caer al agua. Pero está presente para transmitirle que la ve capaz de salir adelante por sí misma.

Jugar o no jugar, esa es la cuestión

En dos de las historias que os he contado al principio del capítulo, la de la osa y su cría y la del joven encargado del acompañamiento a niños, el juego estaba muy presente. También en el apartado anterior el juego, y más concretamente la posibilidad de experimentar con el juego libre, ha sido el auténtico protagonista. Incluso hay asociaciones de profesionales de la educación que promueven el juego y la psicomotricidad libres, frente a una tendencia que lleva a algunas o muchas personas a ocupar por completo el tiempo de los niños y los adolescentes, cosa que limita su posibilidad de experimentar libremente a través del juego. Y también el de los adultos, como si no tener todo el día planificado y ocupado fuese perder el tiempo.

He ofrecido conferencias sobre la neurociencia del juego en estas asociaciones, y en alguna ocasión me han comentado que reciben una fuerte oposición de colectivos que consideran que dejar que los niños jueguen con libertad es una pérdida de tiempo, porque los privan de oportunidades de aprendizaje. Todo lo contrario. El juego es la principal fuente de aprendizajes. De hecho, es útil enseñar juegos y maneras de jugar como modelos que puedan seguirse, pero la utilidad principal del juego guiado es que los niños y los adolescentes, y también los adultos, lo usemos para traspasar las normas y experimentar libremente a partir de estas. El juego libre es la actividad lúdica que surge constantemente en la infancia y que los adultos podemos retener de cuando éramos niños.

Ha llegado el momento de abordar un poco más sistemáticamente qué es el juego y qué implica jugar, cosa que nos llevará a hablar de nuestros ancestros, de los hombres y las mujeres, y de los niños y adolescentes, del Paleolítico. Para empezar, cabe señalar que el juego es consustancial a la especie humana y constituye una forma peculiar de relacionarnos con el entorno. Desde una perspectiva antropológica es, literalmente, una forma de aprendizaje. Es más, jugar es la principal forma instintiva de aprendizaje en los niños.

Jugar, no obstante, no es una actividad exclusiva de las personas. Ya hemos visto cómo jugaban la osa y su cría. A través del juego la educaba para vivir como un oso. Y el juego espontáneo al que jugaba la cría sola, que la llevó a caer a la piscina, le permitía estimular la musculatura, los reflejos y los órganos de los sentidos, para aprender a vivir, también, como un oso. Conceptualmente, jugar es poder repetir una acción tantas veces como haga falta, introduciendo pequeñas variaciones en cada repetición y haciéndola cada vez mejor a través de los aprendizajes previos, al mismo tiempo que se disfruta del hecho de repetirla, de las variaciones, de los aprendizajes y del resultado final.

Pensad, por ejemplo, en un juego de mesa como el parchís. Solemos jugar varias partidas, y cada partida es ligeramente distinta de las demás. El resultado depende de la estrategia que sigamos y de cómo lo planifiquemos, pero también existe una parte de azar impredecible (el de los dados). En cada partida que jugamos, lo hacemos un poco mejor, porque vamos aprendiendo. Aprendemos con el resto de los jugadores, y del resto de los jugadores, y disfrutamos mientras jugamos porque, aparte de todo lo que ya he dicho, estamos con otras personas en un contexto social. Este es el concepto de juego que también debemos trasladar a la educación.

Desde la perspectiva evolutiva, una de las adaptaciones transversales que compartimos los mamíferos es aprender a través del juego. Por tanto, educamos y nos educamos jugando. Todas las crías de mamíferos juegan, y a través de sus juegos aprenden a relacionarse consigo mismas, entre sí, con los adultos de su especie y con el entorno en el que viven. Jugar permite adaptar el comportamiento al ambiente en el que se vive y mejora las posibilidades de supervivencia. Por mencionar un ejemplo que demuestra de qué forma el juego está ligado al aprendizaje y a la supervivencia, se ha visto que las crías de primates no solo se cogen, se acarician y se empujan para aprender cuáles son sus límites y los de los demás y para ejercitar todo el cuerpo y sus reflejos, sino que incluso juegan al escondite, un comportamiento que podría salvarles la vida cuando sean adultas y ya nadie vele constantemente por ellas. Este juego, el del escondite, es muy característico también de los niños, entre sí o con los adultos. Es un juego instintivo claramente vinculado a la supervivencia. ¡Y sin duda muy divertido!

A través de los juegos que repetimos una y otra vez mientras disfrutamos en cada repetición, aprendemos algunos de los comportamientos básicos que necesitaremos cuando seamos adultos, ya sea para ponerlos en práctica o para continuar aprendiendo. Pero lo hacemos en un contexto en el que, si nos equivocamos, los posibles peligros o las consecuencias negativas que puedan derivarse de los errores están muy limitados, puesto que estamos relativamente cuidados y protegidos. Los errores en el juego no son el final de nada, sino la oportunidad de comenzar de nuevo. Equivocarse jugando es una oportunidad de aprender a hacerlo mejor la próxima vez, una idea que debería estar muy presente en todos los procesos educativos. En otro capítulo hablaremos de la importancia de los errores como motores de aprendizaje. Es aquí donde debemos incorporar el concepto de juego cuando nos educamos. Vivir los cambios como oportunidades de aprendizaje.

Desde esta perspectiva, los niños no juegan para pasarlo bien, sino para aprender. Lo que ocurre es que el cerebro recompensa los nuevos aprendizajes con sensaciones placenteras, de recompensa, a través de la activación de una zona llamada «estriado». El estriado está implicado en la generación de sensaciones de recompensa y en la anticipación de recompensas futuras, lo cual los estimula a continuar jugando para continuar aprendiendo. Y ocurre lo mismo con los adultos. Cualquier actividad o cualquier pensamiento que nos genere sensaciones de recompensa o que nos anticipe recompensas futuras para el cerebro es como un juego, que nos estimula a seguir jugando. Es decir, a avanzar.

En lo que se refiere al comportamiento, por tanto, jugar es mucho más que pasarlo bien. Estas sensaciones de recompensa implican la producción de un neurotransmisor muy interesante. Los neurotransmisores son las moléculas que permiten que las neuronas se transmitan mensajes entre sí. Se han identificado más de sesenta neurotransmisores diferentes en el cerebro, cada uno de los cuales está especializado en transmitir un tipo de información. La mayoría son muy específicos (y también poco conocidos todavía), pero hay algo más de media docena que ejercen funciones mucho más transversales y cruciales para el funcionamiento del cerebro. El neurotransmisor que se relaciona con las sensaciones de recompensa y con la anticipación de recompensas futuras es la dopamina. Curiosamente, también está implicada en la motivación, el optimismo y las sensaciones de placer.

Fijaos en la potencia de este cóctel de actividades neurohormonales. Jugar genera sensaciones de recompensa que nos estimulan para continuar progresando; también incrementa la motivación intrínseca, que hace que queramos dedicar esfuerzos y recursos a progresar, y promueve el optimismo, que permite que percibamos este progreso como factible. Y encima nos lo pasamos bien, porque mientras tanto experimentamos sensaciones de placer. ¡Brutal! No es el único neurotransmisor del que hablaremos en este libro: también mencionaremos más adelante la serotonina, que se halla implicada en los estados de ánimo; las endorfinas, que generan sensaciones íntimas de bienestar, y otros que ya iremos viendo.

Desde la perspectiva neurocientífica, el juego surge de la curiosidad, la motivación y las ganas de buscar novedades, y promueve la flexibilidad en los procesos mentales, incluyendo ensayos que nos ayudan a adaptarnos mejor a las condiciones del entorno en el que vivimos. En este sentido, la curiosidad va íntimamente ligada al juego, como elemento que despierta el interés y, en consecuencia, la motivación, lo que activa la atención. En lo que respecta a la búsqueda de novedades, constituye un rasgo del comportamiento que se asocia con la exploración del entorno, y en consecuencia también está estrechamente vinculada al juego y, de forma indirecta, a los nuevos aprendizajes y a la educación. La búsqueda de novedades, además, va ligada a la necesidad de superar obstáculos o retos. La evolución de la especie humana también ha favorecido que al cerebro le guste superar retos y esforzarse, y por este motivo la superación de retos activa el estriado y genera sensaciones de recompensa. Este efecto se produce cuando percibimos que somos capaces de vencer las dificultades. Es la osa que apoya a su cría transmitiéndole la confianza necesaria para que se vea capaz de superar el reto de salir del agua sola.

Permitidme una breve digresión. Hay personas a las que no les gusta hablar de «retos» en educación. Se trata de un término que se puso de moda hace un tiempo, y quizá se haya utilizado demasiado. La palabra «reto» tiene diversos significados según el diccionario. Me quedo con este: «Objetivo o empeño difícil de llevar a cabo, y que constituye por ello un estímulo y un desafío para quien lo afronta». Pero con un matiz importante: implica la activación de la voluntad y del esfuerzo a través de la motivación para conseguir un objetivo, pero su dificultad no puede ser excesiva. Si no hay cierta dificultad la motivación flaquea, y si es excesiva y se percibe como irrealizable, entonces la motivación no se produce.

En cualquier caso, como demostró un trabajo científico publicado a finales de 2022, el hecho de jugar, o el concepto de juego tal como lo hemos expuesto aquí, está directamente relacionado con la mentalidad de crecimiento; es decir, con el hecho de pensar y de saber que podemos seguir progresando, a pesar de las dificultades, siempre que podamos movilizar el esfuerzo necesario. O quizá podamos continuar progresando gracias a las dificultades y al hecho de tener que esforzarnos… Seguiremos hablando de ello más adelante.

Cuatro apuntes sobre evolución humana: de tal palo, tal astilla

Jugar, como hemos dicho, es una actividad instintiva en los mamíferos, en las crías de todas las especies conocidas, incluida la humana. No obstante, poseemos una característica que nos hace un poco especiales: somos la única especie que mantiene la capacidad y las ganas de jugar espontáneamente durante toda la vida. No hablo de jugar con los niños como forma instintiva de educarlos, como hace la osa con su cría, sino de jugar por nosotros mismos. Para continuar educándonos y creciendo. En el resto de los mamíferos, cuando se encuentran en estado salvaje, la capacidad de jugar de forma espontánea como mecanismo para adquirir nuevos aprendizajes al tiempo que se buscan novedades se pierde al alcanzar la juventud y la edad adulta, salvo cuando los progenitores estimulan a sus crías para jugar, como un modo de transmitirles aprendizajes. Me refiero al juego estimulado por la mera curiosidad y las ganas de buscar novedades, no a las interacciones sociales que los adultos mantienen entre sí.

De hecho, los grandes primates, como los chimpancés, mantienen un poco esta característica por sí mismos, sin influencia humana, señal inequívoca de que proviene de un proceso biológico evolutivo ligado a la complejidad del cerebro. El hecho de que las personas conservemos la capacidad y las ganas de jugar también durante la edad adulta está relacionado con nuestra facultad de aprender cosas nuevas a cualquier edad y, por tanto, de ir educándonos y reeducándonos constantemente. Hablemos un poco de evolución para ver de dónde surge esta magnífica posibilidad que nos ofrece la naturaleza.

Uno de los procesos evolutivos que han sido cruciales para el desarrollo cognitivo humano es la llamada «neotenia». También se conoce como «heterocronía», que significa, textualmente, «diferencia temporal». Consiste en la conservación de algún aspecto biológico asociado a la infancia durante la edad adulta, por un retraso pronunciado en el ritmo de desarrollo de esta característica. Pues bien, el cerebro humano cuenta con elementos neoténicos que lo hacen único, lo cual implica que conserva características típicas de la infancia durante la vida adulta. Las ganas de jugar son una muestra de ello. Pero esto tiene un fundamento neuronal bien conocido que, además, nos afecta de distintas maneras.

Por un lado, nacemos con un cerebro muy inmaduro en relación con cualquier otro mamífero, incluido el resto de los primates. Por eso el tiempo y la intensidad con que debemos cuidar a los niños son muy superiores. La mayoría de los mamíferos, poco después de nacer, ya se yerguen y dan los primeros pasos para seguir a su madre. La madre los alimenta y protege durante un tiempo, pero las crías pueden valerse por sí mismas muy pronto. En los roedores, que, aunque a veces cueste creerlo, son nuestros primos evolutivos, la situación no está tan clara. Las crías necesitan un par de semanas de intensa protección materna hasta que empiezan a caminar y a moverse solas. En los primates, como los chimpancés, que son nuestros hermanos evolutivos, las crías necesitan aún más tiempo para empezar a valerse por sí mismas, pero pronto tienen suficiente fuerza para cogerse a su madre y dejarse llevar arriba y abajo. Las crías humanas, en cambio, pasan mucho más tiempo completamente desvalidas. Hay una clara tendencia evolutiva a alargar la infancia, cosa que quiere decir que existe un fundamento biológico y genético en ello.

Nacer con un cerebro muy inmaduro genera una posibilidad muy interesante: permite que se creen muchas neuronas y muchas conexiones neuronales nuevas durante los primeros meses y años de vida. Esto facilita que las diferentes áreas del cerebro adapten su estructura y función en relación con las experiencias y los aprendizajes que se producen. Por eso el ambiente de la infancia es tan importante para el desarrollo de las personas, e influye en cómo somos y en cómo nos percibimos después, de jóvenes y adultos. Los aprendizajes y las experiencias dejan una huella física tangible y cuantificable en un cerebro que está, literalmente, en construcción. Hemos visto el caso del efecto que puede tener que los niños dispongan de más o menos tiempo para jugar y para hacer actividades y juegos libres, y más adelante veremos muchas otras situaciones que también pueden producirse en la infancia y que condicionan, pero no determinan, la adolescencia, la juventud y la edad adulta.

Siguiendo con la comparación con los chimpancés, se ha demostrado que esta diferencia en lo que respecta a la maduración del cerebro durante la infancia provoca que, en estos primates, el genoma dicte la organización del cerebro de forma mucho más rígida que en las personas. El genoma está formado por todos los genes de un individuo o de una especie. Su función es dirigir o condicionar la formación, la maduración y el funcionamiento del cuerpo y del cerebro. El hecho de que el genoma de los chimpancés dicte la organización del cerebro de forma mucho más rígida que en las personas comporta que tengan menos capacidad de incorporar los condicionantes ambientales a su estructura. Es decir, las experiencias de los aprendizajes del entorno tienen menos influencia, y su comportamiento es más rígido.

Las personas no solo disponemos de mucho más tiempo para crear conexiones neuronales nuevas, sino también para crear, literalmente, neuronas nuevas. Cuando nacemos, nuestro cerebro tiene apenas algo más del 40 % de las neuronas que presentará en la edad adulta. Hasta los seis años vamos creando neuronas nuevas, que se van integrando en los circuitos neuronales en construcción, no solo bajo la guía de los programas genéticos, sino también, en parte, en función de las influencias ambientales. En torno a los seis años, sin embargo, ya las tenemos prácticamente todas, y pese a que después se producen muy pocas más, la capacidad de crear conexiones neuronales sí que se mantiene durante toda la vida. De esto hablaremos mucho más en próximos capítulos.

Existen otras diferencias importantes entre las personas y el resto de los mamíferos. Todos los mamíferos pasan directamente de la infancia a la juventud o edad subadulta, que es como suele denominarse en el resto de los mamíferos, y enseguida a la edad adulta. Las personas, en cambio, pasamos por varias infancias y por una adolescencia prolongada. Teniendo en cuenta el registro fósil, hasta hace tres o cuatro millones de años los primeros homínidos, que pertenecían al grupo de los australopitecos, presentaban solo tres etapas vitales posnatales, que eran las mismas que tienen los chimpancés actuales: la primera infancia, durante la cual las crías permanecen con la madre; la edad subadulta, y, finalmente, la edad adulta. Durante la evolución de los homínidos, sin embargo, se sumaron de manera progresiva dos etapas nuevas, intercaladas entre la primera infancia y la juventud: primero se añadió una segunda infancia, que en las personas va desde los tres o cuatro años hasta la pubertad. Esta segunda infancia permite la consolidación y el refinamiento de las habilidades y destrezas adquiridas que no son instintivas. Es un periodo de grandes aprendizajes. Sabemos que esta segunda infancia ya existía en los *Homo erectus* y los *Homo habilis*.

Después, finalmente, en nuestra especie se añadió la adolescencia, una etapa de exploración activa y más consciente del entorno, de búsqueda expresa de novedades que permite sacar todo el provecho de las experiencias previas. Pero lo hace, y este detalle es muy importante, de forma innovadora y creativa. El significado biológico de esa infancia y esa adolescencia tan largas, es decir, las ventajas evolutivas que lo han propiciado, debemos buscarlo en la importancia de crear conexiones neuronales nuevas para adquirir aprendizajes y experiencias cada vez más complejos. Y también, de manera muy significativa, para utilizarlos de forma tan eficiente como sea posible en situaciones nuevas y desconocidas, con creatividad y flexibilidad. La adolescencia permite que, una vez alcanzada la edad adulta, sigamos siendo curiosos y creativos. En este sentido, la educación recibida y la que nos damos a nosotros mismos puede favorecer que mantengamos estas características o, al contrario, nos las puede, y nos las podemos, mutilar.

Otro aspecto importante en cuanto a nuestro cerebro en comparación con el de los demás mamíferos es el incremento exponencial de la medida de algunas zonas, como el lóbulo frontal y la corteza prefrontal. Se asocian a las capacidades cognitivas implicadas en los aprendizajes racionales y reflexivos, a la gestión emocional y a la capacidad de planificar y de tomar decisiones racionales, por interacción dinámica con el entorno físico, social y cultural. Es otro caso de neotenia; es decir, de conservación de características infantiles durante la edad adulta.

Para entender bien este cambio en los lóbulos frontales del cerebro, miremos con atención cómo ha ido modificándose la forma del cráneo en nuestra especie: se aprecia con claridad un cambio de forma en la zona frontal. En las crías de chimpancé, la frente se eleva en vertical desde las cejas, como en los bebés humanos. Ahora bien, cuando maduran, el hueso frontal se les aplana y acaba siendo casi horizontal a partir de las cejas (figura 1).

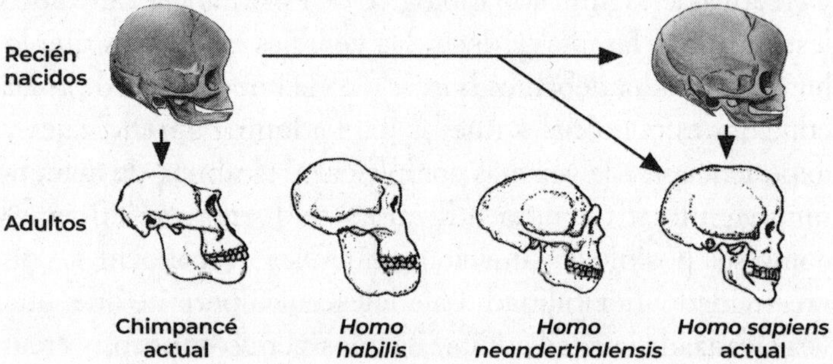

FIGURA 1. Cambio de la forma frontal y prefrontal del cráneo durante la evolución humana. Los cráneos no se muestran a escala. Fuente: modificada de D. Bueno (2019).

No se sabe con exactitud cómo era el cráneo de los bebés de nuestros antepasados homínidos porque, como no está osificado por completo, no fosiliza bien. Pero en los adultos de estos antepasados se ve que la frente estaba también bastante aplanada hacia atrás, incluso en los neandertales. Solo los *Homo sapiens*, nosotros, tenemos la frente casi vertical, prácticamente recta hacia arriba, como los recién nacidos, cosa que indica que se trata de una característica neoténica. Conservamos un aspecto típico de la infancia durante toda la vida adulta.

Este hecho aparentemente trivial permite que la zona del cerebro que ha podido crecer más durante la evolución de nuestra especie haya sido la corteza prefrontal, ya que tiene mucho más espacio. Y es justo ahí, en sus redes neuronales, donde se generan y se gestionan los comportamientos que se consideran más típicamente humanos y que son la clave de la educación, como la capacidad de planificar, de analizar de un modo reflexivo las situaciones, de tomar decisiones conscientes y de controlar los impulsos, incluidos los estados emocionales. Somos como somos, podemos educarnos y reeducarnos durante toda la vida porque, de alguna manera, nuestro cerebro retiene muchas características infantiles. O, como dice el título de este capítulo, «aprender es cosa de niños, y por eso podemos educarnos toda la vida».

MÁS PALOS Y MÁS ASTILLAS: NUESTRO CEREBRO ES PALEOLÍTICO

Vivimos en un entorno moderno, lleno de comodidades y avances científicos y tecnológicos, pero nuestro cerebro se forjó en el Paleolítico. No tenemos que caminar kilómetros y más kilómetros para conseguir alimento, como tenían que hacer nuestros antepasados, y en general estamos mucho más protegidos de las inclemencias del entorno, incluido el riesgo de encontrar fieras al acecho. Desde el origen de la humanidad, el estilo de vida ha cambiado mucho, con grandes avances científicos, tecnológicos, sociales y culturales. La esperanza de vida es en la actualidad muy superior a cualquier otra época de la historia; nuestro cerebro encuentra multitud de estímulos con los que ocuparse, entre los que se incluye un sistema educativo rico y complejo (aunque, como cualquier otro aspecto de la vida, criticable y mejorable); los servicios sanitarios nos ayudan a superar muchos contratiempos de salud que en otras épocas habrían resultado fatales, y un largo etcétera de posibilidades y comodidades.

No obstante, hay algo que no acaba de funcionar. A pesar de todos estos avances, indiscutiblemente muy provechosos, el número de personas que dicen que se sienten insatisfechas con su vida, que se sienten desanimadas, tristes y desmotivadas, e incluso el número de casos de depresión y otros trastornos que afectan a la vida mental, no solo son alarmantemente altos, sino que, además, según todas las encuestas, van en aumento. Incluso entre los niños y los adolescentes, cuando se les pregunta cómo se sienten, se detecta una disminución preocupante de su percepción subjetiva de bienestar. Un estudio publicado a comienzos de julio de 2023 indicó que alrededor de la mitad de los estudiantes universitarios presentan síntomas de ansiedad y de estrés crónico, y que uno de cada cinco ha pensado en quitarse la vida. Como sociedad, es una situación que no podemos permitirnos. Sin duda hay muchos elementos implicados, entre ellos una combinación tóxica de sensaciones de desprotección y sobreprotección, pero la responsabilidad es social.

También influyen en ello un entorno en el que la sobreestimulación es casi constante y a menudo hay un exceso de expectativas, y el hecho de vivir en una sociedad demasiado ocupada; y en especial, aunque no exclusivamente, unos progenitores demasiado ocupados para satisfacer las necesidades de apoyo emocional de los niños y los adolescentes, y también entre adultos, cosa que a menudo intentamos compensar satisfaciendo demasiado las necesidades materiales, con la falsa creencia de la felicidad inmediata y constante. Estos son algunos de los factores implicados en la disminución de la sensación de bienestar, y que abordaremos en otros capítulos, pues son clave para poder disfrutar de una vida más plena. Pero hay otro que a menudo no se considera: yo lo llamo «efecto tribu».

Empezaba este apartado diciendo que vivimos en un entorno moderno, pero nuestro cerebro sigue siendo primitivo. Me explico mejor. El cerebro, como órgano biológico, ha ido generándose lenta y progresivamente a través de procesos evolutivos, desde nuestros ancestros primates y homínidos, de hace varios millones de años, hasta los humanos actuales, que surgimos hace tan solo doscientos mil años. Casi todo este tiempo hemos vivido como cazadores y recolectores, en un ambiente paleolítico. Y ha sido en este entorno donde se ha producido la evolución de nuestra especie, a través de mutaciones azarosas en el genoma y del efecto de la selección natural, que favorece o elimina estos cambios en el material genético dependiendo de si permiten que los individuos se adapten mejor al medio en el que viven.

El Neolítico, el primer gran salto cultural, tecnológico y social de la humanidad, comenzó hace tan solo ocho mil años, y pese a que nos hemos adaptado a este estilo de vida, por aprendizaje, nuestro cerebro continúa moviéndose de forma instintiva en muchos aspectos dentro de los parámetros de una sociedad paleolítica de cazadores y recolectores. Somos capaces de aprender un montón de cosas nuevas, incluidas las relaciones sociales complejas que caracterizan nuestro entorno. Podemos adaptarnos a innumerables cambios sociales, culturales y tecnológicos, pero siempre sobre la base neuronal de un cerebro que se forjó en el Paleolítico. Lo mismo podemos decir al respecto de la revolución industrial, hace trescientos años, o la digital, hace apenas treinta años. Nos adaptamos por aprendizaje, pero con un cerebro que se forjó en el Paleolítico. La pregunta es, por tanto, cómo se vivía en el Paleolítico en comparación con cómo lo hacemos ahora. La respuesta debería ayudarnos a entender mejor por qué somos como somos y tenemos los intereses que tenemos.

Todos los grupos humanos de cazadores y recolectores que se han estudiado durante el último siglo siguen unas pautas similares, que nos permiten extrapolar hasta cierto punto cómo debía de ser la vida de nuestros ancestros. Para empezar, se movían mucho, con el fin de conseguir suficiente alimento para toda la tribu, que era la estructura básica de organización social. Pero se desplazaban muy despacio, para poder ir recolectando comida por el camino: un bulbo aquí, un fruto allá, unas bayas un poco más lejos, capturar una lagartija o un roedor como fuente principal de proteína animal, etcétera. Cazar un antílope era muy difícil con los medios de la época. Ahora, en cambio, nos movemos muy poco y, cuando lo hacemos, solemos ir con prisas. Y esto se opone a los parámetros básicos de funcionamiento del cerebro. Nos adaptamos por aprendizaje, está claro, y nos adaptamos muy bien, pero incrementando el nivel de estrés. Con esto no digo que se viviese mejor en el Paleolítico. De ninguna manera. Creo que ahora se vive mucho mejor en general, pero analizar estos componentes primigenios de nuestro cerebro debería ayudarnos a disfrutar más de las comodidades y progresos de los que disponemos, y adaptarnos mejor a ellos, incluido todo lo relacionado con el mundo de la educación y las posibilidades de reeducarnos. Disfrutar del camino, no (solo) de alcanzar la cima.

He dicho que se movían mucho, pero no lo hacían constantemente. Cuando habían encontrado suficiente comida, se sentaban y se la comían, compartiendo todo lo que podían. Tampoco es cierto que siempre se desplazasen poco a poco. Cuando había una fiera al acecho se apresuraban a marcharse.

Aparte de todo lo que he dicho, hay otro aspecto de la vida paleolítica que tiene implicaciones muy profundas: el efecto tribu que mencionaba al comienzo de este apartado. Nuestros ancestros iban despacio no solo para detectar todas las posibles fuentes de alimento y para no espantar a las lagartijas y los roedores, sino también porque se desplazaban todos juntos, desde los ancianos (los que llegaban a la vejez, que eran muy pocos) hasta los bebés al cuello de sus progenitores, incluidos los niños de cualquier edad. Y al tiempo que se desplazaban, los más pequeños iban aprendiendo de los jóvenes y de los adultos por imitación, manifestándolo y ensayando, a través de sus juegos. Ya hemos hablado de la importancia del juego. El cerebro busca aprender de la vida real, integrada e integradora, los unos de los otros, a través del juego. No de manera segregada y parcelada. Se trata de aprender a vivir juntos y aprender juntos a vivir.

Salvo contadas excepciones, como por ejemplo cuando un grupo reducido de jóvenes y adultos se separaba del resto, a veces durante días, para intentar cazar un antílope, toda la tribu se trasladaba junta, sin dejar a nadie atrás. Dejar a una persona atrás era la mejor garantía de que una fiera se la comiese. También es importante tener en cuenta este otro punto. De vez en cuando, algunos miembros se alejaban para cazar presas más grandes. Se separaban los jóvenes y adultos que, por el motivo que fuese, estaban mejor dotados para esta tarea. Pero el objetivo no era cazar un antílope para comérselo solos, sino volver a la tribu una vez que lo habían cazado para compartirlo con el resto de los miembros. Ni segregaban ni hacían todos siempre lo mismo, sino que compartían los éxitos personales para que de un modo u otro repercutiesen favorablemente en toda la tribu.

Por cierto, hablando de cazar, la visión tradicional que se ha tenido es que solo lo hacían los hombres. Pues bien, un estudio publicado a finales de junio de 2022 demostró que, en las sociedades de cazadores y recolectores, tanto hombres como mujeres se dedican, o se dedicaban, a la caza. En este trabajo analizaron a sesenta y tres grupos humanos que aún viven de esta manera o que lo hacían hasta hace relativamente poco tiempo, y se comprobó que en la mayoría tanto los hombres como las mujeres participan de forma activa y en plano de igualdad en las partidas de caza. Este hecho se vio corroborado por análisis detallados de tumbas prehistóricas, en las cuales se habían encontrado arcos, flechas y lanzas junto a restos humanos. Dada la visión tradicional, se pensaba que estos restos pertenecían a hombres, pero análisis más minuciosos han demostrado que alrededor de la mitad eran mujeres. Trasladado a la actualidad, la segregación por géneros, por ejemplo en muchas tareas profesionales o en centros educativos, que por desgracia sigue siendo muy habitual, no forma parte de la esencia humana, sino todo lo contrario. La esencia evolutiva de nuestra especie es una igualdad casi absoluta, salvo por las cuestiones estrictamente reproductoras, de la gestación.

Volviendo al hilo argumental de los párrafos anteriores, todos poseemos características que nos hacen únicos y que debemos trabajar, pero no (solo) para obtener ventajas personales, sino también para compartirlas con las personas que nos rodean. Avanzar y progresar para compartir, y compartir para avanzar y progresar. Cuando lo hacemos así, el nivel de activación del estriado (que, como hemos dicho, es la zona del cerebro que genera sensaciones de recompensa, permite anticipar recompensas futuras y está implicada en la motivación y el optimismo) es mucho más elevado. Y por tanto aumenta el nivel de bienestar. Volveremos a hablar de ello en próximos capítulos, cuando veamos, por ejemplo, las diferencias neuronales del denominado «placer hedónico», que considera el placer personal como la razón principal de la vida, respecto al llamado «placer eudemónico», que se adquiere a través de un sentimiento de utilidad con un objetivo vital más social, no solo individual.

Pero, insisto, aparte de estas ocasiones en que un pequeño grupo se separaba para ir de caza, la tribu estaba unida, sin dejar a nadie atrás, y se apoyaba materialmente y, sobre todo, emocionalmente. Por descontado, de vez en cuando también debían de surgir diferencias entre los miembros de la tribu, pero la sensación de apoyo mutuo, de avanzar juntos, los mantenía unidos y les daba estabilidad, social y emocional. Sin embargo, en la sociedad actual, ¿cuántos niños, cuántos adolescentes y jóvenes, y también cuántos adultos sienten o sentimos que de alguna manera o en algún aspecto «quedamos atrás», por ejemplo cuando tenemos la sensación de que el entorno deja de darnos apoyo emocional?

Esta pregunta retórica enlaza con un comentario que he hecho justo al principio de este capítulo. Desde un punto de vista estrictamente neurocientífico, lo más importante para avanzar es la motivación intrínseca y abordar los aprendizajes con una buena planificación temporal, para poder reflexionar con tiempo sobre lo que se está aprendiendo. No obstante, sin un estado emocional individual pero también colectivo que lo favorezca, ¿a cuántas personas les costará encontrar el nivel adecuado de motivación para continuar construyéndose a sí mismas? ¿Cómo podemos optimizar nuestra vida mental para disfrutar de una vida más plena?

Al observar la actividad cerebral, se ha visto que la sensación de aislamiento social, que posiblemente es la más parecida a quedarse rezagado del resto de la tribu, afecta no solo a la actividad de la amígdala, que es el centro neuronal que genera las emociones, sino también a otras zonas clave del cerebro para gestionar de forma consciente nuestros deseos, inquietudes, objetivos y propósitos vitales, como determinadas áreas de la corteza prefrontal y la llamada «ínsula», que están implicadas en la gestión emocional, la toma de decisiones razonadas y la capacidad de centrar la atención de manera consciente. Y también afecta al hipocampo, que es el centro gestor de la memoria y se encarga de registrar los estados emocionales. Todo esto ayuda a explicar los efectos que produce el entorno emocional en nuestra personalidad a medio y largo plazo, en especial, pero no solo, durante la infancia y la adolescencia.

Hablemos un poco más de estos aspectos, de cómo el entorno de la infancia nos está condicionando y de qué modo el entorno que generemos ahora como adultos puede afectarnos a nosotros y también a nuestros hijos y estudiantes. Debe quedar muy claro, sin embargo, que en ningún caso debemos culpabilizarnos, ni tampoco utilizar estos datos como una excusa o justificación para nuestra situación actual, sea cual sea. Lo que pretendo es que, a través de los conocimientos actuales, podamos ver hacia dónde queremos ir y hacia dónde podemos ir. Y, como he dicho en un párrafo anterior, para establecer una dirección debemos conocer el punto de partida, la infancia.

El ambiente emocional de la infancia influye en el futuro, pero no lo determina

La infancia es una etapa de grandes aprendizajes, sobre todo de tipo socioemocional. El cerebro está especialmente atento a todo lo que ocurre a su alrededor, para aprender cómo es el entorno en el que vive y adaptarse a él. Por eso el ambiente de la infancia, en especial, pero no únicamente, el emocional, nos influye de por vida. Una prueba muy sencilla la hallamos en la necesidad que tienen los niños de recibir la aprobación de los adultos, o al menos de conocer su opinión, para ir rehaciendo, preconscientemente, su forma de actuar, de ver y de vivir el mundo. Cuando hacen cualquier cosa, como por ejemplo un dibujo, automáticamente se la enseñan a sus referentes adultos; es decir, a los progenitores o a los maestros. Nosotros, cuando éramos niños, hacíamos exactamente lo mismo, y nos afectaba de la misma manera. Lo primero que dicen cuando te enseñan su obra es: «¡Mira!», y te la plantan delante de la cara. Y a partir de ese instante no te quitan ojo, intentando ver cómo reaccionas, si te gusta o no te gusta. Cuando se hacen un poco mayores, cambian la expresión y te preguntan directamente: «¿Te gusta?». Esta pregunta indica con claridad que, de niños, uno de los aspectos que más importa es la opinión o la valoración de los adultos sobre lo que hacemos. A base de acumular opiniones y valoraciones, vamos forjando nuestro carácter.

Hay multitud de trabajos científicos que, desde la neurociencia, la psicología, la pedagogía y la sociología, exploran cómo influyen el ambiente de la infancia y la opinión y la valoración de los adultos en aspectos diversos del carácter, y en cómo nos relacionamos con nosotros mismos y con el entorno. La mayor parte de estos trabajos se han realizado examinando situaciones extremas, porque es el modo en que pueden cuantificarse mejor las diferencias, sabiendo que, sin embargo, la mayor parte de las situaciones son intermedias. Como he dicho al concluir el apartado anterior, estos datos no deben hacernos sentir culpables y tampoco debemos utilizarlos como excusa o justificación para nuestra situación actual ni para victimizarnos. Debemos usarlos para ver hacia dónde queremos ir y hacia dónde podemos ir. Ya he hablado de forma extensa de la importancia del juego, y más especialmente del juego libre, en distintos aspectos de la adolescencia, la juventud y la edad adulta. Veamos algunos casos más, de manera más resumida, para comprender hasta dónde llegan estas influencias.

Empecemos hablando de los estilos de crianza. En psicología se distinguen dos tipos de parentalidad o de estilo de crianza, la parentalidad positiva y la negativa. El concepto «parentalidad» se refiere a las actividades desarrolladas por los progenitores para cuidar de sus hijos e hijas y para educarlos, al tiempo que promueven su socialización. Hasta cierto punto, también se puede extrapolar al estilo educativo que utilizamos las personas que nos dedicamos a la docencia respecto a nuestros estudiantes. Debemos enfatizar que el tipo de parentalidad no depende de la estructura ni de la composición familiar (familias tradicionales, monoparentales, segundas familias de personas separadas o que han enviudado, con progenitores del mismo sexo, etcétera), sino que tiene que ver con las actitudes y la manera de interaccionar dentro del núcleo familiar, sea cual sea, o entre sus antiguos miembros si han construido diversos núcleos.

La parentalidad negativa se define como la relación basada en poca o nula calidez afectiva, en la indiferencia o la negligencia, en la falta de apoyo emocional e incluso, en los casos más extremos, en el rechazo o la hostilidad hacia los hijos e hijas (y si lo extrapolamos a la educación, también hacia los estudiantes). Hay personas que perciben a sus hijos e hijas como un estorbo, quizá para sus relaciones personales o para sus aspiraciones profesionales. Pese a que no lo digan de forma explícita, los niños lo perciben a través de las miradas, los gestos, el apoyo o, mejor dicho, la falta de apoyo emocional, etcétera. La parentalidad negativa también comporta una falta de coherencia entre recompensas y amonestaciones de carácter educativo: hoy te felicito por una cosa y mañana te amonesto exactamente por lo mismo. E incluye amonestaciones expresadas en negativo: «¡Qué desastre!», «¡Nunca haces nada bien!», «¿Cuántas veces tengo que decirte que…?». Son frases finalistas que además trasladan toda la carga a la persona que la recibe, sin ofrecer apoyo.

En contraposición, la parentalidad positiva implica la afectividad basada en la confianza y en el cuidado no sobreprotector (repito: no sobreprotector), en el apoyo emocional y en la coherencia entre recompensas y amonestaciones de carácter educativo. Unas amonestaciones que, además, se hacen en positivo y estimulando a la proactividad, como por ejemplo «Esto lo podemos hacer mejor». «Podemos» es en primera persona del plural; por tanto, indica que seguimos a su lado. No solucionamos el problema nosotros, pero mostramos apoyo. «Hacer» incita a la acción, a la proactividad. Y «mejor» implica vivir en positivo lo que no se ha hecho lo bastante bien. En otras palabras: ayuda a transformar el error en una fuente de aprendizajes, no en un fracaso que implique un punto final.

Pues bien, dentro de este esquema, y teniendo presente que a menudo las personas no nos encontramos en ninguno de estos extremos, sino en una posición intermedia, aunque más sesgada hacia un lado o hacia el otro, se ha demostrado que la parentalidad negativa incrementa de manera significativa la probabilidad de que los niños desarrollen estados de estrés, ansiedad e incluso depresión durante la adolescencia, la juventud y la edad adulta; que muestren menos curiosidad, en especial a partir de la adolescencia, y que sean más impulsivos y, por oposición, menos reflexivos. En el cerebro, se ha visto que la parentalidad negativa favorece la formación de determinados patrones de conexiones neuronales que propician estos comportamientos, y también que las personas afectadas tienen más tendencia a perpetuar este estilo de crianza con sus descendientes. Por eso es importante saberlo: para poder disminuir de forma consciente el alcance de estas influencias.

Continuemos con el tema de la parentalidad. También se ha constatado que un estilo de crianza demasiado estricto, en el sentido de comportar castigos físicos o situaciones claramente coercitivas, favorece del mismo modo cambios cerebrales que hacen a los niños más propensos a sufrir depresión posteriormente, a partir de la adolescencia. Se ha demostrado que ocurre lo mismo cuando los progenitores manipulan a sus hijos para conseguir sus propósitos o finalidades.

No es necesario, sin embargo, considerar situaciones tan extremas. También se ha demostrado que un control excesivo sobre el comportamiento de los adolescentes por parte de los progenitores o de su entorno social afecta de manera negativa a su salud mental y su percepción de bienestar. Como he dicho varias veces, ni la sobreprotección ni la sensación de indiferencia contribuyen a un desarrollo equilibrado del cerebro.

Incluso hay trabajos que han demostrado que la forma en que los progenitores se perciben entre sí, es decir, si creen que su relación, especialmente la afectiva, es positiva, los hace sentir cómodos y confían el uno en el otro, afecta a la estabilidad mental de los niños y tiene consecuencias similares a las descritas. Y, por hilar más fino, también se ha observado que cómo los progenitores expresan y procesan sus emociones impacta en el desarrollo social y emocional de sus hijos e hijas. Todo lo que he explicado sobre el estilo de crianza y relaciones demasiado estrictas también puede aplicarse, hasta cierto punto, a las relaciones entre los docentes y sus estudiantes. Lógicamente, el ámbito de influencia es diferente, pero también se producen fenómenos parecidos.

De manera similar, diversos trabajos han analizado la influencia de diferentes factores de estrés en edades tempranas sobre la conectividad neuronal y las consecuencias conductuales que pueden comportar. Por ejemplo, se ha descrito que el estrés familiar y social influye en la conectividad de diversas áreas de la corteza cerebral relacionadas con la gestión emocional, lo que favorece comportamientos más impulsivos y un incremento de la probabilidad de sufrir también depresión, estrés y ansiedad en etapas posteriores de la vida. Uno de los motivos, aunque no el único, es que se alteran los circuitos neuronales implicados en la generación de sensaciones de recompensa y en la anticipación de recompensas futuras, en el estriado, una zona del cerebro de la cual hemos hablado en un apartado anterior. Este hecho dificulta que las personas afectadas estimulen convenientemente su motivación intrínseca y, de forma indirecta, provoca que disminuyan sus sensaciones de optimismo.

Esto enlaza con unos comentarios que he hecho al inicio del capítulo, cuando decía que, a pesar de que, desde un punto de vista estrictamente neurocientífico, uno de los aspectos más relevantes para la adquisición eficiente de aprendizajes es la motivación intrínseca, debemos abordarlo siempre en contextos ecológicos, es decir, teniendo en cuenta que numerosos factores del entorno, incluidos los de la infancia, pueden estar condicionando la juventud y la vida adulta. Por este motivo, no existen, no pueden existir, recetas de validez universal para estimular, por ejemplo, la motivación o el optimismo. Hay muchos aspectos generales que compartimos y que pueden servir de elemento de reflexión, pero cada situación personal es prácticamente única. Por consiguiente, forzar cambios parciales en alguno de los aspectos que se mencionan no nos llevará de forma necesaria a disfrutar de una vida más plena. Por este motivo, este libro no tiene en ningún caso la intención de ser un recetario, sino de aportar elementos de reflexión crítica.

Finalmente, solo por mencionar algunos casos más de los muchos que se han estudiado, se ha visto que a los niños que se sienten menospreciados por las personas de su entorno, tanto si es por sus capacidades o aptitudes como por su aspecto físico o por cualquier otra situación, como por ejemplo cuando empiezan a descubrir su identidad de género, se les alteran las neuronas encargadas de producir un neurotransmisor denominado «serotonina». Ocurre lo mismo en los casos de acoso; cuando se viven demasiado a menudo situaciones de emocionalidad negativa, como preocupaciones inadecuadas para su edad; cuando se les estimula una autoexigencia excesiva, por ejemplo en los estudios o en el deporte, y también cuando el entorno les induce de forma expresa emociones de rabia, culpa, envidia o celos.

Este neurotransmisor, la serotonina, que he mencionado de pasada en un apartado anterior, está implicado en la gestión emocional y en la generación de estados de ánimo positivos y proactivos, y se relaciona con las sensaciones subjetivas de bienestar. Dicho de otra forma, a estas personas les puede resultar más difícil conseguir el equilibrio emocional que se relaciona con estos estados de ánimo, por otro lado muy interesantes para establecer objetivos vitales propios y propósitos a medio y largo plazo. Y también para mantener la motivación y el esfuerzo recompensante, necesarios para ir avanzando.

Curiosamente, la serotonina también está implicada en la gestión del hambre y la saciedad, lo que se relaciona con una probabilidad más alta de sufrir trastornos alimentarios, tanto anorexia y bulimia como obesidad; con la estimulación de la hormona melatonina (que induce el sueño por la noche, motivo por el cual la desregulación del sistema de serotonina también puede favorecer el insomnio), y con todos los problemas de salud y cognitivos que la falta de descanso puede llevar asociados. Y de forma indirecta, a través de los estados de ánimo, la serotonina también afecta a cómo percibimos el mundo y a nosotros mismos, y a las funciones cognitivas en general.

Todo esto, como digo, influye en cómo somos y en cómo nos percibimos ahora, y en cómo los niños y adolescentes actuales serán y se percibirán cuando sean jóvenes y adultos. Antes de acabar este apartado, sin embargo, quiero repetir una vez más que influir no implica determinar, y que en ningún caso debemos culpabilizarnos ni tampoco utilizar estos datos para excusarnos, justificarnos ni victimizarnos, sino para ver con más claridad hacia dónde vamos y podemos ir. Conocer los puntos de partida para establecer una ruta que nos sea satisfactoria.

Os propongo un pequeño juego para terminar

Acabamos aquí este capítulo. En el próximo retomaremos algunos aspectos clave como, por ejemplo, qué implica la plasticidad neuronal, cómo se produce y cuál es su objetivo biológico. Ahora, sin embargo, os propongo un pequeño juego, en el sentido que he explicado en este capítulo: no hay errores y debemos sentirnos cómodos mientras jugamos. Os propongo que respondáis a esta pequeña encuesta, pero sobre todo que reflexionéis sobre el porqué de vuestras respuestas, como un juego al que podéis jugar en solitario o que podéis compartir con otras personas.

	Estoy muy de acuerdo	*Estoy de acuerdo*	*Estoy un poco de acuerdo*	*Estoy un poco en desacuerdo*	*No estoy de acuerdo*	*No estoy nada de acuerdo*
1. Tienes una inteligencia determinada y no puedes hacer mucho para cambiarla.	☐	☐	☐	☐	☐	☐
2. Tu inteligencia es algo que no puedes cambiar mucho.	☐	☐	☐	☐	☐	☐
3. Puedes aprender cosas nuevas, pero no puedes cambiar tu inteligencia básica.	☐	☐	☐	☐	☐	☐

En resumen

Jugar es la principal forma instintiva de aprendizaje en los niños. Conceptualmente, puede repetirse una acción tantas veces como sea necesario, introduciendo pequeñas variaciones en cada repetición y haciéndola cada vez mejor a través de los aprendizajes previos, al tiempo que se disfruta del hecho de repetirla, de las variaciones, de los aprendizajes, del resultado final y también de los aspectos socializadores que normalmente comporta. Desde esta perspectiva no jugamos para pasarlo bien, sino para aprender. Lo que ocurre es que el cerebro recompensa los nuevos aprendizajes con sensaciones placenteras. Esta actividad, además, estimula la motivación y el optimismo. En conjunto, nos anima a seguir progresando y favorece que queramos dedicar esfuerzos y recursos a progresar.

En los niños y adolescentes, y también hasta cierto punto en los adultos, jugar de manera libre, no guiada ni supervisada, o simplemente la posibilidad de practicar actividades de manera independiente, ayuda a construir las capacidades y las actitudes mentales que favorecen la generación y el mantenimiento de una mayor sensación de bienestar de cara al futuro. El motivo está relacionado con la percepción que adquirimos sobre quién controla las actividades que realizamos, nosotros de forma deseada o el entorno de forma irremediable.

La evolución de la especie humana también ha favorecido que al cerebro le guste superar retos y esforzarse, unas actividades que también generan sensaciones de recompensa. Lógicamente, este efecto se produce cuando percibimos que somos capaces de superar los retos y vemos una utilidad en los esfuerzos que hacemos.

Los aprendizajes y las experiencias dejan una huella física tangible y cuantificable en el cerebro. Esto implica, por descontado, la educación recibida y la que nos damos a nosotros mismos. Dependiendo del estilo educativo, favoreceremos o mutilaremos nuestras características mentales.

- La parentalidad positiva estimula la proactividad y el empoderamiento, y contribuye a disminuir las sensaciones futuras de ansiedad y estrés.
- Un estilo de crianza excesivamente estricto o manipulador favorece cambios cerebrales que posteriormente dificultan la gestión de la ansiedad y el estrés.
- Un control excesivo del comportamiento también afecta de forma negativa a la salud mental y la percepción de bienestar.

– Sentirse menospreciado, ser acosado, vivir en un ambiente de emocionalidad negativa, estimular una autoexigencia excesiva o inducir expresamente emociones de rabia, culpa, envidia o celos también afecta negativamente a la salud mental.

Vivimos en un entorno moderno lleno de comodidades y avances científicos y tecnológicos, pero nuestro cerebro se forjó en el Paleolítico. Esto conlleva que de manera preconsciente busque la integración social, para que aprendamos a vivir juntos y aprendamos juntos a vivir. Busca que aprendamos de la vida real, integrada e integradora, unos de otros, siempre con un apoyo emocional adecuado que no sea sobreprotector. Avanzar o progresar para compartir, y compartir para avanzar y progresar. Cuando lo hacemos así, las sensaciones de recompensa que genera el cerebro, que también permiten anticipar recompensas futuras, estimulan la motivación y el optimismo, y ocasionan un aumento del nivel de bienestar.

3

Miremos el interior

De la genética al cerebro: ¿maravilla o decepción?

Una de las funciones principales del cerebro es, como hemos visto en el capítulo anterior, adquirir conocimientos del entorno para adaptar nuestro comportamiento a él, en especial, pero no únicamente, en lo que se refiere a aspectos socioemocionales. Con todo, al tiempo que el cerebro facilita esta adaptación, nuestras acciones y nuestros comportamientos también alteran el entorno y las relaciones que establecemos con las personas con las que convivimos, cosa que genera un círculo inacabable de adaptaciones y readaptaciones recíprocas. Ya hemos visto que nos educamos en los demás y con los demás. En contextos sociales, todas estas interacciones implican siempre la comunicación entre personas, una comunicación que puede ser verbal y también, muy a menudo, no verbal, por ejemplo a través de gestos y miradas.

Uno de los numerosos trabajos de la semiología moderna, que es la ciencia que estudia los sistemas de comunicación, ha analizado un hecho muy curioso: muchas palabras «trabajan por parejas». Dicho de otra manera, muy a menudo la comprensión del significado de una palabra depende de la palabra opuesta, lo cual establece parejas de significados antagónicos o contrarios: no hay éxito sin fracaso, pequeño sin grande, rico sin pobre, interior sin exterior, blanco sin negro, bueno sin malo, agudo sin obtuso, parentalidad positiva sin negativa, sobreprotección sin ignorancia, abandono o rechazo, etcétera. En cierto modo, esto refleja cómo funciona nuestro cerebro. Le resulta mucho más fácil valorar y contrastar los extremos que gestionar situaciones intermedias, porque suelen ser más complejas, dinámicas y cambiantes. Es más cómodo pensar en positivo y negativo que en una gama infinita de matices.

Este hecho presenta ventajas cuando debemos tomar decisiones rápidas, porque acelera el proceso de respuesta. Pero, por el contrario, no nos permite percibir en toda su plenitud el entorno, nuestra vida y nuestra relación con los demás, toda la paleta de colores, sonidos e intensidades que forman las relaciones humanas, incluidas las que establecemos con nosotros mismos. En cuanto a los aprendizajes académicos, establece un fenómeno al cual se ha dado un nombre que encuentro fascinante: la «constante macabra».

De manera resumida, la constante macabra indica el sesgo inconsciente que con frecuencia se produce en contextos educativos por el que tendemos a dividir a los estudiantes en dos categorías subjetivas y contrapuestas: los «buenos» y los «malos». Y también nos lo aplicamos a nosotros: o somos «buenos» en una cosa o somos «malos». Como mucho, para no ser tan duales, a veces establecemos una tercera categoría, los «medios», para meter a aquellos que no son ni demasiado «buenos» ni demasiado «malos». El aspecto interesante es que a menudo los clasificamos con independencia de su nivel académico o de sus capacidades cognitivas objetivas reales, simplemente por comparación. Quiero decir que en un grupo en el que haya muchos estudiantes excelentes, que percibimos como buenos, y en el que el resto sean notables, estos últimos corren el riesgo de ser catalogados, por comparación, como malos. Puede parecer una exageración, pero en muchos casos es así. También nos puede pasar a nosotros solos, cuando nos comparamos con otras personas. Si lo hacemos con alguien a quien consideramos «mejor», que tiene mucho éxito, podemos percibirnos como «malos» o «fracasados». Aplicamos la constante macabra a los demás y a nosotros mismos.

La existencia de esta constante macabra la propuso por primera vez en el año 2003 el pedagogo francés André Antibi en el libro de título homónimo (*La constante macabra*), pero las personas que de una manera u otra nos dedicamos a la docencia hemos tenido que enfrentarnos a ella desde mucho antes de que Antibi le pusiese nombre. He conocido a profesores que opinan que si no hay un número mínimo de suspensos significa que la asignatura no es lo bastante «potente». Cada vez, por suerte, quedan menos. Incluso de vez en cuando salen voces según las cuales el hecho de que, por ejemplo, en las pruebas de acceso a la universidad (la selectividad, para entendernos) aprueben el 97 % de los estudiantes que se presentan indica que son un «fracaso» porque no seleccionan nada, en lugar de considerarlo un muy buen dato que indica que los estudiantes que acaban el bachillerato están lo bastante preparados para afrontarlas con éxito, y que por tanto los centros educativos y los docentes que trabajan en ellos han hecho un muy buen trabajo. Fijaos en que, incluso en esta última frase, el dualismo de la constante macabra está presente: he contrapuesto «fracaso» a «muy buen dato» y a «éxito».

Otro ejemplo de la existencia y aplicación de la constante macabra puede encontrarse en la manera en que a menudo se preparan las pruebas de evaluación en cualquier asignatura o nivel educativo. Por mencionar un caso concreto que conozco razonablemente bien, he pasado unos cuantos años participando como «experto» en las pruebas de competencias básicas cientificotécnicas de educación primaria y secundaria en Cataluña. Mi trabajo consistía en valorar la validez científica de las preguntas que habían preparado una serie de elaboradores bajo la dirección de un responsable de la materia. Nada más. Una vez que se daba por buena la redacción de las preguntas y de las opciones de respuesta, los responsables hacían una prueba piloto para comprobar, literalmente, que las preguntas fuesen discriminadoras. Es decir, que permitiesen ver los diferentes niveles de consecución del estudiante. Este hecho implica que debe haber estudiantes que las contesten bien y otros que no. En el caso de preguntas tipo test, es un «todo o nada». O están bien contestadas o la respuesta es errónea. En las de respuesta libre, pueden estar bien contestadas o mal contestadas, y también cabe la posibilidad de que la respuesta que den sea correcta a medias. Pues bien, esto es simplemente la aplicación directa de la constante macabra. Las preguntas que la mayoría de los estudiantes contestan bien se eliminan porque no permiten discriminar. Debe haber un porcentaje de estudiantes que se equivoquen en la respuesta. Sin embargo, si estamos hablando de competencias básicas (repito «básicas»), ¿no sería también lógico que algunas quizá las contestasen casi todos los estudiantes de forma correcta? Buscar que haya un porcentaje determinado de errores es, para mí, una aplicación inconsciente de la constante macabra.

Pese a que la constante macabra es un concepto socioeducativo, tiene implicaciones muy importantes en nuestra vida cotidiana. El hecho de que poseamos un cerebro capaz de categorizar cualquier dato o suceso de forma automática es una gran ventaja, ya que nos permite simplificar la comprensión del mundo en el que vivimos y nos ayuda a navegar en él. Reduce la sensación de complejidad. Pero hasta cierto punto favorece pensamientos dogmáticos. Cuando la categorización es dual y contrapuesta, cuando pensamos que si no somos «buenos» es que somos «malos», si no tenemos «éxito» es que hemos «fracasado», si no nos consideramos «inteligentes» es que somos «obtusos», si no nos sentimos «felices» es que somos unos «desgraciados», etcétera, nos estamos aplicando la constante macabra a nosotros mismos. Y olvidamos la infinitud de posiciones intermedias, toda la gama de grises o la paleta de colores, con todos sus matices y dinamismo. Recurriendo a una frase que utilicé en el primer capítulo cuando hablaba de la inteligencia, cada vez que nos aplicamos la constante macabra nos estamos «haciendo trampas jugando al solitario».

En este capítulo hablaremos de algunos datos aparentemente decepcionantes de la acción de la genética y de la epigenética sobre el cerebro, es decir, de hasta qué punto estamos condicionados por nuestra biología intrínseca a tener actitudes como la de la constante macabra, a ser más o menos inteligentes o creativos, a saber gestionar mejor o peor nuestras emociones, etcétera. «Más o menos», «mejor o peor»: la constante macabra entra en acción. No obstante, la conclusión será…

No, no quiero revelárosla aquí y ahora. Tendréis que seguir leyendo si queréis conocerla. Solo os avanzo que intentaré huir de la constante macabra. A ver si lo consigo.

Sanfermines, ratones que tenían miedo pero no sabían por qué y la Hambruna Holandesa

Muchos pueblos y ciudades celebran o han celebrado hasta hace poco tiempo encierros, unas fiestas tradicionales en las que se liberan toros por las calles para que la gente pueda correr con ellos. Se supone que los corredores muestran así su habilidad y osadía, y que tienen la capacidad de controlar los impulsos para asumir ciertos riesgos. Posiblemente los encierros más famosos del mundo por su magnitud son los de los Sanfermines, en Pamplona. En 2007 se inauguró en esta ciudad una escultura de bronce titulada *Monumento al encierro*, obra de Rafael Huerta (imagen 1). En ella se ven seis toros y diez corredores, algunos de estos últimos caídos en el suelo entre otros corredores y los animales. Las expresiones de las caras que ha conseguido el escultor son impresionantes, entre el miedo a hacerse daño y la ilusión de encontrarse en esa situación, dos emociones aparentemente contrapuestas pero que, no obstante, pueden experimentarse de forma simultánea. ¿Cuántas veces nos hemos sentido sobrepasados por una situación, como esos corredores de la imagen que han caído al suelo? ¿Y cómo nos habríamos sentido si, en lugar de dejar que nos pasase toda la multitud por encima, nos hubiésemos levantado? Hablaremos de ello en este capí-

Imagen 1. Escultura *Monumento al encierro*, de Rafael Huerta. Fotografía del autor.

tulo y en los siguientes, y veremos cómo nuestro modo de vivir da valores diversos a nuestros estados emocionales.

En cierto modo, eso es lo que les ocurrió a los ratones de un experimento que alteró algunas de las concepciones que se tenían sobre la genética del comportamiento. Lo realizaron en 2014 dos investigadores del Departamento de Psiquiatría y Ciencias del Comportamiento de la facultad de Medicina de la Universidad de Emory, en Atlanta (Estados Unidos). Los ratones se utilizan a menudo en investigación biomédica por su gran similitud genética con las personas, que es del 95 %. A diferencia de nosotros, sin embargo, tienen una capacidad visual muy limitada. No perciben los colores, y sus ojos no pueden enfocar más allá de quince centímetros de distancia. En cambio, presentan una capacidad olfativa sorprendente. Son capaces de distinguir cantidades ínfimas de sustancias olfativas a distancias enormes. Emplean este sentido para detectar la presencia de comida, de congéneres con los que interactuar y de posibles depredadores.

En este experimento, los investigadores utilizaron una sustancia olorosa llamada «acetofenona», que es completamente inocua. De manera natural, los ratones no le hacen ningún caso. Para ellos no indica ni una posible fuente de alimento ni otros ratones; tampoco la existencia de un peligro potencial. Por eso cuando la notan la ignoran y continúan con sus quehaceres.

Diseñaron unas jaulas en las cuales, justo después de liberar esta sustancia olorosa neutra, en el suelo se producía una descarga eléctrica de baja intensidad, que era molesta para los ratones pero apenas dolorosa. En poco rato, los ratones asociaron los dos hechos: aprendieron que tras percibir el olor de acetofenona venía un peligro potencial, la molestia de la descarga eléctrica. A partir de aquel momento, cada vez que notaban aquel olor que hasta entonces siempre había sido neutro, pegaban un bote para agarrarse a los barrotes de la jaula y huir de la descarga.

Una vez que habían aprendido a relacionar ese olor con las molestias de la descarga eléctrica, lo recordaban de por vida, aunque ya no hubiese descarga. Siempre que percibían el olor pegaban el bote, aunque no tuviese lugar el choque eléctrico. Hasta aquí no hay nada que no se supiese desde hacía tiempo. Vendría a ser un caso típico de aprendizaje condicionado, como muchos de los que realizamos sin darnos cuenta. Por ejemplo, no acercamos la mano a los fogones calientes para no quemarnos. Los niños que se acercan imprudentemente enseguida aprenden a no poner las manos en los fogones cuando están calientes. Se denomina «condicionamiento clásico», y es el mecanismo más simple por el cual los animales, incluidas las personas, aprendemos a relacionar los diferentes estímulos (olor y descarga eléctrica, fogones encendidos y quemadura, etcétera). Y a cambiar de conducta de acuerdo con esto (pegar un bote, apartar la mano...). El aprendizaje por condicionamiento clásico lo descubrió, dicen que por casualidad, el fisiólogo y psicólogo ruso Iván Petróvich Pávlov, al darse cuenta de que los perros eran capaces de anticipar la llegada de la comida cuando asociaban ese momento con un estímulo previo supuestamente neutro, y empezaban a salivar antes de tiempo. Pávlov recibió el Premio Nobel de Medicina o Fisiología por sus descubrimientos.

Es lo mismo que a menudo nos ocurre en las reuniones sociales. ¿A cuántos de nosotros nos da o nos ha dado miedo hablar en público? Una de las causas, aunque por descontado no la única, es que quizá la primera vez que lo hicimos, de pequeños, nos hicieron callar con brusquedad, o alguien ridiculizó lo que decíamos o cómo lo decíamos, cosa que nos avergonzó profundamente. Es posible que no lo recordemos, en especial si fue antes de cumplir los tres o cuatro años, pero nos condicionó. Y quizá aún nos condicione. De manera condicionada, pues, evitamos hablar en público. Cuando bromeamos o nos burlamos de lo que dice algún niño, un joven o un adulto, aunque sea de manera inconsciente, podemos estar limitándole esta habilidad. Hasta aquí, repito, nada que no se supiera ya. Las sorpresas vienen ahora.

Cuando estos ratones tuvieron descendencia, no se los sometió a ningún proceso de aprendizaje condicionado como este. Ninguna descarga eléctrica. Ni una. Por consiguiente, la nueva generación de ratones no tenía por qué saber que, en las jaulas, después de percibir el olor a acetofenona, podría haber una descarga. Ellos no lo habían experimentado nunca, y tampoco habían visto a sus progenitores dar el bote. No había ningún aprendizaje en este sentido. Pues bien, sorprendentemente, la primera vez que los investigadores liberaron acetofenona en la jaula en la que se hallaban los descendientes, ¡estos dieron un bote como lo habrían hecho sus padres! De alguna manera, habían adquirido este conocimiento de sus padres.

Y más sorprendente todavía: los nietos de los ratones originales también tenían el mismo miedo a este olor, sin haber visto nunca huir ni a sus padres ni a sus abuelos. ¿Cómo es posible? ¿Cuántas generaciones dura este tipo de «aprendizaje» tan curioso? Y tan importante como eso: ¿también ocurre en las personas? Hablemos ahora de la Hambruna Holandesa, una de las numerosas situaciones históricas dramáticas que se vivieron en Europa en la Segunda Guerra Mundial.

Uno de los muchos episodios de esta guerra terrible (todas las guerras son terribles) tuvo lugar en Holanda en el invierno de 1944 y 1945. Las tropas alemanas, bajo el mando nazi, estaban retirándose de los países ocupados, pero por motivos estratégicos y simbólicos se empeñaban en conservar el noroeste de Holanda. La presión de los ejércitos aliados era insostenible, y la lucha en el frente provocó un embargo total de alimentos en la zona. Mientras se retiraba, el ejército alemán iba destruyendo las principales vías de comunicación terrestre e inundaba adrede los campos de cultivo. Coincidió, además, con un invierno especialmente frío, que congeló los canales que tradicionalmente se utilizaban para transportar mercancías en barcazas. Esta combinación de factores propició una terrible hambruna entre algunos holandeses, conocida como la Hambruna Holandesa.

A finales de febrero de 1945, la dieta de la mayor parte de los habitantes de las grandes ciudades holandesas se había reducido a unas quinientas calorías diarias, muy por debajo de lo que sería óptimo (unas dos mil calorías, según el tipo de actividad que se realice). Los granjeros y los habitantes de otras zonas de Holanda no lo pasaron tan mal porque disponían de sus propios productos, cosa que les permitió subsistir mejor. Muchos se alimentaron de bulbos de tulipán. Cuando las tropas aliadas liberaron Holanda por completo, en mayo de 1945, más de veintidós mil personas habían muerto literalmente de hambre.

Tras este episodio, el gobierno holandés empezó a recopilar de forma meticulosa datos sobre la salud de todos los holandeses, tanto de los que habían sufrido la hambruna en toda su crudeza como de los que vivían en zonas en las que había sido menos severa. También se hallaban incluidos los niños que nacieron poco después y que, por tanto, la habían sufrido de forma indirecta a través de sus madres gestantes. Incluso recogieron los datos de las personas que nacieron a partir de aquella época, años y décadas después de la hambruna, de progenitores que tampoco la habían sufrido directamente, hasta la actualidad.

Cuando empezaron a analizarse estos datos, en la década de 1970, se observó que las personas que habían sufrido la hambruna de forma directa a través de sus madres gestantes manifestaban una incidencia de obesidad que duplicaba los niveles habituales. De alguna manera, parecía que la falta de alimento mientras las madres los gestaban había condicionado su metabolismo durante el resto de su vida. Y no solo eso: también se vio que el porcentaje de personas que nacieron poco después de la hambruna y que manifestaban trastornos psiquiátricos como esquizofrenia, trastorno bipolar y depresión era significativamente más alto que entre el resto de la población.

A medida que pasaba el tiempo, cuando estas personas alcanzaron los cincuenta años, en torno a 1995, también se hizo evidente que eran mucho más propensas a otras patologías, como hipertensión, enfermedades coronarias y diabetes de tipo 2. Lo más sorprendente, sin embargo, fue ver que sus hijos, nacidos mucho después y sin ningún condicionante de escasez de alimento, presentaban unas tasas similares de enfermedades metabólicas y trastornos mentales. ¿A qué se deben estos efectos diferidos en el tiempo, que se manifestaron en personas nacidas después de la Hambruna Holandesa, que no la habían sufrido ni directa ni indirectamente? La respuesta a esta pregunta, que como veremos más adelante coincide con la del experimento de los ratones que habían aprendido a tener miedo a un olor inocuo y con otros casos que también analizaremos, la encontramos en las denominadas «marcas epigenéticas». ¿Hasta qué punto las experiencias de nuestros padres o abuelos nos están condicionando en aspectos tan específicos como pueden ser nuestros comportamientos y emociones, más allá de las conexiones que establecen las neuronas del cerebro, a un nivel más profundo, genético y epigenético del cerebro, incluyendo las capacidades de aprender y también de querer crecer y avanzar? Quizá algunos de los datos que veremos nos decepcionen, pero sin duda nos ayudarán a comprendernos un poco mejor y, por tanto, a empoderarnos.

La herencia de nuestros padres: una primera ración de genes

Antes de abordar el tema de las marcas epigenéticas, conviene que veamos brevemente qué son los genes y qué hacen, y sobre todo cómo influyen en nuestro comportamiento. También en lo que respecta a la capacidad de aprender o de educarnos, y a cómo respondemos ante los retos y las novedades.

Los genes son las unidades básicas de información biológica. Su función consiste en almacenar esta información para que las células del cuerpo puedan utilizarla cuando la necesiten y ejecutar sus funciones. Y también permiten que esta información pase de los progenitores a sus descendientes. El conocimiento intuitivo de la herencia biológica viene de antiguo. No hay que ser muy observador para ver que, cuando se aparean dos animales, sean de la especie que sean, los descendientes siempre pertenecen a su misma especie. Dos abubillas nunca tendrán un descendiente que sea un conejo, para entendernos. Ni siquiera tendrán un buitre como descendiente, aunque las abubillas y los buitres pertenezcan al mismo grupo zoológico, las aves. De alguna forma, se hereda el hecho de pertenecer a una especie u otra.

También sabemos, por simple observación, que los descendientes guardan cierto parecido con sus progenitores. Después de un parto, no es nada extraño oír comentarios del tipo «tiene los ojos de su madre y la nariz de su padre». O «tiene el mismo mal genio que la abuela». Ahora sabemos que la molécula encargada de transmitir esta herencia biológica es el ADN: pasa de los progenitores a sus descendientes y contiene los genes.

Cada gen lleva la información necesaria para desarrollar una función biológica específica, o más de una, según el caso. También a menudo varios genes colaboran para llevar a cabo una función determinada. Hay genes que indican cómo debe construirse cada parte del cuerpo durante el desarrollo embrionario y cómo debe ir madurando con la edad, y otros que regulan cómo debe funcionar. Cada instrucción sirve para una cosa distinta dentro del conjunto, pero ninguna es suficiente por sí misma. Se requiere la interacción sinérgica de todos los genes, cada uno funcionando cuando toca, donde toca y con la intensidad adecuada, para que el cuerpo se construya, funcione y se mantenga dentro de unos parámetros fisiológicos adecuados. Y también para que el cuerpo y su funcionamiento se adapten a los cambios que puedan producirse.

El cerebro, como órgano biológico, también se construye y funciona gracias a unos programas genéticos determinados. Por tanto, no debe sorprendernos mucho que, si el cerebro es el órgano del pensamiento, donde se generan y se gestionan los comportamientos que mostramos, y donde se almacenan los aprendizajes que efectuamos y las experiencias que vivimos, los genes que actúan en él influyan en nuestra forma de pensar y en cómo percibimos el entorno y nos percibimos a nosotros mismos.

El conjunto de genes de una persona es su genoma. El genoma humano está formado por unos 20.300 genes, la mayor parte de los cuales tenemos por duplicado. Un gen de cada par lo hemos heredado de nuestra madre, y el otro, equivalente, de nuestro padre. Cuando tenemos hijos, les transmitimos una sola copia de cada gen, solo una de las dos que tenemos, una u otra por mero azar. Es posible que de un gen transmitamos la copia que nosotros recibimos de nuestra madre, y de otro gen, la que recibimos de nuestro padre. Y también es posible que a un descendiente le transmitamos una de las dos copias, y a otro descendiente, la misma copia o la otra, siempre por puro azar. Y a nosotros nos lo transmitieron de la misma forma. Siempre por azar, una copia u otra de cada par. De ahí que los descendientes se parezcan a sus progenitores pero nunca sean exactamente iguales que ellos. Y los hermanos también tienden a parecerse, pero tampoco son exactamente iguales. Cada hermano ha heredado una copia u otra de cada par de sus progenitores por puro azar. La única excepción son los gemelos idénticos, que comparten el mismo genoma.

Todos tenemos todos los genes, no nos falta ninguno. Aun así, podemos contar con distintas versiones de dichos genes. Cada gen puede presentar múltiples variantes, que en terminología científica se denominan «alelos». Por ejemplo, poseemos un gen que determina que tengamos un grupo sanguíneo, y por eso todos tenemos grupo sanguíneo. Ahora bien, este gen puede presentar tres variantes diferentes: la que determina el grupo A, el grupo B y el 0. Dependiendo de nuestras variantes, siempre dos, nuestro grupo sanguíneo será el A, el B, el 0 o el AB. En este caso hay un determinismo genético absoluto. Lo que llevamos escrito en los genes es justo lo que se manifiesta, sin concesiones de ningún tipo.

De los 20.300 genes que conforman el genoma, se han identificado unos 8.000 que en algún momento u otro actúan dentro del cerebro, y que por tanto influyen en cómo se forma, madura y funciona, según las variantes que presente cada uno de nosotros. Y también en cómo se establecen nuevas conexiones neuronales. Fijaos, sin embargo, en una diferencia crucial: en el caso del grupo sanguíneo, he dicho que las variantes génicas lo determinan, sin concesiones. En los genes de actuación cerebral, en cambio, solo influyen en el resultado final, en nuestros comportamientos y capacidades cognitivas. La diferencia, como veremos, es muy importante.

Ahora bien, ¿hasta qué punto los genes que heredamos influyen en nuestro comportamiento y en nuestras capacidades cognitivas o hacen que seamos como somos? ¿En qué medida los genes que transmitimos influyen en el comportamiento y en las capacidades de nuestros hijos e hijas?

¿Y SI PUDIÉSEMOS CUANTIFICAR ESTA HERENCIA? UNA SEGUNDA RACIÓN DE GENES

Para cuantificar la influencia genética en los diversos aspectos del comportamiento se utiliza una medida muy interesante, la heredabilidad. Se trata de un valor estadístico, un porcentaje, que indica qué proporción de la variación de una característica determinada se debe a diferencias genéticas. No indica cuántos genes se hallan implicados ni cuáles son. Dicho de manera llana y simplificada: la heredabilidad valora cuál es el peso de la genética en cada característica. Por ejemplo, se ha visto que los principales rasgos de personalidad tienen un componente hereditario y se ha cuantificado su heredabilidad. Es decir, qué peso tiene la genética en ellos. Hablemos de ello brevemente.

Existen tres sistemas principales para analizar los componentes de la personalidad: el sistema de los Big Five (los cinco grandes rasgos de la personalidad), el de los Big Three (los tres grandes rasgos de la personalidad) y el de los seis tipos de Holland. Los Big Five son el neuroticismo, la extraversión, la abertura de las experiencias, la cordialidad y la responsabilidad. El neuroticismo se define como la tendencia a mostrar desajustes emocionales y a experimentar estrés, ansiedad y depresión. La extroversión es la tendencia a ser alegres, dominantes y a tener emocionalidad positiva. La abertura a las experiencias es la tendencia a ser creativos, flexibles, curiosos y no convencionales, y la cordialidad, a su vez, es la tendencia a ser cooperativos, confiados, amables y afectuosos. Finalmente, la responsabilidad es la tendencia a orientar la actividad hacia objetivos, y a ser fiables y ordenados. En cuanto a los Big Three, se considera que son la emocionalidad positiva, la emocionalidad negativa y el constreñimiento. En último lugar, estos son los seis tipos de personalidad de Holland: realistas, intelectuales, artísticos, sociales, emprendedores y convencionales. Sea como sea, todas las personas tenemos una combinatoria propia de todos estos factores en cualquiera de los tres modelos, en diferentes proporciones. Una combinatoria que nos hace únicos.

Como decía, se sabe que los principales rasgos de personalidad en cualquiera de estos tres sistemas tienen un componente hereditario. Es decir, genético. El valor de la heredabilidad no nos dice cuál es la combinatoria de cada uno de nosotros, sino qué porcentaje de cada uno de estos factores viene influenciado por el genoma. Y, por exclusión, también nos indica qué porcentaje de las diferencias es fruto de los aprendizajes y de las experiencias propias de cada uno, muchas de las cuales se deben al azar.

Fijémonos, por ejemplo, en los seis tipos de Holland (tabla 1). La heredabilidad de estos seis tipos de personalidad oscila entre el 31 % y el 38 %, en función de cada tipo. Esto quiere decir que entre el 31 % y el 38 % de las diferencias que existen entre una persona y cualquier otra en lo que se refiere a estos tipos de personalidad tienen un origen genético. Provienen de los genes que hemos heredado de nuestros padres. Y eso no podemos cambiarlo. Sin embargo, ninguno llega al 100 %.

CARACTERÍSTICA	HEREDABILIDAD	EFECTOS AMBIENTALES
Big Five		
Neuroticismo	48 %	52 %
Extraversión	54 %	46 %
Apertura	57 %	43 %
Cordialidad	42 %	58 %
Responsabilidad	49 %	51 %
Big Three		
Emocionalidad positiva	50 %	50 %
Emocionalidad negativa	44 %	56 %
Constreñimiento	52 %	48 %
Seis tipos de Holland		
Realistas	36 %	64 %
Intelectuales	36 %	64 %
Artísticos	39 %	61 %
Sociales	37 %	63 %
Emprendedores	31 %	69 %
Convencionales	38 %	62 %

TABLA 1. Heredabilidad y efectos ambientales de las principales características de la personalidad. Fuente: modificada de D. Bueno (2019).

¿Qué falta para llegar al límite teórico del 100 %? Pensemos que en un porcentaje la suma de todos los factores implicados debe ser siempre cien. En pocas palabras, la diferencia nos indica qué efecto tiene el ambiente en esa característica. Es decir, los aprendizajes de las experiencias vividas, y también cómo las hemos vivido. Parte de este ambiente no podemos cambiarlo, puesto que nos viene dado, como puede ser el caso del ambiente de la infancia y el educativo, o los sucesos azarosos e imprevisibles que pueden ocurrirnos en el transcurso de la vida. Pero hay una parte que también depende de nosotros y que, por tanto, si queremos podemos alterar (o podemos intentarlo). Por ejemplo, qué tipo de vida generamos y nos generamos, qué pensamientos tenemos y cómo los orientamos. En la tabla 1 encontraréis la heredabilidad de las diferentes características de la personalidad en estos tres sistemas. Veréis que, en conjunto, los valores oscilan entre el 31 % y el 57 %.

Permitidme una pregunta retórica. Estos valores de heredabilidad, ¿creéis que son demasiado altos o quizá son más bajos de lo que pensabais? No contestéis todavía; es una pregunta trampa. Esto es lo que nos proporciona la genética, y no podemos hacer nada al respecto. Es lo que nos viene dado. Lo importante es que sí podemos actuar sobre algunos aspectos de las influencias ambientales. Y es aquí donde radica su importancia.

La heredabilidad puede calcularse para cualquier característica biológica. Por ejemplo, la forma de la nariz tiene una heredabilidad del 70 % aproximadamente. Eso quiere decir que el 70 % de las disparidades entre dos narices cualesquiera se debe a diferencias genéticas. Y el resto, el otro 30 %, se debe a aspectos ambientales, que a menudo cuesta determinar. En la tabla 2 encontraréis la heredabilidad de otras características de comportamiento relacionadas con las capacidades cognitivas y sociales. Los datos se han extraído de distintos trabajos científicos, de alguno de los cuales soy autor. Veréis que oscilan entre el 20 % y el 80 %.

CARACTERÍSTICA	HEREDABILIDAD	EFECTOS AMBIENTALES
Inteligencia	del 20 % al 80 % según la edad	del 20 % al 80 %
Altas capacidades	33 %	67 %
Creatividad	del 8 % al 62 % según el test	del 38 % al 92 %
Memoria de trabajo	del 39 % al 72 % según el test	del 28 % al 61 %
Pensamiento experimental	44 %	56 %
Resiliencia	52 % en hombres 38 % en mujeres	48 % en hombres 62 % en mujeres
Atención dirigida	28 %	72 %
Control cognitivo	49 %	51 %
Perseverancia	37 %	63 %
Motivación intrínseca	del 20 % al 49 % según el test	del 51 al 80 %
Capacidad de afrontar nuevos retos	14 %	86 %
Coraje ante los fracasos y los retos	37 %	63 %
Capacidad de planificación	53 %	47 %
Cooperativismo	13 %	87 %
Pensamiento relacional	67 %	33 %
Habilidad lectora y matemática	68 %	32 %
Musicalidad	del 21 % al 51 % según el test	del 49 % al 79 %
Habilidad lectora	del 65 % al 82 % según el test	del 18 % al 35 %
Estrés psicosocial	57 %	43 %
Celos	32 %	68 %

CARACTERÍSTICA	HEREDABILIDAD	EFECTOS AMBIENTALES
Capacidad de respuesta social	50 % en hombres 39 % en mujeres	50 % en hombres 61 % en mujeres
Empatía	47 %	53 %
Actitudes políticas	42 %	58 %
Agresividad	40 %	60 %
Liderazgo	40 %	60 %
Calidez parental	38 %	62 %
Afección al riesgo	37 %	63 %
Sentimiento de seguridad en la relación paternofilial	37 %	63 %
Autoritarismo	30 %	70 %
Estándares morales de honestidad	del 26 % al 42 % según el test	del 58 % al 74 %
Consumo de alcohol	40 %	60 %
Consumo de marihuana	24 %	76 %

TABLA 2. Heredabilidad de algunas características cognitivas y sociales. Fuente: modificada de D. Bueno (2019).

Antes de concluir este apartado sobre la influencia genética en nuestros comportamientos, quiero remarcar dos aspectos más. El primero: que en algunos casos la heredabilidad depende del sexo. No siempre es igual en hombres y mujeres. Esto se debe a las diferencias hormonales que existen entre los sexos, que también influyen en nuestros comportamientos. Ya he mencionado que el valor de heredabilidad no dice cuántos genes se ven implicados ni cuáles, pero normalmente hay varios que contribuyen en mayor o menor grado a cualquier característica. Y sin duda las hormonas intervienen en el funcionamiento del cerebro. Por ejemplo, en la tabla 2 se puede ver que la resiliencia presenta una heredabilidad del 52 % en los hombres y del 39 % en las mujeres.

Esto no significa, en ningún caso, que los hombres sean más resilientes que las mujeres. Significa que el ambiente, en especial el de la infancia y la adolescencia, influye más en el desarrollo y la maduración de la capacidad de resiliencia en las mujeres que en los hombres. Pero sin duda el ambiente influye en los dos sexos. En cualquier caso, un ambiente que estimule la resiliencia a través de un acompañamiento emocional adecuado basado en la confianza, y en el que no haya sobreprotección (¿recordáis la historia de la osa polar y su cría?), nos hará más resilientes, sea cual sea la base genética de la que hayamos partido. Y a la inversa, por desgracia, también.

El otro aspecto está relacionado con la edad. Hay características cognitivas, como la inteligencia medida según el CI, en las que la heredabilidad varía con la edad. En este caso, la heredabilidad del CI es del 20 % en la primera infancia y llega hasta el 80 % en la edad adulta, siendo aproximadamente del 60 % en la adolescencia. Podéis verlo en la figura 2. Observad que la heredabilidad en la preadolescencia, a los doce años, es más alta que en la adolescencia, a los dieciséis, lo que indica que los factores ambientales influyen más en esta característica cognitiva en los niños y adolescentes que en los preadolescentes, jóvenes y adultos. La interpretación de estos cambios es muy sencilla: durante la infancia y la adolescencia el cerebro es más plástico y maleable, y por tanto la educación que recibimos a estas edades y todo aquello que nos ocurre nos deja una huella mucho más profunda en el cerebro. Durante la edad adulta, el ambiente también influye, por descontado, pero no tanto, porque el cerebro ya no es tan plástico.

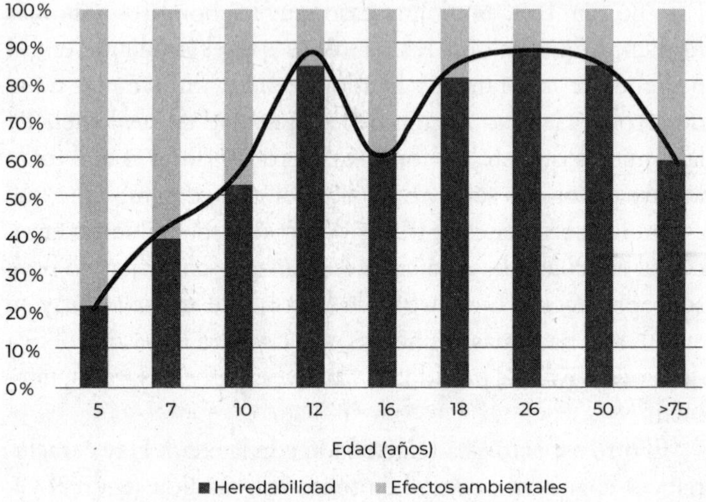

FIGURA 2. Variación de la heredabilidad del CI en función de la edad. Fuente: modificada de D. Bueno (2019).

En definitiva, los genes tienen un peso importante en el hecho de que seamos como somos. Eso es innegable. Pero, atención, no lo son todo, ¡ni de lejos! Pensar que solo somos un dato genético, que somos como somos porque así es nuestra biología, podría resultar muy decepcionante. En cambio, saber que partimos de una base genética pero que aún nos queda camino por recorrer, para potenciar lo que tenemos, puede ser todo lo contrario, una muy buena noticia. De momento, hasta aquí, podemos decir que hay una especie de empate técnico entre lo que nos viene dado por la biología y lo que podemos construir nosotros; entre la genética y las experiencias de infancia, que como hemos visto en el capítulo anterior pueden dejar una huella muy profunda en el cerebro, y lo que podemos hacer a partir de ahora. Nos movemos entre datos decepcionantes y esperanzadores, siguiendo con la constante macabra de palabras antónimas.

Ahora, sin embargo, debemos seguir avanzando. Hablaremos de marcas epigenéticas, que se suman a todo lo que acabamos de decir.

Más allá de la genética: después de dos raciones de genes, degustemos la epigenética

Como hemos visto, todas las células de una persona tienen el mismo genoma. Ahora bien, no todos los genes funcionan simultáneamente en todas partes. Esto supondría un gasto energético insostenible. Cada célula solo tiene activos los genes que necesita para sobrevivir y llevar a cabo sus funciones, y regula el funcionamiento de los genes de forma muy precisa para que se expresen en la cantidad adecuada, en función de la edad que tengamos, el momento concreto, la actividad que estemos practicando, etcétera. No realiza la misma función una neurona dopaminérgica del núcleo estriado del cerebro que una neurona serotoninérgica de los núcleos del rafe. Y por tanto algunos de los genes que tienen activos son diferentes. No prestéis demasiada atención a estos nombres; son solo para poner ejemplos concretos reales. Lo importante es tener en cuenta que, para el funcionamiento del cuerpo y del cerebro, tan significativas son las variantes génicas que tenemos como la manera en que se regula su funcionamiento.

Hay dos formas básicas de regular el funcionamiento de los genes. La primera que se descubrió utiliza un sistema que, conceptualmente, es similar a un interruptor eléctrico, de esos que hay que estar presionando de manera constante para que el aparato funcione. Por ejemplo, una batidora. Mientras mantenemos el botón apretado, las aspas giran y hacen su función de batir lo que hayamos introducido en el recipiente. En cuanto dejamos de apretarlo, las aspas se detienen. En el plano genético, delante de todos los genes hay una serie de zonas en el ADN que actúan a modo de interruptor. A estas zonas «interruptoras», que de forma genérica se denominan «promotores» e «intensificadores», pueden unirse unas proteínas muy concretas, que actúan como el dedo que pulsa el interruptor. Cuando estas proteínas, que son específicas de cada interruptor, están unidas, el gen funciona con la intensidad que le indican. Cuando se separan, el gen permanece inactivo.

Este sistema es extremadamente útil, porque permite adaptar el funcionamiento de todos y cada uno de los genes a cada situación concreta, de manera que se van activando y desactivando cuando hace falta, de forma adaptativa. Cuando comemos, por ejemplo, las células estomacales empiezan a producir enzimas digestivas. Y cuando ya hemos digerido dejan de producirlas porque ya no son necesarias. Y así, una y otra vez, varias veces al día. Este sistema, además, se autoajusta y permite que muchos genes diferentes se relacionen entre sí formando redes de interacciones génicas. En conjunto, es muy eficiente y permite respuestas muy rápidas y adaptativas, que van cambiando cuando las condiciones lo necesitan. Sin este sistema tan veloz, preciso y autoajustable, la vida no sería posible. Es un sistema ciertamente fantástico, pero carísimo desde la perspectiva energética.

¿Qué ocurre cuando un gen debe estar siempre más inactivo o, al contrario, siempre más activo en unas células determinadas? No hace falta un sistema tan costoso con interruptores moleculares que deber ir pulsándose constantemente. Para dejar un gen siempre activado o desactivado, las células se sirven de las marcas epigenéticas. Vienen a ser como señales de tráfico que, una vez que se instalan, se quedan mucho tiempo en su sitio, quizá de por vida. Se trata de un sistema muy económico que permite adaptar el funcionamiento de los genes al entorno general, «una vez para siempre» (siempre es mucho tiempo, de ahí que introduzca las comillas; lo matizaré después).

El conjunto de todas las marcas epigenéticas de una célula es su epigenoma. Las células sanguíneas, por ejemplo, tienen un epigenoma diferente de las del corazón, puesto que los genes que deben tener permanentemente activos o constantemente silenciados son distintos. En definitiva, todas las células de nuestro cuerpo tienen el mismo genoma, pero somos una mezcla de epigenomas, dependiendo de las funciones de las diferentes células.

La implicación del epigenoma en la regulación del funcionamiento de los genes se descubrió por casualidad, como sucede a menudo en ciencia. Ya hemos mencionado el caso del condicionamiento clásico de Pávlov. También Alexander Fleming descubrió la penicilina por casualidad, cuando los cultivos bacterianos con los que trabajaba se contaminaron con un hongo que, impensadamente, producía una sustancia que los mataba, la penicilina, e inició una auténtica revolución en medicina. No obstante, si la mente de los científicos que observan estas casualidades las percibe con curiosidad, pueden generar descubrimientos muy interesantes. En 1970, Peter Jones, un joven científico sudafricano, empezó a trabajar con un producto químico llamado 5-azacitidina, que se sabía que tenía efectos anticancerígenos y que se utilizaba para tratar algunos tipos de leucemia. Sus propiedades anticancerígenas eran una evidencia empírica, pero nadie sabía a qué se debía este efecto.

Jones y su equipo empezaron a probar este compuesto químico en células cancerosas que cultivaban en el laboratorio. Un día, mientras estaban procesando los frascos donde las guardaban, advirtieron que en uno se había formado un pequeño grumo. Lo observaron con detenimiento y vieron que estaba compuesto por células musculares, completamente distintas de las cancerígenas que estaban cultivando. ¿Cómo habían aparecido aquellas células allí dentro si ellos no las habían introducido? Tras diez años de investigación, descubrieron que el producto químico en el que estaban trabajando por sus propiedades anticancerígenas, la 5-azacitidina, alteraba las marcas epigenéticas de las células, lo que hacía que cambiara la expresión de sus genes. Por azar, en algunas de las células que estaban cultivando este cambio de expresión había propiciado que se convirtiesen en células musculares.

Las marcas epigenéticas vendrían a ser como una especie de señales de tráfico que se añaden a los genes. No cambian el mensaje que contienen, pero contribuyen a regular cómo funcionan. Y se mantienen inalteradas durante mucho tiempo, incluso décadas. Algunas de estas marcas epigenéticas se forman de manera programada, pero hay muchas, como las descubiertas por Jones y su equipo, que dependen de factores externos. Por ejemplo, se ha observado que los productos químicos que contiene el humo del tabaco alteran las marcas epigenéticas en 748 lugares distintos del genoma. Son más de medio millar de genes que pueden ver afectada su regulación. Muchos de los genes que se han identificado en este caso intervienen en la proliferación celular, lo cual implica que su desregulación pueda ser una vía de fácil acceso para el desarrollo de un tumor. Por este motivo, el consumo de tabaco es uno de los principales factores de riesgo en el desarrollo de cáncer de pulmón.

Ahora bien, y aquí encontramos uno de los aspectos más sorprendentes de las marcas epigenéticas: para que se formen o se alteren no es necesario que haya productos químicos presentes, como los del humo del tabaco o la 5-azacitidina de Jones. Muchas se forman para ajustar el funcionamiento de algunos genes a las condiciones sociales y ambientales en las que vive una persona. En el apartado siguiente veremos unos cuantos ejemplos que se producen en especial durante la infancia, algunos de los cuales son sin duda impresionantes.

Si os interesa el tema de la epigenética, hay diversos libros de divulgación publicados en los que podéis encontrar explicaciones y ejemplos mucho más detallados. Para el propósito de este capítulo, creo que basta con esto. Solo quiero remarcar algunas ideas que son cruciales para los próximos apartados: muchas marcas epigenéticas se establecen o se modifican en interacción con el ambiente, incluido el socioemocional; contribuyen a regular el funcionamiento de los genes, incluidos los que influyen en todos y cada uno de los aspectos de nuestro comportamiento, y una vez establecidas pueden mantenerse inalteradas durante mucho tiempo, incluso décadas. Veamos algunos ejemplos que creo que resultarán muy esclarecedores (y ya veremos si decepcionantes en cuanto a la temática de este libro).

El epigenoma entra en acción...

Hablemos de algunos ejemplos concretos en los que se ha visto y demostrado que existen condiciones ambientales específicas, en especial pero no únicamente de tipo socioemocional, que actúan como instigadoras para el establecimiento de marcas epigenéticas. Y que afectan a genes que influyen en el funcionamiento del cerebro, cosa que repercute en algunos aspectos del comportamiento y de las capacidades cognitivas. La bibliografía es muy extensa, de ahí que solo comente algunos de los ejemplos que se conocen. Será la punta del iceberg que nos permitirá ver de manera práctica cómo el ambiente da forma al epigenoma, y cómo este actúa sobre nuestra forma de ser, de percibir el mundo y de relacionarnos en él. Y, por tanto, de modo indirecto, también sobre nuestra forma de vivir la vida con plenitud. Porque de eso se trata en este capítulo, de ver cómo nos condiciona la biología. Ya hemos hablado de los efectos de la heredabilidad, de la existencia de un buen puñado de genes que, en función de las variantes génicas que tengamos, nos condiciona en un sentido u otro. Podemos estar más o menos predispuestos genéticamente a la creatividad, a poder controlar nuestra propia mente, a ser más o menos inteligentes o resilientes, etcétera. No parece muy esperanzador para un libro que trata sobre la capacidad de educarnos. Veamos ahora cómo parece que el epigenoma aún nos lo pone más difícil. Empecemos, no obstante, por algunos casos que son ciertamente agradables, por las ventajas que sin duda comportan. Después veremos todos los demás…

Todos conocemos las ventajas de practicar deporte moderado para la salud física y mental. No solo tonifica la musculatura; también favorece el funcionamiento cardiovascular, disminuye el estrés perjudicial degradando la hormona que lo provoca (el cortisol), y favorece el equilibrio mental. Incluso se ha observado que estimula la plasticidad neuronal, es decir, la capacidad de las neuronas de establecer conexiones nuevas. Pues bien, se ha demostrado que hacer ejercicio físico de intensidad moderada de manera regular también influye en el patrón de marcas epigenéticas de varias docenas de genes. Muchos tienen relación con la musculatura, como cabría esperar, o con el sistema cardiocirculatorio y con el metabolismo, ya que son los que se activan de manera más específica cuando practicamos cualquier deporte. Estas marcas epigenéticas favorecen la salud general, lo cual contribuye a los efectos beneficiosos de la actividad física a medio y largo plazo. Los genes implicados funcionan mejor, y eso repercute positivamente en todo el cuerpo.

Y no solo en el cuerpo. También se ha constatado que los efectos de la práctica deportiva sobre el epigenoma van mucho más allá, y se notan incluso en genes protectores contra el cáncer y contra enfermedades neurodegenerativas. Se ha demostrado que el deporte moderado practicado con regularidad altera las marcas epigenéticas de genes de actuación cerebral como el denominado BDNF (sigla de *brain-derived neurotrophic factor*, o factor neurotrófico derivado del cerebro). Su función es favorecer la plasticidad neuronal; es decir, hacer que las neuronas del cerebro puedan establecer conexiones nuevas entre sí con más facilidad, cosa que mejora el rendimiento cerebral. Y el deporte también afecta a otros genes como el SNCA (o sinucleína alfa), implicado en la regulación de las neuronas dopaminérgicas. Por este motivo la actividad física incrementa la motivación y el optimismo, y genera sensaciones de recompensa, no solo de manera inmediata, sino también a medio y a largo plazo. Estas son, precisamente, algunas de las funciones de la dopamina en el cerebro. Se ha demostrado que practicar técnicas de meditación, yoga o taichí también tiene unos efectos similares.

Veamos otros ejemplos. Jugar en espacios abiertos también induce marcas epigenéticas que favorecen una mejor sensación de bienestar posteriormente en la adolescencia, la juventud y la edad adulta, como ha demostrado un trabajo publicado en 2023. Ya he hablado en un capítulo anterior de la importancia del juego libre para un desarrollo equilibrado del cerebro. Añadimos aquí ahora la importancia del juego en espacios abiertos.

También se ha demostrado que aprender cosas nuevas modifica el epigenoma de algunas neuronas del cerebro, entre las cuales las implicadas en almacenar los recuerdos y gestionar la memoria. ¡Un proceso tan intangible como el aprendizaje también modifica el epigenoma! O, para ser más incisivos, podemos decir que la educación modifica el epigenoma. Educarnos modifica las marcas epigenéticas en genes de nuestro cerebro. Cuantas más experiencias vivimos y más aprendizajes llevamos a cabo, más fácil le resulta al cerebro adquirir recuerdos y almacenar experiencias. Los genes que lo controlan funcionan mejor gracias a las marcas epigenéticas que se forman. Cada vez que nos educamos favorecemos el funcionamiento de genes que nos permitirán educarnos aún mejor. De uno de esos genes acabamos de hablar: es el BDNF, pero hay más identificados.

Para acabar con otro ejemplo agradable, un trabajo muy bonito publicado en 2016 concluyó que el buen humor experimentado durante la infancia induce la formación de marcas epigenéticas que favorecen una mejor salud física y mental a lo largo de toda la vida. Por eso es tan importante establecer y mantener vínculos afectivos de confianza con nuestro entorno, hacernos unos a otros la vida tan agradable como sea posible para mantener un buen humor. No solo por altruismo, sino también desde un punto de vista egoísta: favorece nuestro epigenoma.

Sin duda el buen humor tiene efectos muy positivos sobre la salud y las funciones mentales. Pero la mayor parte de los estudios sobre las influencias del entorno en el epigenoma se han llevado a cabo en condiciones negativas: estrés, acoso, traumas, sensación de abandono, etcétera. El motivo es simple: son las condiciones que pueden acabar provocando más trastornos y patologías, y tradicionalmente se han considerado de mayor interés en medicina, psicología y psiquiatría. Ocurre lo mismo con la sobreprotección. Veremos estudios que demuestran que los efectos de la sobreprotección durante la infancia en las marcas epigenéticas pueden ser tan perniciosos como transmitir sensaciones de ignorancia o abandono. Veamos ahora algunos de estos ejemplos, poco agradables pero importantes en la vida de algunas o muchas personas. Empecemos por una investigación muy ilustrativa efectuada con roedores. Como ya hemos dicho, los ratones y las ratas comparten con nosotros el 95 % del genoma, y también el funcionamiento de las marcas epigenéticas.

... ¡Y HAY QUE VER LAS COSAS QUE HACE!

En 2007 se publicó un artículo sorprendente. Lo habían escrito tres investigadores del Instituto de Zoología de la Universidad de Ratisbona, en Alemania. El punto de partida era tan simple como interesante para entender muchos aspectos del comportamiento humano. Ya hacía tiempo que se sabía que las situaciones de acoso y abandono producidas durante la infancia incrementaban de manera significativa el riesgo de desarrollar y manifestar niveles patológicos de ansiedad o agresividad a partir de la adolescencia. El motivo es el estrés agudo y crónico que provocan estas situaciones, que afecta a la estructura neuronal en zonas como la corteza prefrontal, que es donde se gestionan las emociones, entre otras funciones. Y también afecta a la estructura de la amígdala, que es la zona encargada de generarlas. Para estudiar de manera experimental si también podían tener consecuencias sobre el epigenoma, estos investigadores utilizaron ratones.

Las hembras de ratón, como todos los roedores y en general todos los mamíferos, son muy atentas con sus crías. En el caso de la especie humana, los hombres también lo somos, o deberíamos serlo. Las hembras de ratón se pasan mucho rato lamiendo a las crías y cuidándolas, y también jugando con ellas. Cuando deben salir a buscar comida vuelven lo más rápido posible, para no dejarlas solas demasiado tiempo. En este trabajo se quiso comprobar qué consecuencias tenía en el epigenoma y en los comportamientos posteriores de estas crías que en la infancia se sintiesen abandonadas un ratito cada día. A modo de resumen, lo que hicieron estos investigadores fue separar las crías de su madre tres horas seguidas diarias durante las dos primeras semanas después del nacimiento. Es un periodo de tiempo que equivale aproximadamente a los tres primeros años de vida humana en lo que se refiere al desarrollo y la maduración del cerebro.

Durante el rato que estaban sin su madre, se dejaba a su alcance un biberón, para que el hambre y la sed no fuesen factores de estrés, y una mantita térmica para que el frío no les afectase y notasen cierto peso, como si su madre estuviese con ellas. Pero nadie las lamía ni jugaba con ellas. La diferencia respecto a una crianza normal, por tanto, está justo ahí, en el cuidado, la atención y el contacto maternal. Transcurridas estas dos semanas, se las trataba como a cualquier otro ratón.

Cuando se hacen adultas, las hembras de ratón son relativamente sociables y curiosas. Si en una jaula en la que hay hembras se introduce una nueva, las demás van a olfatearla, como una especie de presentación. Y si se introduce un objeto que no hayan visto nunca, se acercan para examinar qué es. Pues bien, cuando a las ratoncitas del experimento, que habían pasado tres horas seguidas diarias sin su madre durante la primera infancia, ya de adultas se les introducía una hembra nueva en su jaula, también se le acercaban, pero no para olfatearla, sino para morderla. Dicho de otra forma, habían cambiado sociabilidad por agresividad. Y si se les introducía un objeto que no habían visto nunca, se apartaban de él y se iban hacia los extremos de la jaula, un comportamiento que indica que, en lugar de mostrarse curiosas, tenían miedo. Y además tendían a presentar comportamientos de ansiedad y otros que, en las personas, asociaríamos a la depresión.

Sin descartar los efectos del aprendizaje y de las experiencias vividas en los recuerdos que condicionan los comportamientos posteriores, que sin ninguna duda también son muy importantes, se ha visto que las crías que han recibido más atención de su madre muestran un aumento significativo en la expresión de un gen muy concreto, denominado «receptor glucocorticoide». La función de este receptor es recibir las señales que transmiten los glucocorticoides, unas hormonas que, entre muchas otras funciones, contribuyen a gestionar el estrés. En otras palabras: las que no han recibido tanta atención materna o se han sentido abandonadas como mínimo un rato cada día gestionan peor el estrés debido a cambios en algunas marcas epigenéticas, lo cual se relaciona de forma directa con un incremento de la agresividad y de respuestas basadas en el miedo, y un incremento de la probabilidad de manifestar ansiedad y cuadros de depresión. El mecanismo responsable de estos cambios de expresión son, precisamente, modificaciones epigenéticas que se establecen por influencia del ambiente social de infancia.

Otros genes que también se ha comprobado que se ven afectados por esta situación en lo relativo a las marcas epigenéticas son el factor de crecimiento neuronal (o NFG, del inglés *neurotrophic growth factor*), de la corticosterona y la corticotropina (o ACTH, del inglés *adrenocorticotropic hormone*), que están implicados en la plasticidad neuronal y en la respuesta al estrés. Como dijo el investigador Moshe Szyf en uno de estos trabajos, «los ratones bien cuidados son felices» (un concepto, el de la felicidad, que más adelante discutiremos para transmutarlo en bienestar). Pues bien, diversos trabajos también han establecido una correlación clara entre niños que han vivido situaciones de abandono o experiencias traumáticas, como por ejemplo acoso, y patrones epigenéticos similares a los descritos, con afectaciones sobre el comportamiento muy similares.

De manera más breve y resumida, se ha comprobado que la exposición crónica a glucocorticoides como el cortisol, que es una neurohormona asociada al estrés, provoca modificaciones epigenéticas en genes de actuación cerebral que también afectan al comportamiento. En concreto, incrementan el nivel de ansiedad en etapas posteriores de la vida y dificultan la gestión consciente del estrés. También el estrés social altera el patrón epigenético en distintos genes, como el denominado «factor de liberación de la corticotropina» (CRF, del inglés *corticotropin-releasing factor*). La corticotropina es una neurohormona relacionada con la respuesta al estrés y, en este caso, además, también con la capacidad de resiliencia.

Los niños que han sufrido abusos físicos, incluidos los sexuales, tienden a presentar modificaciones epigenéticas en un gen denominado NR3C1, que está implicado en la señalización de los glucocorticoides (los cuales, como ya he dicho, son neurohormonas del estrés). Estas marcas epigenéticas se han asociado también a una predisposición más alta a la depresión, a manifestar comportamientos violentos y a una tasa de suicidio más elevada.

Se han hallado asociaciones parecidas entre determinadas alteraciones epigenéticas y jóvenes que han sufrido situaciones traumáticas, como haber participado de manera activa o pasiva en un conflicto bélico, haber sufrido acoso o haber recibido amenazas de muerte. Aquí quiero hacer un inciso muy especial en el acoso que puede producirse entre niños, adolescentes y jóvenes, en especial pero no únicamente en entornos escolares, del cual los adultos solo conocemos una pequeña parte, porque en la mayoría de los casos, si no prestamos suficiente atención o si somos laxos en la interpretación de las señales, nos pasan desapercibidos. En estos casos, estas marcas epigenéticas favorecen el desarrollo del síndrome de estrés postraumático, que implica una disminución de la capacidad de gestionar el estrés y una mayor predisposición a la ansiedad y la depresión, que en algunos casos puede derivar en autolesiones o intentos de suicidio. Resulta interesante destacar que se ha demostrado que las situaciones socioemocionales adversas pueden tener efectos más traumáticos en el epigenoma que las debidas, por ejemplo, a accidentes.

Quizá a algunas personas les parezca extraño que las modificaciones epigenéticas establecidas por el estrés crónico durante la infancia puedan favorecer un nivel más elevado de ansiedad posteriormente, pero desde el punto de vista de la adaptación biológica tiene mucho sentido. Si un individuo se desarrolla en un ambiente amenazador en el cual el estrés forma parte de su día a día, para estar prevenido en el futuro le conviene estar siempre alerta. Y esta sobreactivación de los sistemas de alerta es lo que percibimos como ansiedad. Estos cambios epigenéticos relacionados con el estrés crónico nos preparan para luchar con más fuerza o para huir más rápido la próxima vez que nos encontremos ante una situación amenazadora. Pero también tienen muchos otros efectos que disminuyen la capacidad de vivir de forma más plena.

Aunque no hace falta llegar a estos extremos. Ya hemos visto que el tipo de parentalidad o crianza, positiva o negativa (he hablado de ello en el capítulo anterior), también afecta al epigenoma de los hijos. Hay muchas formas de educarlos, y todas condicionan la percepción que tendrán de sí mismos y el carácter y el comportamiento que manifestarán cuando sean adultos. Y, en consecuencia, influirán en la manera en que vivan y se relacionen con su entorno. El estilo de crianza con el que nos han educado también ha condicionado nuestro epigenoma. Lo mismo se ha demostrado en casos de una parentalidad demasiado estricta y en interacciones paternofiliales simplemente frías o de poca calidad emocional. En este caso se ha visto que propician la formación de marcas epigenéticas en un gen llamado NR3C1 que afecta al modo en que funciona el eje hipotalámico-pituitario-adrenal (HPA), que es crucial para una buena gestión del estrés.

Para concluir este apartado, otro aspecto que considero muy relevante para la educación es evitar sobreproteger y que te sobreprotejan. Las personas que crecen sobreprotegidas pueden manifestar sentimientos de inutilidad («Tienen que hacérmelo todo porque por mí solo no sirvo para nada») o bien convertirse en unas tiranas («Siempre hacen lo que yo quiero»). En cualquier caso, afecta seriamente a la capacidad de afrontar las frustraciones y de actuar de manera resiliente ante las adversidades, al mismo tiempo que hace que disminuya la capacidad de tomar decisiones propias. Pues bien, se ha observado que la sobreprotección también induce la formación de marcas epigenéticas distintivas que influyen en aspectos tan diversos como la empatía, y por descontado también en la capacidad de gestionar la ansiedad y el estrés, y de afrontar las adversidades y frustraciones de forma resiliente. En todos estos casos, estas características, que merece la pena remarcar que son clave para el empoderamiento personal, pueden verse disminuidas.

Las marcas epigenéticas, por tanto, también afectan a nuestro comportamiento, vinculando directamente los factores ambientales con los mecanismos de funcionamiento del genoma. ¿Estáis un poco decepcionados por las implicaciones que tiene todo esto en nuestro comportamiento y nuestras capacidades? Pues esperad, porque aún no hemos terminado.

¿Somos herederos de los «pecados» de nuestros padres?

Aún hay más, digo, porque el establecimiento de marcas epigenéticas no empieza con el nacimiento, sino con la concepción. Y, de hecho, bien mirado, incluso antes, durante la producción de las células sexuales, los óvulos y los espermatozoides, por parte de los progenitores que todavía no han decidido siquiera si querrán tener descendencia. Durante todo el desarrollo embrionario y fetal, la única fuente de alimentación es a través de la placenta, a partir de los nutrientes que la madre pasa a su hijo o hija. La alimentación materna, por tanto, influye en las marcas epigenéticas de los hijos aún no nacidos, de manera que la responsabilidad en el aspecto epigenético hacia los descendientes empieza muy pronto. Por ejemplo, se ha visto que las dietas maternas excesivamente ricas en grasas o en azúcares, o todo lo contrario, deficitarias en nutrientes esenciales, condicionan el epigenoma del embrión y el feto, lo cual influirá en su metabolismo cuando nazca, crezca y se haga adulto. También las drogas consumidas durante la gestación afectan al epigenoma fetal, incluida la exposición al humo de tabaco, además de perjudicar directamente muchos otros aspectos de su metabolismo.

Pero la historia de las marcas epigenéticas, que relaciona los factores ambientales con el funcionamiento del genoma, es todavía más barroca, si me permitís decirlo de esta forma. Se ha observado que el consumo de sustancias tóxicas durante la adolescencia y la juventud, como por ejemplo la marihuana, incrementa la probabilidad de que los descendientes sufran determinadas patologías y trastornos cerebrales, como déficit de atención y depresión, entre otros, precisamente por la incorporación de marcas epigenéticas en sus gametos en algunos genes de actuación cerebral. También el humo de tabaco induce modificaciones epigenéticas que pueden afectar a la salud de los descendientes aún no concebidos, y ocurre lo mismo con el consumo de alcohol. La responsabilidad epigenética hacia los descendientes no se limita al cuidado que les prestamos cuando nacen o durante la gestación, o al que nos prestaron nuestros progenitores a nosotros, sino que empieza mucho antes. Y afecta a características de comportamiento, cognitivas y de personalidad. También se ha constatado que los progenitores que han sufrido o sufren el síndrome de estrés postraumático pueden generar modificaciones epigenéticas en sus gametos que disminuyen la esperanza de vida de los descendientes.

Eso es precisamente lo que les ocurrió a los ratones que habían aprendido a temer el olor a acetofenona y a los descendientes de las personas que habían sobrevivido a la Hambruna Holandesa, que hemos mencionado en el primer apartado de este capítulo, o al horror de los campos de exterminio nazis. Cuando la maquinaria genética y epigenética de una persona detecta una situación crítica para la supervivencia, no solo induce la formación de marcas epigenéticas en esa persona, sino también en los gametos que generarán, en el futuro, sus descendientes, para que nazcan epigenéticamente preparados por si vuelven a producirse situaciones similares. Sin embargo, todo tiene un precio, que son las alteraciones conductuales que hemos estado mencionando en buena parte de este capítulo. Se denominan «transmisión transgeneracional». Esta transmisión transgeneracional, sin embargo, no se mantiene para siempre. Diversos experimentos, como el de los ratones que habían aprendido a tener miedo de un olor neutro o el estudio de los descendientes de los supervivientes de la Hambruna Holandesa y de los campos de exterminio, han demostrado que, si no vuelven a darse situaciones similares, estas marcas epigenéticas solo se mantienen durante una o dos generaciones; después ya no vuelven a formarse. Pero de algún modo podemos heredar formas de comportamiento, o condicionantes a nuestros comportamientos y nuestras capacidades cognitivas, de la vida y las experiencias que tuvieron nuestros progenitores. Y nuestros hijos, de nosotros.

¿Decepcionados o maravillados?

Hemos empezado este capítulo hablando de la constante macabra, que propicia que en educación tendamos a contraponer los «buenos» a los «malos». O que, por comparación, si la aplicamos a personas a las que consideramos «mejores», nosotros podamos pensar que somos, por exclusión, «peores». De hecho, hay personas que tienen tendencia a hacer creer que son «mejores» para que así, por oposición, los demás piensen que son «peores» que ellas. Quizá todos hayamos conocido a alguna.

Dicho de otra manera, la constante macabra implica que para establecer quiénes son los buenos debamos hacer lo mismo con los malos, con independencia de qué valoremos como bueno o como malo, una contraposición de palabras que está muy presente en el título de este subapartado. Todos estos datos sobre genética y epigenética que he mencionado, sobre la heredabilidad de todos los aspectos de nuestro comportamiento y de nuestras capacidades cognitivas, y también sobre cómo influye el ambiente en el funcionamiento del genoma durante mucho tiempo a través de las marcas epigenéticas, a veces incluso transgeneracionalmente, ¿nos decepcionan o nos maravillan?

Ver cómo actúa la biología en nosotros es, para los biólogos y los aficionados a la biología, motivo de maravilla. Pero si lo interpretamos desde la perspectiva de este libro, cómo podemos educarnos y cómo podemos educar a nuestros hijos e hijas y a nuestros estudiantes para disfrutar de una vida más plena, puede resultar algo decepcionante. O mucho, según se mire, puesto que limita las posibilidades que tenemos y enfatiza nuestra responsabilidad hacia nosotros mismos y hacia los demás. ¿Maravilla o decepción? Cada uno que lo interprete como crea más oportuno, pero de ninguna manera debemos sentirnos culpables de nada. Un trabajo publicado a finales de 2022 por investigadores del King's College de Londres afirma que los sentimientos de culpabilidad que pueden sentir los progenitores durante la infancia de sus hijos disminuye el bienestar de los descendientes a partir de la adolescencia.

Por favor, continuad leyendo los próximos capítulos. Porque pienso invertir todo esto para generar oportunidades. Decía en el epílogo del principio del libro que este ensayo empieza por el final porque quiero cambiar conscientemente algunas cosas. Pues hagámoslo, cambiémoslas. Transmutemos estos datos en oportunidades. Los alquimistas buscaban el modo de convertir el plomo en oro. No lo consiguieron. A ver si nosotros sí tenemos éxito en esta transmutación, que afecta a nuestra capacidad de educar el cerebro para hacer crecer nuestra mentalidad y ayudar a hacerlo también a nuestros hijos y estudiantes.

Antes, sin embargo, quiero endulzar el mal sabor de boca que pueden haber dejado estos últimos párrafos sobre la transmisión transgeneracional de algunas marcas epigenéticas. Me he centrado en aspectos negativos, pero también hay algunos muy positivos. Por ejemplo, se ha visto que practicar ejercicio físico moderado de manera regular durante la adolescencia propicia determinadas marcas epigenéticas en los gametos que favorecen la salud general de los descendientes futuros, a través de una mejor regulación del metabolismo y de la capacidad de gestionar el estrés.

Incluso se ha comprobado que la amistad también modifica el epigenoma. Un trabajo publicado en 2018 analizaba cómo las relaciones de amistad y el sentimiento de unión en la pareja modifican el epigenoma. No se hizo en personas, sino en perritos de la pradera, unos roedores gregarios que se caracterizan por vivir en grupos sociales razonablemente amplios. También muestran solidaridad entre sí, tienen preferencias en las relaciones de amistad y mantienen una relación monógama con su pareja. En este trabajo se vio que las relaciones de amistad y de pareja inducen modificaciones epigenéticas en un gen relacionado con la vasopresina, V1aR.

La vasopresina es un neurotransmisor implicado en la sensación de miedo y en la respuesta a esta emoción. Concretamente, estos cambios favorecen la sociabilidad y disminuyen el estrés provocado por las posibles amenazas del entorno, cosa que genera sociedades más armónicas y solidarias. Aunque no se ha analizado en personas, parece que la amistad también beneficia nuestro epigenoma y favorece comportamientos que, ahora sí, nos impulsan a apoderarnos de nuestro destino. Y nos ayudan a aprender a vivir juntos y a aprender juntos a vivir.

En resumen

Para simplificar la complejidad del mundo y favorecer respuestas rápidas, el cerebro tiende a clasificar el entorno de manera dual y contrapuesta. En educación se habla de la constante macabra: no hay buenos sin malos, éxito sin fracaso, etcétera. También nos la aplicamos a nosotros mismos, en especial cuando nos comparamos con otras personas y olvidamos la infinitud de posiciones intermedias, toda la gama de grises o la paleta de colores, con todos sus matices y dinamismo.

El genoma que hemos heredado de nuestros progenitores, y el que nuestros descendientes han heredado de nosotros, influye en diversos aspectos del comportamiento. Para medir el peso de la genética en cualquier aspecto se utiliza la heredabilidad. Es un porcentaje que indica qué proporción de la variación de una característica determinada se debe a diferencias genéticas. Ningún valor de heredabilidad de los distintos aspectos del comportamiento llega al 100 %. La diferencia es la clave de la educación: indica los efectos ambientales; las experiencias vividas y cómo las hemos vivido. Eso es el estado emocional.

Para ajustar el funcionamiento de los genes, las células pueden hacer marcas epigenéticas. Muchas se establecen o se modifican en interacción con el ambiente, incluido el socioemocional. Una vez establecidas, pueden mantenerse inalteradas durante mucho tiempo, décadas incluso.

- La práctica deportiva, jugar en espacios abiertos, el buen humor experimentado durante la infancia e incluso la amistad inducen marcas epigenéticas que optimizan la función mental, y por tanto favorecen poder disfrutar de una vida más plena.
- Las situaciones de abandono, las experiencias traumáticas, el acoso, el estrés crónico moderado o agudo, un estilo de crianza negativo, las parentalidades excesivamente estrictas, las relaciones paternofiliales de poca calidad emocional y la sobreprotección, entre otras situaciones, inducen marcas epigenéticas que dificultan la gestión de la ansiedad y el estrés, y disminuyen la resiliencia y la calidad de vida, y por tanto la sensación de bienestar.
- Las experiencias especialmente traumáticas durante la adolescencia, o el consumo de sustancias tóxicas como la marihuana o el alcohol, pueden inducir marcas epigenéticas en los óvulos o espermatozoides que afecten al comportamiento de los descendientes aún no concebidos, cosa que dificulta también la gestión de la ansiedad y el estrés, disminuye la resiliencia y la calidad de vida, y dificulta los aprendizajes y la curiosidad.

Sin embargo, nadie debe sentirse culpable de ningún modo por su pasado, ni utilizarlo de manera victimista. Los sentimientos de culpa que pueden experimentar los progenitores durante la infancia de sus hijos disminuyen el bienestar de sus descendientes, especialmente a partir de la adolescencia. El pasado debe servir para reflexionar sobre el futuro que queremos, y favorecer que se haga realidad.

4

Mirémonos en el espejo

Llegamos al quid de la cuestión: ¿qué es eso de la mentalidad de crecimiento?

Estamos a punto de llegar a un punto de inflexión. En matemáticas, el punto de inflexión es donde cambia el sentido de una curva, donde pasa de ser cóncava a convexa, o de crecer a decrecer. Y también a la inversa, donde pasa de decrecer a crecer. De manera metafórica, la expresión «punto de inflexión» también se utiliza para describir un momento o una situación normalmente inesperados en que se produce un cambio importante que altera el curso de los acontecimientos. Eso es lo que pretende ser este capítulo, un cambio en la dirección que estaba tomando este libro.

En los capítulos anteriores, aparte de hablar de qué quiere decir educar y qué implica o, mejor dicho, qué debería implicar la educación, hemos estado viendo cómo la genética y la epigenética condicionan cómo somos y cómo nos comportamos, de qué manera nos percibimos a nosotros mismos y también cómo percibimos a las demás personas, y en consecuencia cómo establecemos las relaciones sociales. También hemos visto de qué manera nos ha condicionado el ambiente de la infancia y cómo sigue condicionándonos, no solo a través de las redes neuronales que se establecen, sino favoreciendo determinadas marcas epigenéticas, que a menudo cuesta borrar. Y, paralelamente, de qué forma el ambiente que ofrecemos a nuestros hijos y estudiantes condiciona su futuro, en especial, aunque no únicamente, el ambiente socioemocional. Somos el resultado de nuestra historia pasada, y hasta cierto punto también la historia de las generaciones que nos han precedido, a través de la evolución. Y quizá incluso de algunas marcas epigenéticas.

¿Somos solo eso? ¿No hay nada que podamos hacer al respecto? ¿Podríamos educar a nuestros hijos y nuestros estudiantes si no pudiésemos educarnos a nosotros mismos? ¿No es, al fin y al cabo, un poco decepcionante, como planteaba al acabar el capítulo anterior? Demos un vuelco a esta situación, generemos una brizna de esperanza. En botánica, la brizna es el primer tallo que surge cuando brotan las semillas. Es una estructura vegetal muy fina. Con frecuencia, si no nos fijamos, nos pasa desapercibida. Sin embargo, sin esta primera brizna la planta no puede crecer. Es la señal de que la semilla germina. Ahora bien, con eso no basta. Para que florezca y dé frutos, debemos regarla. Y a menudo también debemos podarla. Decía en el párrafo anterior que «somos el resultado de nuestra historia pasada». Pero quizá sería mejor decir que somos un resultado dinámico y cambiante de nuestro pasado, que se combina con el presente. Y, como veremos en capítulos siguientes, también con los propósitos de futuro que nos hacemos.

No quiero adelantaros de qué hablaremos en este capítulo, más allá de lo que ya he dicho. Solo repetiré que estamos a las puertas de un punto de inflexión, pero quizá no sea lo que estáis esperando. Será la primera brizna. Después, en los siguientes capítulos, ya la regaremos y podaremos. Seguiremos, como es lógico, hablando del cerebro y de educación, pero desde una perspectiva ligeramente distinta. Hay una frase de la película *Apolo 13*, dirigida por Ron Howard y protagonizada por Tom Hanks, Kevin Bacon y Bill Paxton, entre otros actores y actrices famosos, que encuentro especialmente adecuada para esta ocasión. Basada en la historia real de la misión homónima de la NASA del año 1970, la película se estrenó en 1995. Cuenta el periplo de tres astronautas para regresar a la Tierra después de que explotase el depósito de oxígeno del módulo de servicio. Su destino era la Luna, pero no pudieron aterrizar allí. La sobrevolaron para coger el impulso necesario para el viaje de regreso, pero el estado en que quedó la nave hizo imposible el alunizaje. En un momento dado de la película, cuando parece que no habrá manera de hacerlos volver a la Tierra de una pieza, el jefe de la misión, interpretado por Ed Harris, dice a sus colaboradores, refiriéndose al módulo lunar: «No me importa para qué fue diseñado. Lo que importa es qué puede hacer».

Esto mismo lo aplicaremos al cerebro. Sabemos de qué forma la evolución, la genética, la epigenética y el ambiente de la infancia, la adolescencia y la juventud han ido dando forma a su diseño, con todos los detalles. Pero lo que debe importarnos es qué podemos hacer ahora con todo lo que tiene.

Brujos, hormigas y la historia apócrifa del 10 % de Einstein

Empezaré este capítulo como los anteriores, contándoos tres historias reales que nos permitirán centrar el tema. En 1995, recién terminada mi tesis doctoral, me fui un año a trabajar fuera, en un grupo de investigación de la Universidad de Oxford. El tema de investigación me resultaba muy atractivo: tenían unos ratones mutantes que presentaban defectos muy graves en el desarrollo del cerebro y mi labor consistió en averiguar el motivo genético.

Durante buena parte de mi estancia en Oxford, compartí casa con tres chicos más: Dave, profesor de instituto; Andrew, sastre que confeccionaba chalecos de lujo a medida, y Enzi, de origen nigeriano pero que hacía años que vivía en Inglaterra, donde había estudiado y trabajaba como asistente social. Es con este último con quien hice más amistad. Me contó que Enzi es un nombre suajili, su lengua materna; que significa «poderoso», y que se lo habían puesto porque los astrólogos del lugar en el que había nacido habían predicho que estaba destinado a ser un poderoso brujo de su tribu. Él no quería ser brujo y por eso había emigrado a Inglaterra de muy joven. Sin duda se trataba de un cambio de vida muy importante, que necesitaba mucha capacidad de autodeterminación y una gran confianza en las posibilidades propias.

Una de las historias que me contó de su país es que de pequeño, cuando salía de la escuela, iba siempre con sus compañeros a un descampado cercano en el que buscaban hormigas de una especie concreta (disculpad que no recuerde el nombre) que, comidas directamente en cuanto se cogen, saben a caramelo de limón. Eran su golosina preferida. Las hormigas son unos insectos sociales muy interesantes. Aunque no lo parezca, están emparentadas con las abejas y las avispas, de las cuales se separaron evolutivamente hace unos ciento treinta millones de años. Viven en hormigueros en los que hay una o unas cuantas hormigas reina que se reproducen, un puñado de machos que fecundan los huevos que ponen las hembras reinas y un montón de hormigas hembra estériles más que se agrupan en castas de obreras, soldados y otros grupos especializados.

Hablemos de las hormigas obreras. Todos los días, al alba, salen a buscar comida para abastecer al hormiguero. Inicialmente no siguen ninguna dirección predeterminada, sino que van desperdigándose de forma aleatoria en busca de comida, siguiendo un patrón exploratorio. Van en todas las direcciones. No obstante, si encuentran un río o un barrizal que no pueden atravesar, cambian de dirección. La otra orilla les está vedada. Cuando una hormiga encuentra comida, evalúa su cantidad y su calidad nutritiva, y vuelve al hormiguero dejando un rastro químico tras de sí, una feromona. La intensidad de esta feromona depende directamente de la cantidad y la calidad de la comida que ha encontrado. Entonces, el resto de las hormigas detectan la presencia de esta feromona y la van siguiendo hasta la comida, para transportarla al hormiguero. Es así como se forman las famosas hileras de estos insectos sociales. Si la cantidad de feromona es muy grande, habrá muchas más hormigas en la hilera. Eso permite aprovechar al máximo el alimento sin desaprovechar el trabajo de ninguna hormiga. Aumenta la eficiencia del proceso. Como veremos más adelante en este capítulo, en nuestro cerebro se producen unos fenómenos muy parecidos al que acabo de describir en las hormigas, pero con las neuronas. La forma que tienen de establecer conexiones nuevas es muy similar a cómo buscan comida y forman hileras las hormigas. Y esto tiene consecuencias importantes para la llamada mentalidad de crecimiento, que estamos a punto de describir.

Permitidme que os cuente otra historia. Las historias anteriores, a pesar de que podían parecer desconectadas entre sí, tienen muchos puntos en común: ganas de progresar y de decidir el propio futuro; confianza en poder conseguirlo y empoderamiento para tomar las decisiones; esfuerzo y capacidad de asumir nuevos retos; capacidad de aprovechar los conocimientos aprendidos por otras cuestiones para aumentar la eficiencia de los procesos, como hacen las hormigas con su largas hileras, etcétera. La última anécdota que quiero contaros proviene de una conversación que mantuve durante una comida familiar. Una persona aproximadamente de mi edad que se sentaba cerca de mí me preguntó si era cierto que solo utilizamos el 10 % del cerebro.

Si usáis un buscador de internet y ponéis sin más «Einstein 10 %», encontraréis muchas páginas que hablan sobre una frase que supuestamente dijo Albert Einstein: «Solo utilizamos el 10 % del cerebro». ¿Tan infrautilizado lo tenemos? Pues no, porque este mito no es cierto. Esta afirmación, atribuida a Einstein como si el hecho de que la hubiese dicho uno de los científicos más influyentes del siglo XX la convirtiese en una especie de dogma indiscutible, es completamente apócrifa. El origen de este neuromito, que ha ido transmitiéndose de forma involuntaria por su aparente espectacularidad pero también a menudo de manera interesada por personas que intentaban sacar rédito de ello, es anterior a este físico revolucionario. Se originó en el siglo XIX, cuando todavía se desconocía la función de la mayor parte de las células del cerebro.

Utilizamos todo el cerebro, de arriba abajo, de izquierda a derecha, de delante a atrás y del interior al exterior. Pero no lo utilizamos todo de forma simultánea. Cada actividad mental y cada proceso cognitivo requiere la activación de unas redes neuronales y de unas zonas específicas u otras, según el caso, pero no de todas al mismo tiempo. Eso supondría un gasto energético insostenible y generaría un ruido caótico. Por ejemplo, cuando practicamos deporte se nos activan las redes de la corteza motora, que gestiona los movimientos voluntarios, y las del control ejecutivo, que nos permiten planificar y anticipar los movimientos que queremos hacer y sus consecuencias. El mismo razonamiento sería válido para cualquier otra actividad, como tocar un instrumento musical, resolver un problema de lógica, realizar una actividad artística, conducir, hablar, leer, escribir, etcétera.

Además, en el cerebro hay muchas otras células, aparte de las neuronas. Las neuronas son las que generan los procesos mentales y tienen actividad eléctrica, pero las acompañan muchas otras células. De forma genérica se denominan «células gliales» y tienen la función de proteger las neuronas, alimentarlas, limpiar el cerebro, etcétera. Son imprescindibles para el funcionamiento global de este órgano, pero no muestran actividad neuronal. En apariencia, cuando se desconocía su función, una parte muy importante del cerebro quedaba inactiva, como si no lo estuviesen aprovechando.

Por hacer una comparación casera: si estamos cenando en el comedor de casa, ¿necesitamos tener encendidas las luces de todas las habitaciones y del lavabo? Quizá la de la cocina sí, por comodidad si debemos ir a menudo a buscar alguna cosa, pero el resto las tendremos apagadas, por ahorro. Y tampoco tenemos luces encendidas dentro de los cajones ni debajo de las sillas, porque la función de estos muebles es otra. El cerebro actúa más o menos el mismo modo. Solo las neuronas muestran actividad eléctrica, y solo se activan cuando su función es necesaria, por mucho que siempre hay cierta actividad basal por todas partes, por si debemos reaccionar rápido.

Eso es lo que, más o menos, le expliqué a aquella persona durante la comida familiar. Su respuesta fue que, para sentirse cómoda consigo misma, prefería continuar creyendo que solo utilizaba el 10 % de su cerebro y que, de alguna manera, debería poder activar el 90 % restante.

¿Hay un 90 % del cerebro que no estamos utilizando y que es solo cuestión de que se active de alguna manera? En eso se basan las personas, grupos e incluso empresas que intentan sacar rédito del mito del 10 %, que como hemos dicho se ha demostrado que es incorrecto. Hay quienes hacen propuestas de «activación» que incluso rayan en el misticismo y la superstición (sin llegar, eso sí, a la brujería a la que estaba llamado mi compañero de casa en Oxford, Enzi).

O, contrariamente a esta visión, quizá lo importante es que, pese a que ya estamos utilizando todo el cerebro, podemos seguir creciendo intelectual, cognitiva y humanamente. No podemos negar que el mito del 10 % tiene un gran atractivo poético, porque nos sugiere que podemos ser mucho más de lo que somos. Podemos ir más allá, claro que sí, pero no por este motivo, sino por la forma en que el cerebro se va construyendo y reconstruyendo a lo largo de nuestra vida. Esto es lo que empezaremos a ver a continuación. No se trata de «activar» un 90 % desaprovechado, sino de saber aprovechar todo lo que ya tenemos para que continúe produciendo briznas, como las semillas cuando germinan. Parafraseando a Ed Harris en *Apolo 13*, «no me importa para qué se diseñó. Lo que importa es qué puede hacer [con el diseño que tiene]».

Mentalicémonos de nuestra mentalidad

La actitud ante los errores y los fracasos es un aspecto importante de la vida humana. Hay personas que interpretan el fracaso como un punto final que no pueden superar. Como la chica de la que he hablado en una de las historias de la introducción, que al no poder estudiar la carrera universitaria que deseaba en el primer intento se vio absolutamente bloqueada. Otras, en cambio, ven los errores como una oportunidad de continuar aprendiendo y creciendo, incluso de reorientar positivamente su vida. Hace tiempo que se sabe que estas diferencias, que presentan una amplia gama de matices, se relacionan directamente con el éxito académico y con distintas características mentales y de la personalidad. Algo más de treinta años atrás, la psicóloga estadounidense Carol Dweck empezó a analizar cuál podía ser el origen de estas diferencias en lo que se refería a la actitud ante el fracaso. Nacida en 1946, Dweck ha dedicado buena parte de su carrera profesional a estudiar la motivación, la personalidad y el desarrollo social. También se ha interesado por el cociente de inteligencia, en concreto por la llamada «teoría implícita de la inteligencia». Esta teoría, que no tiene nada que ver con la hipótesis de las inteligencias múltiples, que hemos tratado en el capítulo 1, analiza de qué modo nos afectan las creencias y los preconceptos en relación con la inteligencia. En concreto, estudia si esta capacidad cognitiva y, por extensión, el resto de las habilidades que poseemos son fijas y estáticas o bien pueden cambiar a lo largo de nuestra vida.

Se cuenta que la primera vez que Dweck se interesó por el cociente de inteligencia fue mientras cursaba sexto de primaria. En una entrevista que se publicó en la revista educativa *Schools Week*, titulada de forma muy poética y al mismo tiempo provocadora «Carol Dweck floats like a butterfly but her intellect stings like a bee» («Carol Dweck vuela como una mariposa pero su intelecto pica como una abeja»), explicó que en la clase de sexto de la escuela de primaria 153 de Brooklyn, en Nueva York, en la que estudió, tenían a los estudiantes sentados según el orden de su CI. Los que contaban con puntuaciones más altas podían borrar la pizarra.

También se les confiaba la responsabilidad de llevar las notas que la maestra escribía para el despacho del director y de encargarse de la bandera (en muchas escuelas estadounidenses tienen la costumbre de izar la bandera a diario). Como dijo en esta entrevista, «no creía que la puntuación de una prueba [refiriéndose al CI] fuese tan importante; cada estudiante quiere tener éxito en el marco establecido. Así que, al mirar atrás, esta glorificación del cociente intelectual fue un punto clave de mi desarrollo».

De una u otra manera, muchos centros educativos han utilizado de forma convencional estrategias razonablemente similares. Recuerdo que cuando iba a la escuela y cursaba EGB, muchos profesores, una vez a la semana, nos ponían en fila alrededor de la clase y nos preguntaban la lección. Quien respondía bien se quedaba en el sitio en el que estaba, y cuando un compañero se equivocaba y el siguiente o alguno de los siguientes respondía bien, le adelantaban. Al final de cada trimestre se había establecido un orden perfecto entre los que siempre acertaban y los que a menudo no respondían correctamente. No era un orden basado en el CI, pero sí que se establecía en función de una característica muy concreta, que era la capacidad de responder con rapidez y acierto a las preguntas de la asignatura que fuese.

Los compañeros que se estresaban menos ante la presión del momento y la mirada por lo general inquisidora del maestro lo tenían —o lo teníamos— un poco más fácil que el resto para quedar en posiciones más avanzadas de la fila. Recuerdo que, a veces, a los primeros les regalaban un librito. Solía ser de naturaleza. Yo tuve unos cuantos, y creo que quizá influyeran en mi decisión de estudiar Biología en la universidad. Los últimos, en cambio, se llevaban una bronca, los ridiculizaban o, directamente, los castigaban más tiempo en la escuela «por gandules» o, no sé si aún peor, «por tontos» (quiero decir que no sé cuál de las dos palabras es más ofensiva, porque las dos lo son). Es otra aplicación de la constante macabra de la que hemos hablado. En cualquier fila siempre hay «primeros» y «últimos». Si los libros que nos daban quizá me influyeran para estudiar Biología, el malestar que captaba en muchos de mis compañeros seguro que también ha influido en la forma en que percibo la educación, y en cómo me gustaría que cambiase.

Cuando estaba en cuarto de primaria, el profesor nos hacía sentarnos según cómo consideraba nuestras capacidades. De los cuarenta y cuatro o cuarenta y cinco niños que éramos en clase, a los veinticinco o treinta que consideraba menos dotados intelectualmente nos hacía sentarnos de dos en dos mirando a la pizarra; aquellos a los que se suponía que les costaba más, más cerca, y aquellos a los que les costaba un poco menos, al final del aula. A mí me hacía sentarme en torno al centro de estas filas. Con ocho o nueve años que tenía, nunca entendí el motivo (ahora puedo intuirlo). En cambio, a la quincena de alumnos a los que consideraba mejor dotados les hacía sentarse al fondo de la clase, en mesas de cuatro, mirándose de frente, en perpendicular a la pizarra, y no solo viendo la nuca de los compañeros que tenían delante.

La propuesta de Carol Dweck, que se popularizó a través del libro *Mindset: La actitud del éxito*, que publicó en 2006, es tan clara como atractiva. También es tan interesante como controvertida y polémica. Dweck propuso que existían dos tipos de mentalidad, que denominó «fija» y «de crecimiento». Y sugirió que influyen en nuestra forma de gestionar los errores y, de un modo indirecto, en muchos aspectos de nuestra personalidad. Enseguida hablaremos más de ello, ya que le dedicaremos el resto de este capítulo y también los siguientes.

De momento, para no alargar el misterio de manera innecesaria, diré que una de las definiciones que dio Dweck en una entrevista de 2012 para la revista de educación *OneDublin* sobre las diferencias entre una mentalidad fija y una de crecimiento es que «en una actitud fija, los estudiantes creen que sus capacidades básicas, su inteligencia y sus talentos son características fijas. Cada uno tiene una cantidad determinada y no puede hacer nada al respecto; su objetivo se convierte en parecer siempre listos. En una actitud de crecimiento, en cambio, los estudiantes entienden que sus talentos y habilidad pueden desarrollarse a través del esfuerzo, de una buena enseñanza y de la persistencia. No piensan que todo el mundo sea igual ni que cualquier persona pueda ser como Einstein, pero sí que todo el mundo puede ser más listo si trabaja».

Empecemos por el principio. Todos tenemos una serie de creencias básicas sobre nosotros mismos y en relación con el entorno en el que vivimos, que influyen en cómo nos relacionamos con él. Como la persona de la comida familiar que he mencionado en una de las historias iniciales del capítulo, que, según me dijo, necesitaba creer que solo estaba utilizando el 10 % de su cerebro para sentirse cómoda consigo misma. Estas creencias subyacentes, que a menudo mantenemos de manera preconsciente, sin darnos cuenta, no son neutras ni inocuas: a través de ellas interpretamos y construimos la realidad. También nuestra realidad existencial. El cerebro está preparado para participar en un mundo complejo, para interpretar las experiencias de la vida dentro de un marco de expectativas y de objetivos preexistentes. Por tanto, las expectativas y los objetivos que tengamos sobre nosotros mismos y sobre el entorno serán la base que de forma preconsciente usaremos para interpretar las experiencias que vivimos y, a partir de eso, decidir cómo queremos vivirlas.

Aunque a menudo no nos damos cuenta, todos los aprendizajes que llevamos a cabo, todas las experiencias que vivimos y que de algún modo recordamos, quedan almacenados en el cerebro, pero siempre en relación con nosotros mismos. Siempre lo percibimos y lo interpretamos todo desde nuestra óptica; somos nuestro propio centro de referencia, el eje sobre el cual pivota nuestra vida. Por eso, cuando los testigos de un suceso hablan de él, con frecuencia sus versiones no coinciden al cien por cien. Cada uno lo ha «visto» —y, por tanto, lo ha interpretado— desde su óptica personal. Estas diferencias se evidencian, por ejemplo, durante los juicios acerca de cualquier situación, como por ejemplo un accidente de tráfico o una agresión física o verbal, como han demostrado distintos trabajos en neurociencia cognitiva. En algunos de esos trabajos, por ejemplo, se afirma que los jueces no pueden ser nunca del todo imparciales, porque las decisiones que toman y la credibilidad que dan a los distintos testimonios y a las palabras de los abogados y fiscales siempre quedan filtradas por su ideología y sus preconceptos. Por muy honestos que quieran ser y por mucho que se esfuercen, nunca podrán ser ecuánimes al cien por cien. Ninguno de nosotros podría serlo nunca.

La percepción y la interpretación de las experiencias que tenemos también incluyen, de forma muy especial, nuestras expectativas y los objetivos que nos marcamos. En 2018, por ejemplo, un equipo de investigación del Instituto de Tecnología de Massachusetts demostró que nuestras expectativas influyen de forma directa en cómo percibimos las situaciones, por ejemplo en cuanto al tiempo que transcurre entre un suceso y otro. El hecho de que pensemos que ha pasado poco o mucho rato entre dos sucesos determinados depende en buena parte de lo que esperábamos previamente y de nuestro estado de ánimo, de las expectativas que teníamos. Es un efecto que de manera inconsciente seguro que todos hemos percibido más de una vez.

En cuanto a la inteligencia y a cualquier otra habilidad cognitiva, Carol Dweck propuso, como hemos avanzado, la existencia de dos tipos contrapuestos de mentalidad, que llamó «mentalidad fija» y «mentalidad de crecimiento». Se trata, en realidad, de los dos extremos de una amplísima gama de grises. Podemos tener diferentes grados de mentalidad de crecimiento o, alternativamente, una mentalidad fija más o menos acusada. También hay quien considera que podemos tener mentalidad de crecimiento en algunos aspectos y fija en otros. Un par de trabajos publicados en 2018 por investigadores de distintas universidades europeas y estadounidenses indican que, de media, las chicas suelen poseer más mentalidad de crecimiento en lo que se refiere a las lenguas y las artes, y más fija para las matemáticas. El motivo de estas observaciones lo abordaremos más tarde, porque es especialmente relevante para la argumentación general de este libro: educar nuestro cerebro para tener una vida más plena y ayudar a nuestros hijos e hijas y a nuestros estudiantes a construírsela ellos también.

La palabra «mentalidad» hace referencia a las cualidades de la mente de las personas. Es cómo pensamos y qué opiniones tenemos, y también es la actitud que manifestamos ante las experiencias vitales. En inglés la palabra que se utiliza para denominar la mentalidad, *mindset*, que es la que utilizó Dweck (*growth mindset* y *fixed mindset*), tiene unos matices muy interesantes. Se traduce literalmente como «mentalidad», pero etimológicamente está formada por las palabras *mind*, o «mente», y *set*.

Set es una palabra muy rica en significados, pues dependiendo del contexto puede querer decir un conjunto o una colección de objetos, considerados como un todo; asentar; poner huevos para que eclosionen; situarse en posición de echar a correr en una carrera; colocar objetos con cuidado o con una finalidad deliberada de manera relativamente estable; plantar plántulas, que son los primeros brotes que salen cuando germina una semilla; poner una trampa a punto para coger presas; dejar de lado alguna cosa para que fermente, como la masa que contiene levadura —y por tanto que cambien sus características—; dirigir la atención; provocar el inicio de algo; ajustar un aparato a la posición deseada; tenderse al viento; poner y fijar un objeto en una dirección determinada; fijar con firmeza alguna cosa dándole forma; inclinación, tendencia o hábito mental, y un largo etcétera de posibilidades. Sin duda, todos los significados que he citado en esta lista son muy sugestivos desde la perspectiva de la mentalidad propuesta por Dweck.

Según las definiciones de esta psicóloga estadounidense, las personas con mentalidad de crecimiento son aquellas que piensan que las cualidades mentales como la inteligencia, los talentos, la personalidad, la moral o cualquier otra habilidad cognitiva, como podría ser el caso de la creatividad, la perseverancia, la resiliencia, etcétera, son maleables y podemos incrementarlas. Inicialmente, Dweck solo habló del cociente de inteligencia, pero ha ido extrapolándose a cualquier otra característica cognitiva y mental. Dicho de otra forma, las personas que tienen mentalidad de crecimiento están convencidas de que siempre pueden ir cambiando cosas básicas sobre el tipo de persona que son a partir de lo que ya son en el momento. Y actúan en consecuencia. Con todo, y este aspecto es importante, este convencimiento lo sustentan en su voluntad y capacidad de esfuerzo, sin recurrir a un supuesto —y erróneo— 90 % del cerebro infrautilizado. No es, por tanto, un simplista «venga, tú puedes», ni ofrecer mensajes positivos sin contenido. Es un convencimiento íntimo y empoderado, y con un optimismo de base realista, de las posibilidades propias a través de la persistencia, la motivación y el esfuerzo.

Las personas con mentalidad fija, en cambio, creen que las cualidades humanas se mantienen estables a lo largo del tiempo. Piensan que cada uno tiene la inteligencia o los talentos que tiene y no puede cambiarlos; tampoco su personalidad ni cualquier otro aspecto que afecte a su psique. Como si todos estos aspectos estuvieran preconfigurados en un bloque de piedra, inmutable. Si no descubren que la piedra es más grande de lo que pensaban, es decir, si no utilizan de alguna forma ese 90 % del cerebro que supuestamente no utilizamos, no hay nada que hacer. En caso de que el crecimiento sea posible, lo achacan a algo con lo que ya contaban, no a un desarrollo nuevo.

¿Qué consecuencias puede tener el hecho de poseer mentalidad fija o de crecimiento? ¿De qué depende que tengamos un tipo de mentalidad u otro? Y, quizá más importante, ¿podemos cambiar nuestro tipo de mentalidad? Analicémoslo con cuidado.

Prestemos atención a cómo nos mentaliza nuestra mentalidad

Hay distintos tests, algunos relativamente sencillos, que sirven para ver qué tipo de mentalidad tenemos, fija o de crecimiento. O para ver si tendemos a una mentalidad más fija o de crecimiento, porque se trata de una gama de grises. Al final del capítulo 2 os propuse uno, sin decirlo de manera explícita. Volved a mirarlo si queréis. Es posible que alguna de las preguntas que plantea os sugiera ideas nuevas.

En cualquier caso, tener un tipo de mentalidad u otro influye en nuestra forma de ser. Y nuestra forma de ser también influye en el tipo de mentalidad que manifestamos. Veamos algunos de los aspectos generales que comporta cada tipo de mentalidad. Antes, no obstante, quiero enfatizar un aspecto importante que ya hemos mencionado: entre la mentalidad fija y la de crecimiento existe una amplia gama de matices. No es cuestión de blanco y negro. Y, según algunos investigadores, podemos tener mentalidad fija para algunas cosas y de crecimiento para otras, como he comentado en un caso concreto en el apartado anterior. De todos modos, comparados de manera general, entre estos dos tipos de mentalidad existen diferencias en lo relativo a cómo nos percibimos a nosotros mismos y cómo nos relacionamos con el entorno, lo que incluye a las demás personas. Se trata de diferencias genéricas, por descontado, porque cada uno tiene su propia personalidad, pero que, aun así, hay que considerar, porque nos afectan en nuestro día a día. Y también afectan al entorno en el que vivimos, en especial a las personas cercanas a nosotros.

Empecemos por la mentalidad fija. Las personas que muestran una mentalidad fija creen que la inteligencia y, por extensión, en general todas las habilidades y capacidades cognitivas que poseemos son fijas y estáticas. Creen que vienen determinadas al nacer o, como mucho, acaban de establecerse durante la infancia. Lo que importa es que, una vez establecidas, estas habilidades, la inteligencia y los talentos, ya no se pueden cambiar. Eso comporta que tiendan a evitar los retos para eludir los fracasos. Hacen cosas que, por experiencia, saben que les salen suficientemente bien, pero no asumen situaciones nuevas por miedo a equivocarse y fracasar. O, cuando deben afrontar situaciones nuevas, lo hacen muy a menudo desde el temor, no desde la confianza y la curiosidad. Viven los errores y los fracasos como un punto final en la cuestión. En general creen que, si después de probar algo no han tenido éxito, es que nunca podrán hacerlo bien, o como mínimo que no son capaces de hacerlo mejor, porque consideran que esa tarea queda lejos de sus habilidades, fuera de su alcance. Esto conlleva que les cueste implicarse en la realización de tareas nuevas y, en consecuencia, no quieren asumir retos nuevos. O les da miedo cuando se ven obligados a asumir uno, lo que, de un modo indirecto, afecta a su bienestar personal.

En general también son poco perseverantes y se rinden con más facilidad. Si algo no les sale bien desde el principio, creen que es porque no son capaces de hacerlo y porque nunca lo serán. En esta tesitura, ¿por qué perseverar si están convencidos de que nunca lo lograrán? Este estancamiento limita enormemente su potencial de crecimiento y aprendizaje. Y, en el caso de los estudiantes, se ha observado que disminuye su rendimiento académico. Además, también suelen ver el éxito de los demás como una posible amenaza, y lo único que consigue esto es incrementar aún más su sensación de inseguridad. Lo cual, a su vez, estimula sensaciones de miedo, como si los cambios y las novedades constituyesen amenazas. Esto lleva a que disminuya aún más su proactividad.

Pensar que somos de una forma y no podemos cambiarla —tener mentalidad fija— no impide que seamos ambiciosos. Hay personas con mentalidad fija en cargos de dirección y gestión. No obstante, alguien que tenga ambiciones personales pero sea de mentalidad fija presentará una mayor tendencia a querer bloquear los progresos de los demás, porque los verá como una amenaza a sus supuestas limitaciones de crecimiento y, por tanto, a sus ambiciones personales. Tengamos presente que una mentalidad fija no implica necesariamente una falta de progreso profesional ni unos malos rendimientos académicos. Es una actitud interna sobre nosotros mismos y nuestras creencias, que condiciona cómo vivimos, nos comportamos y nos relacionamos.

Por descontado, todo esto que explico es siempre una generalización, porque cada persona es distinta y existen grados muy diversos. No todo el que posea una mentalidad fija manifestará todo lo que he explicado ni lo hará en el mismo grado. Y recordemos que cabe la posibilidad de tener una mentalidad ligeramente fija para algunas cosas y más de crecimiento para otras.

Las personas con mentalidad fija tienen una visión del mundo bastante determinista. Para ellas las cosas son como son y no podemos cambiarlas. Porque piensan que ellas también son como son, sin entrever posibilidades de cambio. Esto las lleva a creer que el esfuerzo es infructuoso. ¿Por qué esforzarse si no hay posibilidades reales de cambio? Y pueden percibir el esfuerzo de los demás como una amenaza para ellas. Y he aquí el quid de la cuestión: para las personas con mentalidad fija, el esfuerzo es inútil porque las cosas, o ellas mismas, no pueden cambiar. Pero sin esfuerzo los cambios no son posibles. De esta forma se establece un círculo vicioso que se va retroalimentando. No hay cambio porque no hay esfuerzo o no está bien dirigido, y no hay esfuerzo porque no se entrevén posibilidades de cambio. Y, al final, el cambio no llega.

La mentalidad de crecimiento, llevada también al extremo, es todo lo contrario. Las personas que la manifiestan creen que la inteligencia y los talentos, y por extensión todas las habilidades y capacidades cognitivas, se pueden desarrollar, porque el potencial no nos viene determinado. Creen que pueden cambiarlo y que existe la posibilidad real de hacerlo crecer. Esto comporta que les guste aprender y que las novedades las motiven. En general les gusta asumir nuevos retos, y buscan las fuerzas internas y la ayuda necesaria para superarlos. No perciben el éxito de los demás como una posible amenaza a su progreso, sino que a menudo las estimula y las inspira para seguir progresando y creciendo. Lo viven como una oportunidad para sí mismas.

No les da miedo equivocarse. Por supuesto, el hecho de cometer errores y equivocarse genera sensaciones de incomodidad a todo el mundo, pero la gracia está en que las personas con mentalidad de crecimiento las reconducen y las convierten en una oportunidad para realizar nuevos aprendizajes. El error y la crítica se convierten en fuentes de crecimiento personal, de ahí que valoren de mucho mejor grado las opiniones y las críticas de los demás. Esto no significa que las acepten sin más, de forma acrítica, sino que les sirven para reflexionar y, a partir de estas reflexiones, seguir progresando.

Todo esto las lleva a implicarse mucho más en las actividades que realizan y en su entorno, y a perseverar a pesar de las dificultades. No se rinden con facilidad, de ahí que vayan avanzando y progresando. Ven el esfuerzo como un camino necesario hacia el cambio y, como lo creen posible, se dedican a ello con más afán, pasión, motivación, coraje y optimismo. Las guía el deseo de aprender y de sentir cómo van creciendo y desarrollándose, y sienten mucha más curiosidad por los cambios y las novedades. Esta curiosidad, sin embargo, tampoco implica que acepten los cambios tal y como son, sino que los valoran de forma crítica antes de aceptarlos y aprovecharlos. En definitiva, les da más sentido de empoderamiento sobre sí mismos, y también de libre albedrío. De ser ellos los que tienen las riendas de su propia vida. No solo son los protagonistas, sino también sus guionistas y directores.

Como he dicho al hablar de las características más habituales de la mentalidad fija, todo lo que explico sobre la mentalidad de crecimiento es una generalización, porque cada persona es diferente y existen grados muy diversos. De la misma manera que puede haber personas de mentalidad fija que tengan ambiciones personales, por ejemplo, de tipo profesional, también hay muchas de mentalidad de crecimiento que no las muestran. Porque su crecimiento puede ser únicamente interior. Como he dicho, a pesar de que en un principio Dweck analizó el tema de la mentalidad desde la perspectiva del rendimiento académico, el tipo de mentalidad acaba siendo una actitud interna sobre nosotros mismos y nuestras creencias, que condiciona nuestra forma de vivir, de comportarnos y relacionarnos. Recordemos brevemente algunas de las historias de la introducción: la chica que consideraba que si no podía estudiar Medicina ya no tenía más salida, la cual, a pesar de tener aspiraciones profesionales y sin duda un buen expediente académico, mostraba una mentalidad fija; y, contrariamente, mi abuelo, que a los noventa y nueve años estaba convencido de que podía y debía continuar aprendiendo y desarrollándose cognitivamente y como persona, para su propio disfrute.

¿Existe alguna base biológica que sustente los distintos tipos de mentalidad?

La caracterización de estos dos tipos de mentalidad, de crecimiento o fija, se ha efectuado siempre en función de rasgos psicológicos. Así es como lo hizo inicialmente Carol Dweck y como han seguido haciéndolo también sus discípulos y otros investigadores que han abordado esta temática. No obstante, hay una pregunta que, en un libro como este, resulta importante que nos formulemos. ¿Los distintos tipos de mentalidad tienen alguna base genética y neuronal? ¿Hay algún sustrato biológico que los sustente? En principio, la respuesta lógica debería ser que sí, puesto que la mente humana, nuestra psique, surge del funcionamiento del cerebro, que es un órgano biológico. Pero hay que demostrarlo. ¿Qué se sabe sobre esta cuestión?

Una primera aproximación consiste en ver si mostrar mentalidad fija o de crecimiento tiene una base genética. En el capítulo anterior hemos hablado de genética y epigenética, y de cómo influyen en nuestro comportamiento y en las habilidades cognitivas que poseemos, incluida la inteligencia. Hemos visto que hay maneras de cuantificar la influencia genética en cualquier característica mental, a través de la heredabilidad. Recordemos que la heredabilidad mide qué porcentaje de las diferencias en lo relativo a una característica determinada se debe a factores genéticos. Y el resto se debe a cuestiones ambientales, como pueden ser la educación que se ha recibido, el tipo de parentalidad (positiva o negativa) y, en general, cualquier suceso azaroso de la vida que haya quedado grabado en el cerebro.

Por ejemplo, se ha calculado que la heredabilidad de la capacidad de gestionar nuestras ideas (el control cognitivo) es del 49 %; de la perseverancia, del 37 %; de la capacidad de planificación, del 53 %; de buscar y encontrar motivaciones intrínsecas, de entre el 20 % y el 49 %, según cómo se mida; de afrontar nuevos retos, del 14 %; de mostrar coraje ante los fracasos y retos, del 37 %; de ser resilientes, de entre el 38 % en mujeres y el 52 % en hombres (podéis consultar la lista completa en la tabla 2, en el capítulo 3). Menciono estas siete características porque, de una forma u otra, están relacionadas con el tipo de mentalidad que tenemos, porque forman parte de él. Las personas que poseen una mayor capacidad de mantener el control cognitivo, perseverar, planificar, buscar y encontrar sus propias motivaciones, afrontar retos nuevos, mostrar valentía ante los fracasos y ser resilientes podrán tener más tendencia a desarrollar una mentalidad de crecimiento, puesto que son características cognitivas asociadas a ella. Y a la inversa: tener más mentalidad de crecimiento también afecta de manera positiva a todas estas características. No obstante, en el momento en que escribo estas páginas, a mediados de 2023, aún no hay ningún trabajo publicado, que yo haya sido capaz de encontrar llevando a cabo búsquedas en bases de datos especializadas, sobre valores concretos de heredabilidad del tipo de mentalidad, fija y de crecimiento.

Esto no significa, sin embargo, que el tipo de mentalidad no tenga cierta base genética. Todas las características mentales y cognitivas la tienen, y de alguna manera las que ya se han analizado, como el control cognitivo, la perseverancia, la capacidad de planificación, la capacidad de motivarse y de mostrar coraje, y la resiliencia, entre otras, así lo indican. Quizá cuando leáis estas páginas ya se disponga de este dato, porque se trata de un tema de investigación activo. No obstante, existe un dato que resulta muy revelador. Un trabajo publicado en 2016 por investigadores de las universidades de Texas e Illinois, en Estados Unidos, mostró que el tipo de mentalidad, fija o de crecimiento, se relaciona con dos características de la personalidad muy conocidas, cuya heredabilidad sí se ha calculado: la apertura a las experiencias (*openness* en inglés, idioma en que se encuentra la mayor parte de la literatura científica) y la responsabilidad (*conscientiousness*). Forman parte del sistema de los cinco grandes rasgos de la personalidad (o Big Five) del cual hemos hablado también en el capítulo 3.

La apertura a las experiencias es la tendencia a ser creativos, flexibles, curiosos y no convencionales, y la responsabilidad es la tendencia a orientar la actividad hacia objetivos deseados, y también a ser fiables y ordenados. Pues bien, la heredabilidad de la apertura a las experiencias es del 57 %, y de la responsabilidad, del 49 %. Tener mentalidad de crecimiento implica ser flexibles y curiosos, y saber orientar la actividad hacia objetivos, entre muchas otras características. Como mínimo indirectamente, no hay ninguna duda de que el tipo de mentalidad que poseemos tiene cierta influencia genética. En otras palabras, hay personas que nacen con más predisposición a tener una mentalidad fija o, al contrario, de crecimiento.

A pesar de esto, como también hemos explicado en el capítulo 3 cuando tratábamos el tema de la heredabilidad de las características cognitivas, el hecho de que ninguno de estos valores llegue al 100 % indica que los factores ambientales son importantísimos. No podemos cambiar nuestra genética, pero el ambiente sí. Como mínimo parte del ambiente depende de nosotros. No podemos modificar el ambiente que vivimos en el pasado, pero el del presente también depende en parte de nosotros, de nuestras actitudes y pensamientos.

Y eso es lo que cuenta, como veremos más adelante en este mismo capítulo. Investigadores de la Universidad de Stanford han demostrado que, por ejemplo, algunos comentarios que posiblemente todos hemos oído alguna vez sobre nosotros mismos, del tipo «te has equivocado porque estás un poco tonto», «no te preocupes por tener poco rendimiento en esta asignatura porque hay compañeros que tienen poco rendimiento en otras asignaturas» o «hay muchas personas que tienen problemas en este campo concreto pero pueden tener éxito en otros campos», tienden a favorecer que desarrollemos mentalidad fija, una tendencia que puede sumarse a la genética.

En resumen, pese a que no existen datos directos, todos los indirectos indican que poseer un tipo de mentalidad u otra, fija o de crecimiento, tiene, de entrada, cierta base genética. Y también una importante influencia ambiental. Hay personas que nacen con más predisposición para uno de estos tipos de mentalidad. Pero es una predisposición, no un determinismo, como en todas las cuestiones de heredabilidad de características mentales y cognitivas.

Ahora bien, más allá de las influencias genéticas, ¿existen diferencias neuronales entre las personas de mentalidad fija y de crecimiento? Sigamos avanzando. Hay más de dos docenas de trabajos científicos que han analizado de qué forma se correlaciona el tipo de mentalidad con la actividad diferencial de distintas zonas del cerebro. Yo mismo redacté un informe al respecto en 2020 para el International Bureau of Education de la Unesco, un organismo internacional con el cual colaboro en temas de neurociencia educativa.

A modo de resumen, las personas con mentalidad de crecimiento presentan ligeras diferencias de actividad cerebral en unas regiones muy interesantes del cerebro: el llamado «núcleo caudado», que está implicado en el valor que damos a las críticas; el estriado, que se encarga de generar sensaciones de recompensa, permite anticipar recompensas futuras y también participa en los procesos de motivación y optimismo; y la corteza prefrontal, que se halla implicada en la gestión de las llamadas «funciones ejecutivas», en especial la capacidad de reflexionar, planificar y decidir basándonos en los razonamientos previos que hemos hecho, y de valorar y gestionar nuestro estado emocional.

También se advierten diferencias de conectividad neuronal entre algunas zonas del cerebro igualmente interesantes, como por ejemplo entre la amígdala, que es la zona que genera las emociones, y el estriado, que como acabamos de decir se encarga de las sensaciones de recompensa e, indirectamente, participa en la motivación y el optimismo. También se han detectado diferencias de conectividad entre el tálamo, que se encarga de fijar la atención y de delimitar el umbral de conciencia, y la corteza prefrontal, el estriado y la amígdala, unas conexiones que de manera coordinada intervienen en aspectos del comportamiento tan importantes como el coraje, la audacia y la templanza. Fijaos en que, de una forma u otra, todos estos aspectos cognitivos, de comportamiento y de personalidad están relacionados con lo que ya hemos explicado sobre las diferencias personales entre la mentalidad fija y la de crecimiento. Y observad también que apelan tanto a aspectos emocionales como racionales, un tema que abordaremos en los próximos capítulos.

Asimismo, las personas con mentalidad de crecimiento presentan más actividad neuronal y más conectividad en otras zonas interesantes, como las denominadas «circunvolución del cíngulo anterior dorsal» y «corteza prefrontal dorsolateral». La primera está implicada en funciones cognitivas complejas, como fijar y mantener conscientemente la atención, anticipar recompensas, gestionar los impulsos cuando tomamos decisiones, detectar los errores que cometemos, gestionar el estado emocional y perseverar en las tareas que realizamos. La segunda, en cambio, está implicada en funciones ejecutivas básicas como la memoria de trabajo y la flexibilidad cognitiva. La memoria de trabajo es la capacidad de mantener y gestionar varias cosas en la memoria para priorizarlas, manejarlas, extraer conclusiones, descartarlas, etcétera. Y la flexibilidad cognitiva es la capacidad de cambiar nuestro pensamiento sobre un tema concreto de manera dinámica y fluida a medida que adquirimos nuevos datos. También incluye la capacidad de imaginar distintas opciones posibles ante una misma situación. Estas zonas del cerebro se hallan implicadas además en la capacidad de planificar a medio y largo plazo, de inhibir los impulsos irreflexivos y de hacer razonamientos abstractos.

Una explicación mecanicista que se ha dado a todos estos resultados en conjunto es que la actividad de las personas con mentalidad fija las lleva a estar más preocupadas por su rendimiento y por demostrar que no se equivocan que por ir más allá de sus límites actuales. En otras palabras, les interesa más demostrar que sirven para aquello que están haciendo que aprovecharlo para continuar creciendo personal y cognitivamente. Esto provocaría que, a la larga, su rendimiento fuese inferior, por el miedo a cometer errores y recibir críticas. O que, para mantener un rendimiento elevado, se incrementase su estrés. Del estrés hablaremos en el próximo capítulo, porque merece una atención especial.

En cambio, las personas que manifiestan mentalidad de crecimiento serían más capaces de gestionar los errores y reconvertirlos en fuente de nuevos aprendizajes, y de trabajar a partir de su motivación intrínseca. En otras palabras, el tipo de mentalidad se relaciona directamente con la forma en que percibimos las críticas que recibimos y los errores que cometemos y el valor que les damos, ya sea como punto final o como oportunidad, a través de la anticipación de recompensas, de la motivación para continuar desarrollándonos y creciendo, y de la posibilidad de ver este progreso de forma optimista. Esto repercute en el esfuerzo y el coraje, entre otros factores importantes para el desarrollo personal.

Por eso se considera que las personas con mentalidad fija tienden a evitar las situaciones en las que deben esforzarse para hacer las cosas bien. Si se equivocan o no les salen como preveían, les baja la autoestima y les aumenta la desconfianza sobre sus propias capacidades. En cambio, las personas con mentalidad de crecimiento tienden a ver los retos y las dificultades como un modo de mejorar sus habilidades y de incrementar sus conocimientos, lo cual las hace mucho más propensas a buscar experiencias que impliquen cierto grado de desafío. Podéis verlo resumido en la figura 3.

En cualquier caso, la pregunta inicial que nos hemos planteado en este capítulo sigue planeando sobre estas explicaciones: ¿el tipo de mentalidad viene dado de nacimiento o se construye con el tiempo, con los aprendizajes y experiencias que vivimos, y con cómo los vivimos? La conclusión que podemos extraer de todas estas explicaciones, quizá un poco técnicas pero que nos han permitido descubrir la investigación neurocientífica que había detrás, es que, a pesar de que hay aspectos que son genéticos y que por tanto hasta cierto punto nos vienen dados, el ambiente en el que nos educamos, incluidas la forma en que nos educamos a nosotros mismos y la forma en que educamos a nuestros hijos y estudiantes, son la piedra angular del tipo

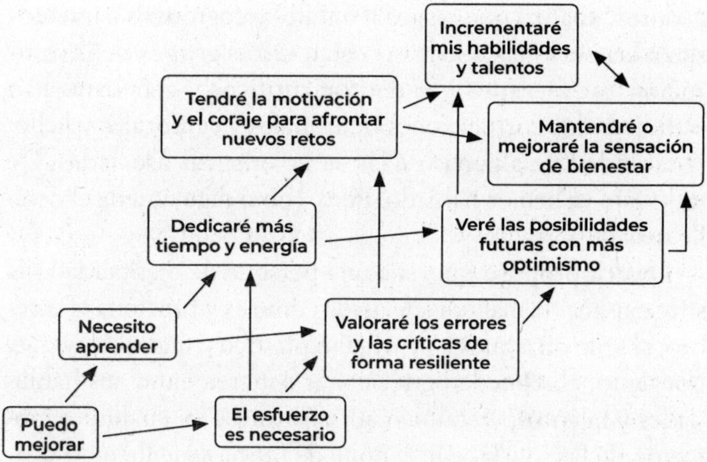

FIGURA 3. Esquema de los procesos cognitivos asociados a la mentalidad de crecimiento.

de mentalidad que poseemos. Y, en consecuencia, de la capacidad que tenemos de continuar creciendo cognitiva y mentalmente, en cualquier aspecto de nuestra personalidad. Todos tenemos una predisposición u otra, pero lo importante es que podemos hacerla virar. ¿Cómo? Hablemos de ello a continuación.

La propuesta clave sobre la mentalidad

Cuando hemos hablado de la propuesta de Carol Dweck sobre los tipos de mentalidad, hemos dejado el asunto a medias. No he dicho todo lo que había que decir. He omitido de forma expresa la parte que es posible que resulte más interesante. Ciertamente, Dweck propuso la existencia de estos dos tipos de mentalidad y, junto con otros investigadores, analizó qué rasgos mentales y cognitivos caracterizan a las personas que los poseen. Otros grupos de investigación encabezados por neurocientíficos y genetistas han estudiado las correlaciones neuronales y cerebrales y la heredabilidad de algunas de las características asociadas. De todo esto ya hemos hablado. Pero, como digo, queda el detalle más importante.

Dweck propuso que, si a una persona de mentalidad fija se le explica de manera adecuada cómo es y funciona el cerebro; si se le dice que es un órgano plástico y maleable, y que, por tanto, ella puede perfeccionar e incrementar sus habilidades y talentos, y también adquirir otros en cualquier momento de la vida; si se le expone de forma sencilla pero verídica la base neuronal sobre la que se sustentan estas capacidades, y se le demuestra de alguna manera, esa persona desarrollará —o podrá desarrollar— mentalidad de crecimiento. Pasará de mentalidad fija a mentalidad de crecimiento, con todo lo que este cambio lleva asociado en el ámbito mental y cognitivo, y por tanto también en el personal.

Es una propuesta tan interesante como arriesgada. Resulta interesante porque permitiría dar este paso a las personas de mentalidad fija, un paso que considero importante a fin de optimizar el funcionamiento del cerebro para disfrutar de una vida más plena, como dice el subtítulo del libro. Y más si tenemos en cuenta las ventajas cognitivas que, a mi parecer, representa la mentalidad de crecimiento. No solo para el desarrollo personal, sino también, sobre todo, para el bienestar que puede llevar implícito. Recordemos que la mentalidad de crecimiento actúa sobre aspectos vinculados al bienestar, como la motivación y el optimismo. Y todo esto sin tener que recurrir a creencias que se ha demostrado que no son ciertas, como por ejemplo el neuromito de que solo utilizamos el 10 % del cerebro. Ya lo utilizamos todo, pero podemos emplearlo de forma distinta.

Es, aun así, una propuesta arriesgada. Porque ¿es posible que baste con eso? ¿Tan sencillo resulta pasar de mentalidad fija a mentalidad de crecimiento? ¿Funciona siempre o existen limitaciones? Analicémoslo. Primero haremos un pequeño interludio para realizar una muestra inicial de cómo actúa el cerebro para ser plástico y maleable. Es decir, para adquirir y desarrollar conocimientos, habilidades y talentos nuevos, y para ir perfeccionándolos durante toda la vida. Y después analizaremos las críticas y las limitaciones a esta propuesta. En los próximos capítulos ahondaremos en los mecanismos que usa el cerebro para adquirir y gestionar los recuerdos, las habilidades, las destrezas y los talentos, a través de la reflexión, las emociones, la motivación, el esfuerzo, etcétera.

Este es, como veis, el apartado más breve del libro. Creo que su potencia queda resaltada por su brevedad. ¿Saber cómo funciona el cerebro y en qué se basa su plasticidad permite adquirir mentalidad de crecimiento, con todo lo que comporta?

Interludio: ¿cómo se reconstruye el cerebro? La fascinante historia de las hormigas de Wilson

Uno de los científicos más importantes de las últimas décadas ha sido el biólogo especializado en entomología Edward Wilson. En 1995 se le consideró una de las veinticinco personalidades más influyentes de Estados Unidos, y en 1996 una encuesta internacional lo situó entre los cien científicos más influyentes de la historia. Su trabajo, centrado sobre todo en estudiar las hormigas y cómo establecen sus relaciones sociales, ha sido crucial para el desarrollo y la consolidación de la sociobiología, la disciplina científica que analiza el comportamiento social de los animales desde una perspectiva evolutiva. Explora de qué manera interaccionan la biología y la genética con el ambiente, incluido el ambiente cultural y el aprendizaje, en el establecimiento de las conductas sociales de los animales, y también de las personas, en aspectos como la territorialidad, la cooperación, la agresión, los sistemas sociales, el emparejamiento, etcétera.

Hasta cierto punto, también podría extrapolarse al tipo de mentalidad, fija o de crecimiento, y a los efectos que tiene en las relaciones sociales. Esto último no lo dijo Wilson. Es una propuesta mía que lanzo por primera vez en este libro, justo aquí y ahora, basándome en lo que ya hemos explicado y lo que discutiremos en el resto del libro. El tipo de mentalidad depende en parte de ciertas predisposiciones genéticas que tienen una base evolutiva, de la cual hemos hablado en un capítulo anterior, pero también depende, de manera muy importante, de los aprendizajes recibidos y las experiencias vividas, la mayoría de carácter social. Además, como veremos, el tipo de mentalidad genera un impacto claro en la sociedad en la que vivimos y que construimos.

Wilson ha sido para mí, y desde hace muchos años, un referente y una fuente de inspiración inagotable, tanto por el rigor de sus trabajos, basados en experimentos y observaciones aparentemente sencillos pero de una gran elegancia y significatividad, como por su trayectoria vital y sus propuestas académicas, a menudo arriesgadas y avanzadas a sus contemporáneos. Una de las más conocidas es que, pese a que los hormigueros están formados por miles o decenas de miles de hormigas individuales, estas se comportan como si, en realidad, fuesen las partes constituyentes de un único y gran organismo. En este sentido, algunos de sus trabajos más destacados han permitido descubrir cómo se comunican las hormigas entre sí, a través de feromonas, para coordinar con una precisión exquisita, pero al mismo tiempo dinámica, flexible y adaptable, todas sus actividades. He hablado de ellas al principio de este capítulo, en una de las historias que he presentado para centrar el tema.

Como he explicado, las hormigas viven en hormigueros en los que hay una o varias reinas que se reproducen, unos cuantos machos que fecundan los huevos que ponen y muchísimas obreras, que son hembras estériles, aparte de otros grupos especializados, como las vigilantes y las defensoras de la comunidad. Al alba, las obreras salen a buscar comida. Al principio se dispersan de manera aleatoria en busca de alimento. Van en todas las direcciones, de forma flexible y exploradora, pero si se topan con un obstáculo que no pueden franquear, cambian de dirección. Se adaptan al entorno. Cuando una hormiga encuentra comida, vuelve al hormiguero dejando un rastro químico tras de sí, una feromona. La intensidad de esta feromona depende directamente de la cantidad y la calidad de la comida que ha encontrado. Esto permite que las demás hormigas detecten la presencia de la fuente de alimento y formen las famosas y espectaculares hileras que las caracterizan. De este modo aprovechan al máximo el alimento, y se incrementa la eficiencia del proceso.

Pues bien, nuestro cerebro se va construyendo y reconstruyendo de un modo muy similar a como se organizan las hormigas. La idea original de esta comparación no es mía, debo reconocerlo. La extraje hace un montón de años de un libro sobre la evolución del desarrollo embrionario (*Cells, Embryos and Evolution*, de John Gerhart y Marc Kirschner) que traduje del inglés al castellano (*Células, embriones y evolución*) para ganarme la vida en un momento en el que el sueldo que tenía era demasiado escaso. A veces, medio en broma, me gusta denominarlo «la hormigueante historia del cerebro». Esta similitud la encontramos tanto en el plano conceptual como también mecanicista. Empecemos por la similitud conceptual.

Del mismo modo que un hormiguero está formado por miles de hormigas individuales especializadas en tareas diferentes, pero que actúan y se relacionan entre sí como si en realidad fuesen un solo macroorganismo, el cerebro está formado por miles de millones de neuronas que se comunican y se relacionan constantemente entre sí para componer un solo órgano integrado, el cerebro. De hecho, cuando una neurona se desconecta de las demás, recibe señales químicas del entorno que le inducen lo que se denomina «muerte celular programada» o «apoptosis». Una neurona que no se relacione con ninguna otra debe ser eliminada. Deja de resultar útil a la colectividad y podría convertirse en una amenaza para el funcionamiento armónico del resto.

Se calcula que un cerebro humano adulto tiene alrededor de 86.000 millones de neuronas. Es una media aproximada, porque cada cerebro es distinto. Sin embargo, no son las únicas células que hay en el cerebro. Existen muchísimas otras que acompañan a las neuronas para alimentarlas, protegerlas y, en general, para mantener un ambiente higiénico dentro de este órgano. Son las llamadas «células gliales». Como algunas de las castas que se forman en un hormiguero, son imprescindibles para el funcionamiento del conjunto, pero no participan de las largas hileras para transportar comida. O, en el caso del cerebro, estas otras células no generan actividad mental. Sin ellas, no obstante, la actividad mental de las neuronas sería imposible.

Las células del cerebro que generan la vida mental son, como hemos dicho, las neuronas, a través de las conexiones que establecen entre sí. Hay neuronas conectadas con apenas diez neuronas diferentes. ¡Pero las hay que pueden estar conectadas con hasta diez mil neuronas diferentes! Como las hileras de hormigas, las hay que incorporan muchas más obreras que otras. Esto forma en el cerebro unas redes muy intricadas de interacciones neuronales. Además, estas no son estáticas, sino plásticas y maleables, flexibles y adaptables, motivo por el cual pueden ir cambiando con el tiempo. A continuación ahondaré en esta «plasticidad neuronal», que es como se denomina.

Hablemos un momento de la comunicación neuronal. El lenguaje que utilizan las neuronas para comunicarse entre sí es mixto, eléctrico y bioquímico. Cuando una neurona recibe un mensaje por un extremo, lo transmite al otro extremo mediante un impulso eléctrico. Entonces, para comunicarlo a la neurona o a las neuronas siguientes con las que está conectada, libera un neurotransmisor. Se trata de una molécula especializada que activa la neurona siguiente. La neurona que recibe este neurotransmisor lo interpreta y responde en consecuencia, cosa que reinicia el proceso, siguiendo las redes neuronales.

Hay dos elementos clave. Uno hace referencia a las conexiones que establecen las neuronas, a las redes neuronales que se activan en cada situación. Una misma red neuronal puede presentar más conexiones en una persona que en otra, dependiendo de lo que se haya estimulado, lo cual implicará diferencias en el aspecto mental y cognitivo que esté gestionando.

El otro elemento clave es el tipo de neurotransmisor que interviene en la comunicación del mensaje neuronal. Se han detectado más de sesenta neurotransmisores en el cerebro humano con funciones distintas, aunque a veces también parcialmente solapadas. Sin embargo, hay algo más de media docena que, aparte de ser los mayoritarios, tienen funciones clave para el funcionamiento de este órgano. En la tabla 3 encontraréis una recopilación resumida y sistematizada de estos neurotransmisores. Algunos ya los hemos mencionado, y seguiremos haciéndolo en los próximos capítulos.

NEUROTRANSMISOR	FUNCIONES PRINCIPALES
Dopamina	Motivación, optimismo, creatividad, aprendizaje, emociones, estado de ánimo, control motor, memoria, atención, sensaciones de recompensa, toma de decisiones, conductas adictivas.
Serotonina	Estado de ánimo positivo, sueño, emociones, inhibidor de la ira y la agresión, regulador de la ansiedad, el hambre y el deseo sexual. Unos niveles bajos se asocian a depresión y obsesión.
Endorfinas	Sensación de placer y calma, disminución de la sensación de dolor.
Glutamato	Memoria, excitador del sistema nervioso central y transmisión de la información sensorial, motora, cognitiva y emocional.
GABA	Atención, sueño, inhibidor del sistema nervioso central, regulador de la ansiedad.
Acetilcolina	Percepción sensorial, memoria, aprendizaje, asociación, sensación de recompensa.
Noradrenalina (o norepinefrina)	Emociones, memoria, estrés, atención, reacciones de lucha o huida, ira. Su desajuste se asocia a depresión y ansiedad.
Adrenalina (o epinefrina)	Estrés, atención, reacciones de lucha o huida.

TABLA 3. Principales neurotransmisores del cerebro humano y sus funciones más destacadas.

Hemos dicho que la similitud entre un hormiguero y el cerebro es conceptual, pero también mecanicista. Ya hemos hablado de la parte conceptual; ahora toca la mecanicista. ¿Cómo establecen nuevas conexiones las neuronas? ¿Con qué finalidad? ¿Y de qué forma las mantienen? Cuando las neuronas reciben un estímulo y se activan, inician la actividad de la red a la cual pertenecen. Pero también exploran nuevas conexiones para dar una respuesta más eficiente y adaptativa al estímulo que las ha activado. Como las hormigas, son flexibles y adaptables, y muestran un comportamiento explorador. Empiezan a emitir unas prolongaciones, «axones» en terminología neurobiológica, que equivaldrían al amanecer en el hormiguero, cuando el estímulo de los rayos solares conmina a las hormigas obreras a salir a buscar comida. Los axones van buscando por el cerebro a quién conectarse, otras neuronas activas en esa situación, para ver si su actividad conjunta permite dar una respuesta más eficiente al estímulo que las ha activado.

Sin embargo, no es del todo cierto que vayan buscando por todo el cerebro a quién conectarse. Hay regiones que se hallan vedadas a algunas neuronas. No son barreras físicas como las que pueden encontrar las hormigas, sino fronteras moleculares. Cuando el axón detecta esas zonas de exclusión mediante la presencia de determinadas moléculas, cambia de dirección y se dirige hacia otra zona. Estas zonas de exclusión aseguran que en cada etapa del desarrollo se conecten unas zonas del cerebro u otras, para que el conjunto vaya madurando adecuadamente.

Cuando una neurona que está explorando encuentra otra neurona, intenta conectarse a ella. Si la neurona que encuentra no está activa, cosa que indica que ese estímulo no la afecta en absoluto, la conexión remite y el axón busca otra neurona para conectarse a ella. Equivaldría a la hormiga que no encuentra comida y sigue buscando.

En cambio, si la neurona que encuentra está activa, la conexión se mantiene, y entonces empiezan a probar la utilidad de su relación. Esto implica directamente que un cerebro con el estímulo conveniente, que esté activo y receptivo, tendrá más neuronas activas, y por eso acabará generando más conexiones que otro que no reciba suficiente estimulación. Pero atención, mucha atención: estimular no quiere decir sobreestimular. La sobreestimulación, si se mantiene en el tiempo, genera estrés. Y el estrés tiene consecuencias muy negativas para el funcionamiento correcto del cerebro. El estrés, cuando es moderado o agudo y se cronifica, dificulta e incluso puede llegar a bloquear funcionas cognitivas tan importantes como la capacidad de reflexionar, de planificar, de decidir en función de los razonamientos previos que hemos hecho y de valorar y gestionar los estados emocionales. Dicho de otra forma, perjudica el desarrollo de las funciones ejecutivas.

Veamos un ejemplo concreto, que se utiliza a menudo para explicar que la mentalidad de crecimiento es posible. Si se conectan dos neuronas motoras que, pongamos por caso, están implicadas en el movimiento de alguna parte de nuestro cuerpo, primero prueban su relación para ver que el músculo que inervan se mueve adecuadamente y si este movimiento es útil para el conjunto del organismo. Este es el efecto, por ejemplo, del entrenamiento físico. En cualquier deporte, la práctica mejora la eficiencia de los movimientos. Por un lado, porque estimula la musculatura y hace que gane eficiencia. Por otro, porque también estimula las conexiones neuronales que actúan sobre la musculatura. Este hecho tan sencillo demuestra, de entrada, que el cerebro no es un órgano estático, sino dinámico, plástico y maleable. El entrenamiento motor le hace ganar eficiencia de funcionamiento en los procesos asociados porque estimula la conectividad neuronal en las redes que están implicadas. Las amplía, las refina y las potencia. El entrenamiento cognitivo hace lo mismo respecto a las habilidades mentales y cognitivas y sobre las formas de comportamiento.

Esta es la base biológica de la plasticidad neuronal. En otros trabajos que he realizado lo he denominado «cerebroflexia», por comparación con la papiroflexia. Del mismo modo que con una hoja de papel pueden generarse objetos muy diversos, doblándola de una manera específica, también con un mismo sustrato neuronal pueden acabar forjándose cerebros muy diversos, dependiendo de cómo hayan sido los estímulos que han recibido. Esta plasticidad es el motivo por el que el cerebro puede aprender cosas nuevas toda la vida. Es el argumento que sustenta la mentalidad de crecimiento: estímulo y acción, ya sea física o mental. Una acción que implica, como veremos con detalle en los próximos capítulos, esfuerzo, resiliencia, motivación, coraje, optimismo...

No es que tengamos un cerebro infrautilizado. Es que en cualquier situación lo podemos estimular para que adquiera un poco de eficiencia de funcionamiento que lo optimice. Un poco más, un poco más, un poco más... ¿Hasta dónde? ¿Hay algún límite?

¿Es cierto que podemos cambiar de mentalidad y que, por tanto, podemos educar nuestro propio cerebro para que siga optimizándose?

Llegamos al punto culminante de este capítulo. Discutimos, ahora, si la propuesta de Carol Dweck (que conocer el cerebro y el modo en que establece conexiones nuevas a través de la plasticidad neuronal puede conseguir que las personas con mentalidad fija pasen a tener una mentalidad de crecimiento, con todos los beneficios cognitivos y de bienestar que eso puede comportar) es cierta. Y veamos también qué limitaciones presenta. Soy consciente de que en la explicación anterior me he dejado muchas cosas por decir sobre la plasticidad neuronal y sobre aspectos clave como la motivación, el coraje e, incluso, qué entendemos por bienestar, pero es justo lo que veremos en los próximos capítulos de manera tranquila y detallada, para acabar de concretar las condiciones de esta plasticidad. Antes creo que es importante examinar hasta el final si la hipótesis de Dweck es cierta o no. Porque, si no lo fuese, no merecería mucho la pena continuar.

Este es el tema de uno de los informes que hice en 2020 para el International Bureau of Education de la Unesco, que he mencionado anteriormente. Si os interesa, podéis consultarlo porque está publicado en formato abierto (en inglés, eso sí). El informe parte de un inicio conflictivo. Ya he dicho que la propuesta de Dweck, además de interesante, era arriesgada. Para realizar este informe, leí ciento quince artículos científicos publicados sobre el tema. Ahora ya hay más de dos docenas nuevos, que también he leído. Y la primera conclusión es que...

... aproximadamente el 60 % de los trabajos que intentaban comprobar si la hipótesis de Dweck era cierta la corroboraban. Pero el resto, un 40 %, no encontraban prácticamente ninguna relación. En ciencia, esto viene a ser un empate técnico. Visto de esta forma, sin procesarlo, ninguna prueba estadística daría validez a la hipótesis de Dweck. Pero tampoco se la daría a la hipótesis alternativa, es decir, que Dweck no tenía razón y este sistema no funcionaba. ¿Funciona o no funciona? ¿Podemos dar con el quid de la cuestión?

Pese a este empate técnico, cuando se efectúa un análisis exhaustivo y detallado de todos estos trabajos (indagando, por ejemplo, qué grupo de personas se estudió en cada trabajo, qué pruebas se les hicieron y qué tests les pasaron, qué formación sobre el cerebro se les dio y de qué manera se impartió, quién les hizo esta formación, cuándo se valoraron los resultados, etcétera), se encuentran unas regularidades muy interesantes, que es lo que quiero tratar ahora. Porque nos ayudarán a dar con el quid de la cuestión.

Empecemos por el ambiente externo, esto es, por la forma en que el entorno facilita o dificulta la relación de cualquiera de nosotros con los aprendizajes y los retos. Las intervenciones sugeridas por Dweck, es decir, explicar a personas de mentalidad fija que su cerebro es plástico y maleable y que, por tanto, pueden perfeccionar las habilidades y talentos que poseen y adquirir otros nuevos, poniendo como modelo, por ejemplo, el caso del entrenamiento deportivo, son lógicamente limitadas en el tiempo. La mayoría de las explicaciones o talleres son puntuales, realizados en unas cuantas sesiones de una o dos horas de duración como máximo. El resto del tiempo, estas personas se encuentran de nuevo en su ambiente habitual. En el plano experimental este ambiente resulta muy difícil de controlar y sistematizar. Una persona de mentalidad fija que se encuentre en un ambiente donde predomine la mentalidad de crecimiento no solo lo experimentará durante estas sesiones, sino que lo percibirá en mayor o menor grado en su día a día. En cambio, si al acabar las intervenciones se encuentra en un ambiente en el que también predomina la mentalidad fija, el efecto será muy distinto.

Por ejemplo, en el caso concreto de niños y adolescentes, un trabajo publicado en 2013 por investigadores de las universidades de Texas y Stanford, en Estados Unidos, indica que la mentalidad de los progenitores afecta al modo en que se relacionan con sus hijos e hijas, y que eso condiciona su mentalidad. En uno de estos estudios detectaron que los progenitores con mentalidad fija tienden a hacer más gestos de desaprobación cuando sus hijos e hijas aprenden a hablar, a partir de los diez meses de edad. En cambio, los progenitores con mentalidad de crecimiento hacen gestos más positivos, lo cual les transmite más ánimos para continuar progresando y más sensaciones de recompensa. Estas diferencias, aparentemente sutiles, afectan a la percepción que tienen esos niños de sus propias posibilidades y de cómo pueden disfrutar de ellas. Y, de manera indirecta, también afectan a la eficiencia de posibles intervenciones posteriores para cambiar el tipo de mentalidad. Todo esto, por descontado, también nos ocurre a los adultos, a cualquier edad, dependiendo de cómo sea el ambiente en el que nos movemos. Llegar a casa o al trabajo con ganas de romper moldes y encontrarnos con un ambiente reticente a cualquier cambio, o que incluso penaliza de alguna forma las ganas de progresar, afecta a estas expectativas y, poco a poco, a nosotros mismos. Por eso he dicho en un apartado anterior que la mentalidad de crecimiento no solo nos afecta individualmente, sino que también repercute en todo el entorno en el que vivimos, en la sociedad que generamos.

Otro aspecto interesante son los estereotipos que se van transmitiendo de forma preconsciente, ya desde la primera infancia. He hablado de ellos brevemente en un apartado anterior, cuando he mencionado un par de trabajos publicados en 2018 que indican que, de media, las chicas suelen tener más mentalidad de crecimiento en lo que se refiere a las lenguas y las artes, y más fija para las matemáticas. El motivo de estas observaciones es precisamente ese, los estereotipos. Diversos trabajos han demostrado que, también de media, muchos docentes, tanto hombres como mujeres, muestran una tendencia preconsciente a mirar con más confianza a los chicos cuando resuelven bien un problema de matemáticas que a las chicas cuando lo hacen exactamente de la misma manera. Y también tienen tendencia a mirar con más apoyo a las chicas que sobresalen en artes que a los chicos que sobresalen en ello. Esta transmisión preconsciente, que proviene de lo que estos mismos docentes vieron y vivieron (de hecho, de lo que todos hemos vivido de una forma u otra cuando éramos estudiantes), afecta a la mentalidad de crecimiento. Y, en consecuencia, condiciona hasta qué punto podemos cambiarla. Por eso, para educar a los demás primero debemos ser conscientes de educarnos a nosotros mismos y evitar tanto como sea posible estos sesgos. Citando al filósofo y filólogo alemán Friedrich Nietzsche, «la educación [requiere] educadores educados ellos mismos». El hecho de que el diseño experimental tenga en cuenta o no estos sesgos del entorno contribuye a explicar que la literatura científica esté dividida en lo que se refiere a la eficacia de la propuesta de Dweck sobre la posibilidad de cambiar el tipo de mentalidad.

Contemplemos otros motivos. Otro muy lógico es que no todo el mundo tiene el mismo nivel de mentalidad fija o de crecimiento. No se trata de una división dicotómica, sino de un continuo entre dos extremos. Hay personas que muestran una mentalidad fija muy arraigada en todos o casi todos los aspectos de su personalidad, lo que provoca que las intervenciones para cambiar el tipo de mentalidad tengan un efecto mucho menor, a veces prácticamente indetectable. De hecho, muchos de los trabajos que se han publicado se hacen eco de esta realidad y dicen que en multitud de personas de mentalidad fija el cambio es pequeño. Pero eso no quiere decir que no se produzca algún cambio, y que por pequeño que sea no pueda resultar interesante, dados los beneficios cognitivos y sociales que implica la mentalidad de crecimiento.

Y aquí llegamos a los dos puntos posiblemente más sorprendentes y que pueden tener más relevancia para explicar las diferencias que se observan en la literatura científica. Y también, aún más importante para el propósito de este libro, para potenciar el cambio de mentalidad fija a mentalidad de crecimiento no solo en nosotros mismos, sino pensando sobre todo en nuestros hijos y estudiantes. Primero los enuncio y después los explico. Por un lado, en muchas personas de mentalidad fija el cambio es temporal, y al cabo de un tiempo con cierta mentalidad de crecimiento vuelven a su antigua mentalidad fija. Por otro, se ha visto que, si la persona que lleva a cabo la intervención (y explica que el cerebro es plástico y maleable, y que siempre puede perfeccionar las habilidades y talentos que posee y desarrollar otros nuevos) tiene mentalidad de crecimiento, consigue unos resultados mucho mejores que si quien lo explica es de mentalidad fija y se limita a repetir unas consignas que en el fondo no vive directamente.

Como acabamos de decir, y lo repito porque creo que es importante, distintos trabajos han demostrado que en muchas personas de mentalidad fija el cambio a mentalidad de crecimiento es temporal: después regresan a fija. Eso explica muchas de las diferencias que se observan en los trabajos científicos. Si se evalúa el cambio de mentalidad fija a crecimiento poco después de la intervención que se haya realizado, es decir, de las explicaciones o talleres impartidos, muchas personas de mentalidad fija mostrarán un cambio hacia la de crecimiento. Todas posiblemente no, porque a las mentalidades extremadamente fijas les costará mucho más el cambio, pero en la mayoría de las personas sí que se detectan diferencias. Ahora bien, si la evaluación se hace mucho después, al cabo de unos meses o un año, se ve que muchas de las personas que tenían mentalidad fija vuelven a tenerla fija. El cambio a mentalidad de crecimiento fue solo temporal. ¿A qué puede deberse y qué implicaciones tiene?

El motivo más lógico es que, cuando una persona tiene un tipo de mentalidad implantado en las conexiones del cerebro, para que el cambio sea permanente habría que reconectar muchas neuronas, y eso requiere tiempo y perseverancia. Cuanto más fija sea la mentalidad, más tiempo y perseverancia se requerirán. Y las intervenciones suelen ser limitadas en el tiempo, puntuales y concretas. También puede jugar un papel importante la genética de cada uno. Recordemos que el tipo de mentalidad no solo depende del ambiente en el que nos hayamos educado y en el que vivamos, sino también, hasta cierto punto, de nuestro genoma. Un genoma que tiende hacia la mentalidad fija favorecerá que se regrese a este tipo de mentalidad, y requerirá más tiempo y perseverancia para que el cambio cerebral a mentalidad de crecimiento sea permanente. Suponiendo que en todos los casos el cambio permanente sea posible, lo cual no está demostrado.

En cualquier caso, las implicaciones son claras. Si quiere conseguirse el cambio, muchas personas no tienen suficiente con una intervención puntual. Hay que repetirla en diferentes formatos de manera más o menos periódica. Es necesario que la persona que desee el cambio sea muy consciente de que debe repetírselo una y otra vez, que debe trabajar para mantenerse dentro de la mentalidad de crecimiento, hasta que se convierta en un hábito. En el próximo capítulo hablaremos de la conciencia y de la metaconciencia, que son dos de las habilidades cognitivas que pueden ayudarnos.

Centrémonos ahora en el segundo punto sorprendente, que también puede tener una gran relevancia desde una perspectiva educativa. Como he avanzado, se ha observado que si la persona que explica que el cerebro es plástico y maleable, y que siempre puede perfeccionar las habilidades y talentos que tiene y desarrollar nuevos, posee mentalidad de crecimiento, consigue unos resultados mucho mejores que si tiene mentalidad fija. Este aspecto es clave para los progenitores y los docentes a la hora de transmitir mentalidad de crecimiento a sus hijos y estudiantes. Si nosotros no tenemos mentalidad de crecimiento nos será mucho más difícil transmitirla. Si queremos ser eficientes estimulando una mentalidad de crecimiento, primero debemos trabajarla en nosotros mismos. Debemos estar convencidos, pero además debemos vivirla. Debe rezumar a través de nuestras acciones, nuestras miradas, nuestras palabras y nuestros gestos.

El motivo se encuentra también en nuestro cerebro, en las neuronas espejo. Ya hemos hablado de ellas al final de capítulo 1. A modo de recordatorio, se activan tanto cuando realizamos una acción como cuando observamos que la hace otro individuo. Reflejan el comportamiento de los demás como si fuese el nuestro y activan las mismas zonas del cerebro. Y, como las activan, favorecen nuevas conexiones neuronales y refuerzan las que ya tenemos. Es una manera instintiva de aprender por imitación. Tenemos neuronas espejo en zonas del cerebro implicadas en la memoria, el lenguaje, la creatividad, la gestión emocional, la empatía, el raciocinio, la motivación, etcétera. Por eso nos permiten inferir cuáles son las intenciones y emociones del resto de las personas y las motivaciones que las mueven, por comparación con las propias. Pero al mismo tiempo nos afectan. Ver a una persona desmotivada, en especial si es un referente como un progenitor, el maestro, etcétera, favorece que nos desmotivemos. De forma similar, observar una personalidad con mentalidad de crecimiento nos ayuda a vivir en nuestro interior todas las implicaciones que presenta, cosa que facilita y favorece que cambiemos, aunque sea de manera temporal, el tipo de mentalidad. Este sistema neuronal no solo nos permite aprender a través de la observación de los demás, por imitación, sino que casi nos obliga a ello, salvo que conscientemente lo hagamos de otra manera.

Las implicaciones para la educación son inmensas y justifican la gran importancia bidireccional de los modelos familiares, sociales, culturales y educativos. Estos modelos nos condicionan, y nuestra forma de vivir los condiciona a ellos. También permite comprender la dificultad que a menudo experimentamos para romper con las inercias sociales en lo relativo a comportamientos estereotipados, como los que he mencionado en este apartado, que tienen tendencia a mantenerse generación tras generación por simple imitación preconsciente.

En definitiva, si queremos tener mentalidad de crecimiento, si queremos optimizar nuestras actividades para disfrutar de una vida más plena, debemos fijarnos en personas que posean esta mentalidad. No siempre es sencillo, porque es más fácil imitar una mentalidad fija, que presenta muchas menos variaciones, que una de crecimiento, que está en crecimiento constante (valga la redundancia).

Y si queremos que nuestros hijos e hijas y nuestros estudiantes también la manifiesten, primero debemos vivirla nosotros. Este es uno de los motivos que dificultan el análisis de los numerosos trabajos que existen sobre la hipótesis de Carol Dweck. Si las personas implicadas en las intervenciones y talleres presentan mentalidad de crecimiento, los resultados son mucho mejores que si presentan mentalidad fija y lo único que hacen es reproducir unos patrones sin vivirlos ni sentirlos como algo real. En uno de estos trabajos, por ejemplo, publicado en 2021 por investigadores de las universidades de Tampere y Helsinki, en Finlandia, se constató que los docentes con mentalidad fija transmitían las ideas clave de la mentalidad de crecimiento de forma mucho más superficial, como si no acabasen de creérselo. Y eso era lo que percibían sus alumnos; las neuronas espejo se encargaban del resto.

No obstante, los trabajos que van publicándose revelan nuevas paradojas, a las cuales hay que buscar una explicación. Por ejemplo, un trabajo publicado en 2019 por una veintena de investigadores estadounidenses, entre los cuales se cuenta Dweck, demuestra, en un grupo de más de seis mil estudiantes voluntarios, que el paso de mentalidad fija a crecimiento mejora sensiblemente sus resultados académicos y las expectativas que tienen sobre su futuro. No obstante, otro trabajo publicado poco después, en 2021, también por investigadores estadounidenses, en que se compara a estudiantes de este país con estudiantes chinos revela una paradoja curiosa: de media, parece que los estudiantes chinos tienen una mentalidad más fija, pero al mismo tiempo muestran una visión más dinámica del éxito académico y de la importancia del esfuerzo.

El tema es complejo, y precisamente por eso resulta tan interesante y atractivo. Dejemos las explicaciones en este punto. En los dos últimos capítulos del libro analizaremos la importancia de la metacognición, la motivación, el esfuerzo, la resiliencia, la creatividad y la flexibilidad cognitiva en el tipo de mentalidad. Y también veremos que últimamente se han propuesto otros tipos de mentalidad, como la llamada «mentalidad estratégica». En cualquier caso, creo que queda claro que todo el mundo tiene la posibilidad de potenciar y desarrollar sus habilidades y talentos, y de tener otros nuevos. No todos podemos ser Einstein, Picasso, Mozart o Ghandi, personas en las que se han combinado muchos factores potenciadores, pero aun así podemos seguir creciendo, también en bienestar, como pronto veremos.

Como escribió el famoso médico y científico navarro Santiago Ramón y Cajal, que recibió el Premio Nobel de Medicina o Fisiología en 1906 por haber descrito por primera vez con acierto la estructura histológica de las conexiones neuronales en el cerebro, «todos podemos ser arquitectos de nuestro cerebro». Y, visto en perspectiva, yo añadiría, con humildad, que, además de poder, también deberíamos querer serlo.

En resumen

Las personas con mentalidad de crecimiento piensan que las cualidades mentales como la inteligencia, los talentos, la personalidad, la moral o cualquier otra habilidad cognitiva, como la creatividad, la perseverancia, la resiliencia, etcétera, son maleables y pueden incrementarse, a través del esfuerzo. Y actúan en consecuencia.

Las personas con mentalidad fija, en cambio, creen que las cualidades humanas se mantienen estables a lo largo del tiempo. Piensan que cada uno tiene la inteligencia o los talentos que tiene y no puede cambiarlos, como tampoco su personalidad ni cualquier otro aspecto que afecte a su psique.

Las personas con mentalidad de crecimiento presentan ligeras diferencias de actividad cerebral en unas regiones muy interesantes del cerebro que están implicadas en el valor que damos a las críticas; en la generación de sensaciones de recompensa y en la anticipación de recompensas futuras; en los procesos de motivación y optimismo, y en la gestión de las funciones ejecutivas, en especial la capacidad de reflexionar, de planificar, de decidir basándonos en los razonamientos previos que hemos hecho, y de valorar y gestionar nuestro estado emocional. También presentan diferencias de conectividad entre algunas zonas del cerebro encargadas de generar y gestionar las emociones, de fijar la atención y de delimitar el umbral de conciencia. De manera coordinada intervienen en aspectos del comportamiento tan importantes como el coraje, la audacia, la templanza y la sensación íntima de bienestar. Estas diferencias explican las ventajas cognitivas de poseer mentalidad de crecimiento.

Si bien es posible pasar de mentalidad fija a mentalidad de crecimiento conociendo cómo es, cómo funciona y cómo se construye y reconstruye el cerebro, a veces no resulta tan sencillo como podría parecer. Hay muchos factores implicados, como por ejemplo el grado de mentalidad fija que tengamos, los condicionantes ambientales y educativos de nuestra vida, los estereotipos a los cuales debamos hacer frente, la periodicidad con la que pensemos en ello y nos convenzamos de ello, el hecho de disponer de buenos modelos de mentalidad de crecimiento, etcétera.

5

Miremos al presente

De los instintos primarios a la metacognición: qué favorece y qué perjudica la mentalidad de crecimiento

Ya hemos visto qué es la mentalidad de crecimiento y qué la distingue de la fija, a muchos niveles diferentes de la función mental, cognitiva y psicológica. También en lo referente a las interacciones sociales. Hemos comentado que se refleja en algunos aspectos de la estructura y el funcionamiento del cerebro, y hemos explicado que todos los componentes cognitivos y psicológicos que intervienen en el tipo de mentalidad presentan cierta heredabilidad. Es muy probable que exista una predisposición genética; no obstante, los efectos ambientales son muy importantes. Y es aquí donde debemos poner el énfasis. No podemos modificar la genética, pero el ambiente en el que vivimos y el entorno que generamos, incluidos los pensamientos que tenemos, sí que podemos alterarlos, como mínimo en parte. El modo en que educamos a los demás y en que nos educamos a nosotros mismos repercute en nuestra mentalidad y en la que transmitimos a nuestros hijos e hijas y a nuestros estudiantes. Y también influye en la posibilidad de modificarla.

Pese a que inicialmente Carol Dweck concibió esta hipótesis para incidir en el rendimiento académico del estudiantado, también puede aplicarse a la mejora del bienestar personal, por ejemplo reduciendo el malestar psicológico y potenciando el funcionamiento social. Varios investigadores han publicado en este sentido trabajos muy interesantes que demuestran, por ejemplo, que los adolescentes que por algún motivo se sienten excluidos por su entorno de amistades y que además manifiestan mentalidad fija tienden a culparse a sí mismos de la situación. Y esto provoca que se vean abocados con más facilidad a tener síntomas depresivos o, alternativamente, dependiendo de otros factores de su personalidad, a presentar conductas violentas. En cambio, los adolescentes que manifiestan mentalidad de crecimiento saben relativizar mejor estas situaciones de exclusión social, lo cual favorece que busquen y encuentren soluciones, por ejemplo explorando ambientes que les resulten más satisfactorios. Una situación similar se da también en la juventud y la edad adulta.

Otro estudio llevado a cabo con jóvenes universitarios chinos también ha demostrado que las personas que manifiestan mentalidad de crecimiento puntúan mucho más alto en tests que detectan la percepción subjetiva de bienestar, lo cual se correlaciona con la sensación de tener una vida más plena. Por eso es importante trabajar la mentalidad de crecimiento a cualquier edad, desde la infancia, y mantener ese trabajo durante toda la vida. Porque ¿podemos hacerlo también en la edad adulta? Por descontado, y pronto os pondré algún ejemplo práctico.

Incluso se ha propuesto la existencia de otros tipos de mentalidad que interactúan con estas dos mentalidades «clásicas». Hay quien ha planteado, por ejemplo, la existencia de mentalidad positiva, de mentalidad emprendedora y de mentalidad de reto. La mentalidad positiva se define como la tendencia a centrarse en las cosas buenas en lugar de en los aspectos negativos. Las personas con mentalidad positiva suelen mostrar un carácter más optimista, manifestar más gratitud y tener más disposición a reevaluar su vida y disfrutar de las situaciones que las hacen sentir bien.

La mentalidad emprendedora, a su vez, implica experimentar sensaciones de comodidad cuando nos encontramos ante una situación que entrañe cierto riesgo. Hay que aclarar que, en este contexto, la palabra «riesgo» no tiene por qué comportar la existencia de un peligro potencial, sino sencillamente tener que tomar una decisión sin saber cuál de las opciones posibles será la óptima. Las personas con mentalidad emprendedora también se caracterizan por mostrar más capacidad creativa y de innovación, pensamiento crítico, buena comunicación y habilidades para colaborar. Y por ser flexibles y adaptables, lo que incrementa la capacidad de reconocer y valorar las oportunidades.

Finalmente, la mentalidad de reto incide en la forma en que evaluamos las situaciones para hacerles frente. Implica ver las novedades como posibles oportunidades en lugar de percibirlas como amenazas potenciales, lo que comporta manifestar más autoconfianza y capacidad de valorar los riesgos. De una u otra manera, todas estas características, o tipos de mentalidad, confluyen y quedan incluidas en la mentalidad de crecimiento. Sin duda puede resultar útil tenerlas en cuenta para interpretar toda la gama de matices que incluye esta mentalidad. Recordemos que no se trata de una situación dicotómica, de tener una mentalidad fija o de crecimiento, sino de qué lugar ocupamos —y de qué lugar queremos ocupar— entre estos dos extremos.

Existe aún otro tipo de mentalidad que se ha trabajado últimamente y que considero de especial interés, pese a que también puede incluirse dentro del amplio abanico de la mentalidad de crecimiento. Se ha denominado «mentalidad estratégica». Se define como la capacidad de plantearse las preguntas más adecuadas en cada situación para poder continuar avanzando según los objetivos que cada uno se haya marcado, con una visión realista, pero optimista, de las situaciones.

La propusieron en 2020 investigadores de la Universidad Nacional de Singapur y de Stanford, en Estados Unidos, entre los cuales se encuentra también Carol Dweck. En el primer artículo académico en el que hablan de ella ponen las siguientes preguntas como ejemplo de cuestiones estratégicas que sirven para delimitar este tipo de mentalidad:

- ¿Qué puedo hacer para ayudarme a mí mismo?
- ¿De qué otra forma puedo hacer lo que estoy haciendo?
- ¿Hay algún modo de hacerlo mejor?

Como se puede observar, todas se insertan en los aspectos generales de la mentalidad de crecimiento, dado que implican la posibilidad de avanzar en la dirección que quiera tomarse. Quien tenga más habilidad para plantearse estas preguntas y buscar respuestas, y quien manifieste más mentalidad positiva, emprendedora y de reto, sin duda mostrará una mentalidad de crecimiento más amplia y profunda.

En este capítulo quiero ahondar en todos estos aspectos para diseccionar de forma más precisa qué implica la mentalidad de crecimiento. Y, por tanto, para discutir cómo podemos educar nuestro cerebro para avanzar en este sentido. No olvidemos nunca que la mentalidad que tenemos sirve de ejemplo para nuestros hijos y estudiantes, de modo que, si pensamos que es bueno que ellos potencien su mentalidad de crecimiento, primero debemos hacerlo nosotros: educar nuestro cerebro para seguir creciendo y para ayudar a crecer a nuestros hijos y estudiantes. Antes, sin embargo, como en el resto de los capítulos, contaré algunas historias que nos ayudarán a centrar un poco más el tema.

Sopa de neuronas, estudiantes y ChatGPT

Una de las numerosas actividades profesionales que me resultan placenteras es escribir artículos de divulgación científica para algunos medios de comunicación. De media publico prácticamente uno a la semana. En torno a la mitad de ellos guardan relación con la neurociencia, pero escribo sobre muchos otros temas relacionados con la biología, como genética, zoología, ecología, fisiología, etcétera. Casi ninguno se basa en mi investigación científica, sino en investigaciones llevadas a cabo por otros científicos pero que de algún modo quedan dentro de mi ámbito de conocimiento. Creo que la divulgación científica, como también la divulgación histórica, filosófica, literaria, geográfica, etcétera, es clave para incrementar la cultura general de la sociedad, y para cobrar conciencia del mundo en el que vivimos y hacia el que nos dirigimos.

La mayor parte de los medios de comunicación en los que publico ofrecen a los lectores la posibilidad de dejar comentarios. Es un sistema muy bueno que permite la interacción entre el lector y el escritor, y sobre todo entre diferentes lectores, que pueden compartir sus opiniones, valoraciones y críticas. Buena parte de mis artículos no tienen ningún comentario, o tienen pocos. No sé si eso es bueno o malo. Fijaos en que al establecer esta dicotomía estoy incorporando la «constante macabra», que hemos tratado en uno de los primeros capítulos del libro. Lo importante es cómo valore cada uno esas críticas. De vez en cuando, sin embargo, aparece algún comentario absolutamente demoledor. De hecho, uno de los ejercicios que llevo a cabo con mis alumnos de la asignatura de Divulgación científica que imparto en el máster de Comunicación especializada de la Universidad de Barcelona consiste, precisamente, en que en un momento dado se hagan críticas despiadadas entre sí, para aprender a relativizarlas e invertirlas; para incorporar la mentalidad de crecimiento a estas situaciones y ver las críticas, también las destructivas, como una posibilidad de mejora.

A mediados de 2023, pocos días antes de empezar a escribir este capítulo, publiqué un artículo que hacía referencia a una investigación llevada a cabo por un equipo de científicos de la Universidad de Singapur sobre los efectos de las clases que se imparten a primera hora de la mañana en el rendimiento académico de los estudiantes. Una de las críticas que recibió (la única, de hecho) decía textualmente: «El inefable señor Bueno sigue con su obsesión por convertirnos en una sopa de neuronas y ahora saca un estudio de no sé dónde para decirnos que a nuestro cerebro (un personaje que no puede faltar en sus artículos) no le gusta empezar las clases a primera hora. Hace unos días también hablaba en un reportaje de TV3 de los beneficios de la lectura oral,* y le comento a mi mujer: "Espérate, que enseguida saca el escáner". ¡Dicho

* En realidad, el reportaje que menciona trataba sobre los beneficios de la lectura en voz alta en la infancia en lo que se refiere a distintos aspectos cognitivos, entre los cuales se encuentra, lógicamente, el aprendizaje de la lectoescritura, fruto de una investigación en la que había participado.

y hecho! Salió una persona a la que le hacían un escáner con el señor Bueno fascinado por los colores del cerebro del voluntario. Lo peor de todo es que creo que está colaborando con el Departamento de Educación en el nuevo currículum, recordando los tiempos del señor Cèsar Coll,* de infausta memoria y que sigue muy vivo. Pronto tendremos escáneres en todos los centros de enseñanza para comprobar las tesis de la neurociencia. Disculpad la vomitona. Me levanto todos los días a las cinco de la mañana y mi cerebro está a tope. ¡Seguro que saldría rojo en un escáner!».

Se trata de un comentario que contrasta con otras críticas que he recibido, como una que mencionaba justo al empezar el capítulo 2, que me acusaba de utilizar datos procedentes de diversas disciplinas académicas en mis estudios y propuestas, no solo de la neurociencia experimental. Decía en aquel párrafo que hay investigadores del campo de la neurociencia, y también dentro del mundo de la neuroeducación, a los que, más allá de lo que dicen los trabajos científicos basados estrictamente en la neurociencia empírica, que por exigencias del método científico se han realizado en condiciones muy controladas, les cuesta integrar otros paradigmas y caen en un cierto cientifismo. Son dos extremos —repudiar la ciencia o valorar solo los resultados obtenidos con la aplicación estricta del método científico— que forman parte de un amplio abanico de opiniones posibles y, también, necesarias. Pero que, al polarizarse, caen en la dicotomía de la constante macabra. Precisamente, un trabajo publicado a mediados de 2023 por psicólogos

* El doctor Cèsar Coll es especialista en psicología evolutiva y de la educación. Intervino de forma relevante en la planificación teórica de la reforma educativa de 1990, y ha sido consultor de diversos ministerios de Educación en países de América Latina.

sociales de las universidades de Róterdam y Utrecht, en los Países Bajos, identifica el pensamiento dicotómico como una de las causas que pueden afectar de forma negativa a la gestión emocional y la reflexividad, porque elimina los matices. Más adelante, en este capítulo, veremos la importancia de estos procesos cognitivos, la reflexión y la gestión emocional.

Otra de las historias que quiero contar en primera persona para centrar aspectos de este capítulo hace referencia a una conferencia que he estado años impartiendo en la Universidad Autónoma de Barcelona. Era la conferencia inaugural del máster de Formación del profesorado de secundaria y bachillerato, en la que explicaba a los estudiantes y a algunos docentes que también asistían la importancia de valorar aspectos de la neurociencia educativa para entender mejor los procesos de transmisión del conocimiento. Hacía un énfasis especial en la relevancia de establecer un vínculo emocional de confianza con los estudiantes desde el primer momento. En una de aquellas conferencias (no recuerdo con exactitud el año, pero sería en torno a 2016), mientras explicaba la importancia del apoyo emocional, oí como una chica de veintipocos años que estaba sentada en la segunda fila del salón de actos, es decir, justo delante de mí, le soltaba con tono airado a la compañera que tenía al lado: «¡Sí, encima tendremos que preocuparnos por nuestros alumnos!».

De vez en cuando pienso en ello y me pregunto qué percibirán los estudiantes del centro educativo en el que trabaja si sigue transmitiendo esa despreocupación, que raya en el rechazo e incluso la hostilidad. Recordemos el efecto de las neuronas espejo; hemos hablado de ello en un par de ocasiones y volveremos a hacerlo. Si no transmitimos un interés genuino por nuestros hijos y estudiantes, ¿cómo queremos que se interesen por ellos mismos, por lo que hacen y lo que pueden hacer? Si no tenemos un interés genuino por dirigir nuestra propia vida, ¿cómo podemos transmitirlo? Porque ¿puede haber una mentalidad de crecimiento genuina si no nos preocupamos por lo que pensamos y por lo que ocurre a nuestro alrededor? ¿Puede haberla sin metacognición, y sin un equilibrio dinámico entre emocionalidad y racionalidad? También hablaremos de ello en este capítulo.

Y una última historia para concluir este apartado, en este caso fruto de mi curiosidad. Mientras escribía los primeros capítulos del libro se puso de moda el ChatGPT. Imagino que sabéis qué es, pero, por si acaso, diré que es un programa informático basado en el diálogo. Se presentó en noviembre de 2022 y enseguida llamó la atención por su facilidad de uso y, sobre todo, por las respuestas tan detalladas que ofrece. Detalladas, pero no siempre correctas, pues a menudo contienen errores. El formato de diálogo en que se presenta permite que responda a preguntas de seguimiento, que admita errores y que desafíe premisas incorrectas. Y también que rechace solicitudes inadecuadas. Pues bien, se me ocurrió preguntarle si «él o ella» tenía mentalidad de crecimiento (le hice esta pregunta el 8 de mayo de 2023). Aquí tenéis su respuesta:

DB ¿Tú tienes mentalidad de crecimiento?

Como inteligencia artificial, no tengo una mente ni una personalidad propias, ya que soy un programa creado para proporcionar respuestas e información. No obstante, mi programación y funcionalidad se basan en el aprendizaje continuo, la mejora y la adaptación, lo que en cierto modo podría considerarse una forma de «mentalidad de crecimiento». Mi objetivo es ser capaz de proporcionar la mejor información y ayuda posible a través del aprendizaje automático y la inteligencia artificial, y por eso siempre estoy en evolución y mejora continua.

Aprendizaje, mejora, adaptación, evolución, objetivos... Su respuesta incluye algunos de los elementos que debemos seguir tratando para profundizar en nuestra capacidad de educarnos a nosotros mismos.

Historias de tropiezos o cuando tropezarse puede contribuir al éxito

Una vez oí que Xavier Masllorens, presidente del Institut Català Internacional per la Pau, contaba la historia siguiente:

> Había una vez un ciego que pedía limosna en la calle con un cartel en el que ponía: «Soy ciego, necesito ayuda». Poca gente se paraba a darle una moneda, hasta que pasó una persona, especialista en comunicación, que le pidió permiso para modificar el texto del cartel. Lo hizo, y a continuación todo el mundo se paraba y le daba dinero. Lo que decía el cartel llegaba al corazón de la gente: «Hoy es primavera... y no puedo verla».

La forma en que decimos las cosas, y cómo nos las decimos a nosotros mismos, esto es, qué dirección toman nuestros pensamientos, tiene una importancia crucial en cómo nos percibimos y cómo percibimos el entorno. Uno de los mensajes posiblemente más terribles que pueden transmitirse relacionados con la mentalidad de crecimiento es: «Si quieres, puedes». La probabilidad de que quieras y no puedas es muy real, y a menudo muy alta, y puede llevar a sentimientos de fracaso y de frustración difíciles de superar. Podemos querer muchas cosas, pero quizá no podamos hacerlas. Yo quizá querría ser un biólogo tan observador, perspicaz y rompedor como lo fueron, pongamos por caso, Charles Darwin o Edward Wilson (el especialista en sociobiología del que he hablado), pero no lo soy. Seguramente mis condicionantes genéticos y la educación que he recibido y que me he dado a mí mismo no me permitirán nunca llegar a estas cotas, pero eso no significa que no pueda ser más observador de lo que soy ahora, incrementar mi perspicacia o arriesgarme a ser más rompedor. De la misma manera que muy posiblemente ahora lo soy un poco más que hace unos años, por el simple hecho de que he trabajado para incrementar estas características mías, puedo continuar desarrollándolas en el futuro. Aquí es donde radica el aspecto clave de la mentalidad de crecimiento.

Repito: no se trata de pensar o decir «Si quieres, puedes», sino de estar convencidos de que «aunque aún no, voy avanzando; no sé si llegaré al final, pero seguro que seguiré avanzando». En cierto modo es lo que explicaba en una de las tres historias que presentaba en la introducción del libro, donde hablaba de mi afición a la montaña, a recorrer caminos por valles y cimas. Lo que importa no es llegar a la cima, pese a que siempre hace mucha ilusión conseguirlo. Lo que importa es disfrutar del trayecto viendo que, a cada paso que das, estás un poco más cerca. Y también, siempre que sea posible, disfrutar del camino con los compañeros de salida. Además, tiene relación con el verso del poema de Martí i Pol que he incluido al final del epílogo con el que he empezado el libro: «que todo está por hacer y todo es posible». Es un verso muy inspirador, sin duda, poéticamente muy potente. Pero en nuestros aspectos cognitivos, no todo está por hacer ni todo es posible. La mentalidad de crecimiento implica asumirlo de forma realista, pero teniendo presente que, aunque no todo esté por hacer ni todo sea posible, siempre hay cosas que hacer y siempre hay más posibilidades de las que con frecuencia imaginamos.

Os propongo un juego que demuestra lo que estoy explicando, pero tendremos que modificar ligeramente las normas que lo rigen. Se llama torre de Jenga. Es un juego de habilidad creado por la diseñadora británica Leslie Scott a finales de la década de los setenta. Primero hay que construir una torre con cincuenta y cuatro bloques de madera. Todos tienen las mismas dimensiones, pero presentan pequeñas imperfecciones aleatorias que suman dificultad al juego y por tanto suponen un desafío mayor para los jugadores. Una vez montada, la torre de Jenga tiene dieciocho pisos formados por tres piezas de madera en cada piso (imagen 2).

IMAGEN 2. La torre de Jenga durante el juego.

Una vez que se ha erigido la torre, el juego consiste en que cada jugador saque una pieza de madera siguiendo un orden predeterminado sin que la torre caiga. La pieza que se saca se pone en lo alto. Esto hace que vaya ganando altura y que, al mismo tiempo, la estructura sea más inestable. Cuando uno de los participantes, al sacar una pieza de madera y añadirla en lo alto, provoca que caiga la torre, es eliminado. Y el juego vuelve a empezar con una torre nueva hasta que solo queda un jugador, el ganador. Cada vez que jugamos vamos adquiriendo habilidades y lo hacemos mejor, cosa que se inserta en la mentalidad de crecimiento. Pero con eso no basta, pues de este modo siempre hay un ganador y muchos «perdedores», que quedan eliminados, sin posibilidad de reincorporarse al juego hasta que se declara un ganador absoluto y la partida puede volver a empezar.

Para potenciar la mentalidad de crecimiento y entender de manera práctica muchos de los aspectos que la conforman a través de la torre de Jenga, se ha propuesto una modificación de estas reglas. Empezamos igual, construyendo la torre. Y, siguiendo el orden de jugadores que hayamos establecido, vamos sacando las piezas de madera, de una en una. Pero, en lugar de apilarlas en lo alto de la torre, las colocamos al lado y, al tiempo que desmontamos poco a poco la torre original, vamos construyendo otra. Tarde o temprano, es fácil que la torre se desmorone, pero el juego aún no se ha acabado, no hay ganadores ni perdedores. Todos seguimos jugando con la torre que hemos construido al lado. El «fracaso» de que la torre se haya desmoronado da paso automáticamente a un nuevo inicio, a un nuevo aprendizaje. «Todavía no se acaba; puedo seguir avanzando».

¡Y podemos potenciarlo aún más! Podemos cortar tiras de papel y escribir en ellas varios desafíos que dificulten aún más el juego. Cada jugador, cuando llegue su turno, deberá coger una de las tiras de papel y seguir las instrucciones, como, por ejemplo: «Utiliza solo la mano no dominante», «Saca y coloca el bloque utilizando únicamente el meñique y el pulgar», «Retira y coloca el bloque manteniéndote en equilibrio a la pata coja», «Contén la respiración mientras retiras y colocas el bloque», etcétera, simulando las distintas habilidades que tiene cada persona en cualquier aspecto de su vida. Aunque estas instrucciones lo dificulten, la certeza de seguir mejorando con el entrenamiento y el esfuerzo es muy evidente.

Por cierto, ¿sabéis por qué se llama torre de Jenga? *Jenga* es una palabra suajili que quiere decir «construir». Leslie Scott, la inventora de este juego, pasó buena parte de su infancia en África, en varios países en los que un gran número de habitantes tienen el suajili como lengua materna. El juego de palabras es evidente: tarde o temprano la torre se cae, pero con esta acción seguimos construyendo.

Seguro que todos conocemos o hemos oído historias de personas que han superado obstáculos aparentemente insalvables por el hecho de haber tenido una actitud positiva o mentalidad de crecimiento. Una de las que me viene a la cabeza es la de Michael Jordan. Considerado uno de los mejores jugadores de baloncesto de todos los tiempos, tuvo que enfrentarse a dificultades serias para conseguir ser un profesional del baloncesto. Fue expulsado del equipo del instituto Laney, en Wilmington (Carolina del Norte), donde estudiaba, porque el entrenador consideró que era demasiado bajo para jugar en el equipo. Este acontecimiento, que podría haber sido traumático, se convirtió en un punto de inflexión en su vida. En lugar de centrarse en el rechazo, se motivó para trabajar de firme y demostrar su valía como jugador, superando obstáculos hasta convertirse en una de las grandes leyendas del baloncesto. Aunque mucha atención. El mensaje no es «Si quieres, puedes». El mensaje debe ser, por un lado, que si no lo intentas seguro que no puedes. Y, por otro, que si lo intentas de verdad seguro que progresas y llegas más lejos de donde estás ahora.

De cualquier modo, las anécdotas no hacen la ciencia, pese a que a menudo sirven para estimular las investigaciones científicas o entender mejor qué significan los resultados que se obtienen. Existe una investigación sobre las consecuencias de los fracasos que resulta especialmente pertinente e ilustrativa en esta cuestión. Como dijo el médico y bioquímico norteamericano Robert Lefkowitz, que ganó el Premio Nobel de Medicina o Fisiología en 2012 por sus trabajos sobre la forma en que algunas células se envían mensajes, «la ciencia es un 99 % de fracasos, y eso siendo optimista». La investigación que quiero mencionar fue realizada por investigadores norteamericanos y chinos en 2019. Examinaron la progresión profesional de más de mil científicos desde sus inicios profesionales, cuando pidieron la primera financiación, hasta la época en la que se consideraba que ya deberían haberse estabilizado, quince años más tarde. En concreto, seleccionaron a investigadores que habían conseguido su primera beca por los pelos, porque sus méritos académicos estaban justo por encima del valor de corte, y también a aquellos que habían quedado excluidos por muy poco, porque la puntuación correspondiente a sus méritos estaba justo por debajo del valor de corte. De esta forma se aseguraban de que entre ellos no había grandes diferencias académicas, de modo que el hecho diferencial principal era haberse encontrado, o no, con un tropiezo al principio de su carrera profesional.

Algunos de los que no habían conseguido la financiación se plantaron y no volvieron a intentarlo. Es decir, no persistieron, al menos en este aspecto profesional. Otros, en cambio, continuaron intentándolo, trabajando sus puntos débiles y potenciando los fuertes. Con esta lista de más de mil científicos en la mano, buscaron cuál era su situación profesional quince años más tarde. El año de inicio lo marcó 1990, y el de finalización, 2005. Muchos de los que habían conseguido la beca desde el principio seguían dedicándose a la ciencia, pero unos cuantos habían cambiado de profesión. Por descontado, los que no habían conseguido la beca y no habían persistido tampoco estaban dentro del mundo de la ciencia. En cambio, prácticamente todos los que no habían conseguido la beca la primera vez pero que se habían mantenido firmes, trabajando sus habilidades y potenciando sus aptitudes y conocimientos, hasta lograr financiación, prácticamente todos, repito, seguían dedicándose a la ciencia. Y no solo eso, y esta es la parte más interesante de este trabajo: la mayoría de estos investigadores que habían sufrido un tropiezo al inicio de su carrera científica habían superado profesionalmente a sus compañeros y compañeras que sí que lo habían conseguido a la primera.

Cuando leí este trabajo enseguida pensé en una posible explicación: la mentalidad de crecimiento. Los que no habían conseguido la beca de entrada pero se habían mantenido firmes creciendo cognitivamente, habían demostrado que manifestaban mentalidad de crecimiento. Posiblemente muchos de los otros, los que sí que habían conseguido la beca, también la tenían, pero era muy probable que también los hubiera con mentalidad fija. Como hemos dicho en el capítulo anterior, tener mentalidad fija no implica que no puedas ser muy bueno profesionalmente e incluso que no quieras sobresalir dentro de tu profesión, sino que afecta a la capacidad de progresar por simple motivación intrínseca. Y, de forma indirecta, a muchas otras funciones psicológicas vinculadas al optimismo y al bienestar. Aquí encontramos otro de los efectos perniciosos de la sobreprotección: dificulta que los hijos y los estudiantes acepten el fracaso. Si se produce deben percibirlo, pero deben encontrarnos a su lado para darles apoyo emocional. No para sacarles las castañas del fuego y resolver su situación, sino para que se sientan acompañados y valorados mientras lo hacen ellos. Lo mismo podemos aplicarnos a nosotros mismos si nos sobreprotegen o nos sobreprotegemos.

Cuando empecé mi tesis doctoral, en 1989, el jefe del grupo en el que estaba me dijo que la carrera de los científicos se parecía a una carrera de resistencia con obstáculos. Visto en perspectiva, ahora que han pasado más de tres décadas, lo matizaría diciendo que la carrera de un científico, como en muchas otras profesiones y también en todos los aspectos vitales, se caracteriza por avanzar a pesar de los obstáculos, o quizá incluso por progresar gracias a los obstáculos. Pensarlo de esta manera me resulta muy emocionante.

La emoción de emocionarse, pero cuidando del estado emocional

Hablemos de las emociones. Empezaremos diciendo que forman parte de las conductas más instintivas que podemos tener. Por eso este capítulo se titula «De los instintos primarios a la metacognición». Os propongo un símil. Imaginad que vais en bicicleta. Si os preguntase cuál de los tres componentes siguientes es más importante, los pedales, los frenos o el manillar, ¿cuál diríais?

¿Ya lo habéis pensado? ¿Quizá los pedales, para poder avanzar cuando no haya bajada? ¿Los frenos, para detener la bicicleta cuando haga falta o disminuir la velocidad en las pendientes pronunciadas? ¿El manillar, para dirigirla hacia donde queráis y esquivar los obstáculos? Debo deciros que es una pregunta con trampa. Si contestarais que los frenos porque permiten controlar la velocidad y detener el vehículo para evitar incidentes, yo os contestaría que los pedales son más importantes, porque en una subida, si no pedaleamos, nos quedaremos parados y no podremos seguir avanzando. U os contestaría con el mismo convencimiento que lo más importante es el manillar, para recorrer las curvas del camino y esquivar los obstáculos. Y viceversa si decís primero los pedales o alternativamente el manillar. Porque en realidad los tres elementos son igual de importantes, necesarios y cruciales para una buena marcha. Pero su importancia relativa depende de cómo los usemos a cada instante y de cómo los combinemos y gestionemos de manera dinámica para mantener una marcha ágil, segura y en la dirección que nos hayamos marcado según las condiciones que nos encontremos. Lo mismo podríamos decir de las emociones, del razonamiento o la reflexividad, de la motivación, el optimismo y la metacognición. Al fin y al cabo, ¿qué es más importante?

Las emociones son patrones de comportamiento que se desencadenan de forma automática y preconsciente ante cualquier situación que comporte un cambio en el *statu quo* del momento, muy en especial si este cambio implica la existencia de posibles amenazas u oportunidades, con independencia de que sean físicas o sociales, reales o simplemente imaginadas. Es un sistema automatizado que permite generar reacciones rápidas cuando hay una urgencia y debemos ser raudos en la respuesta. Cualquier respuesta reflexiva y razonada siempre es más lenta que una respuesta emocional y, si hubiese una urgencia real, muy a menudo no llegaríamos a tiempo. Esta es la función biológica de las emociones, y aquí es donde radica su importancia.

La parte del cerebro especializada en generar las emociones es la amígdala. Tenemos dos, una en cada hemisferio cerebral, pero actúan de manera coordinada, y por eso en neurociencia las nombramos siempre en singular. Forman parte de un grupo más amplio de estructuras neuronales que contiene el cerebro y que en conjunto se denominan «sistema límbico». El sistema límbico está implicado en la formación de la memoria, las emociones, la motivación, distintos aspectos de la conducta, el aprendizaje, la iniciativa y la supervivencia del individuo. Además de la amígdala encontramos el estriado, que se encarga de generar sensaciones de recompensa y de anticipar recompensas futuras; el tálamo, implicado en la atención automatizada y en definir el umbral de la conciencia, y el hipocampo, que gestiona los recuerdos y la memoria (figura 4).

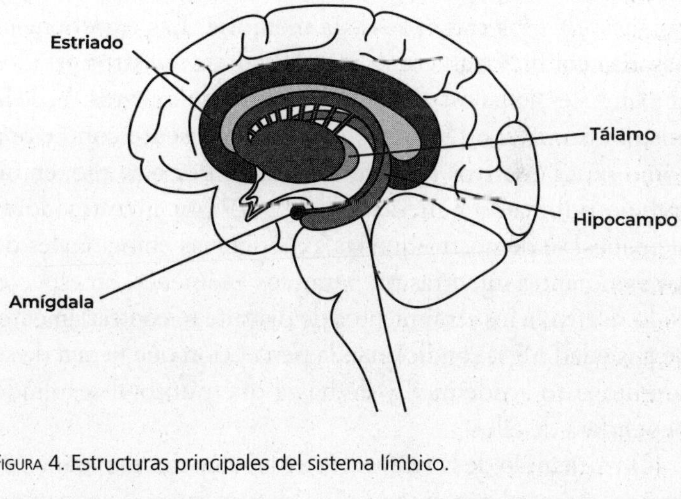

FIGURA 4. Estructuras principales del sistema límbico.

No existe consenso sobre cuántas emociones diferentes podemos tener, ni sobre cómo clasificarlas. El principal problema es lingüístico: cómo expresar en palabras unas respuestas de comportamiento automatizadas y que, además, se desencadenan de manera preconsciente. Es todo un reto, como ya podéis imaginaros. Por eso el tema de las emociones me resulta tan apasionante.

Primero hay que distinguir entre emociones y sentimientos. Ya hemos explicado qué son las emociones: patrones de conducta que se desencadenan de manera preconsciente ante una situación que requiera una respuesta urgente. Los sentimientos, en cambio, son la racionalización y la verbalización que hacemos de las emociones una vez que cobramos conciencia de ellas. Los sentimientos ya no son primarios, sino que influyen en ellos los elementos culturales y educativos de cada uno, y también las vivencias y las experiencias pasadas. No en vano, la amígdala se encuentra al lado del hipocampo, que gestiona los recuerdos y la memoria. Las experiencias pasadas condicionan cómo interpretamos nuestros estados emocionales actuales, cómo vivimos los sentimientos. Y, de la misma forma, el estado emocional del presente condiciona cómo serán nuestros recuerdos futuros. Por ejemplo, en un trabajo publicado a mediados de 2019 por investigadores alemanes, se demostró que las experiencias emocionales de los estudiantes mientras preparan los exámenes, en especial en lo relativo a los sentimientos de disfrute o, contrariamente, de ansiedad o ira, condicionan la percepción que tienen de su rendimiento académico y de hasta qué punto el resultado dependerá de ellos.

Otro ejemplo de la relevancia de las emociones pasadas en cómo vivimos el presente y enfocamos el futuro lo encontramos en la nostalgia. Se define como el sentimiento de pena o melancolía que aflora cuando hemos perdido algo, tanto si es material como psicológico, o cuando estamos lejos de nuestros vínculos familiares o afectivos, y a menudo va acompañada de la idealización de aquello que se querría recuperar. Es una experiencia emocional común y universal, con un componente social muy fuerte. Un trabajo publicado a mediados de 2020 por investigadores de Dakota del Norte, en Estados Unidos, señala que la nostalgia, cuando no implica un sentimiento exagerado de tristeza, activa la motivación hacia estados afectivos, comportamientos y objetivos que mejoran nuestra vida futura a través de nuestras reflexiones sobre experiencias pasadas satisfactorias. Es, por tanto, una experiencia emocional del presente, basada en el pasado, pero claramente orientada hacia el futuro. Dependiendo de cómo sean las experiencias pasadas en las que nos vemos reflejados, viviremos el presente y orientaremos el futuro de un modo u otro.

Volvamos a la pregunta inicial. ¿Cuántas emociones podemos tener? Una de las clasificaciones más completas, establecida por uno de los grandes referentes mundiales en educación emocional, el psicopedagogo Rafel Bisquerra, señala la existencia de más de quinientas emociones diferentes. Tengo una anécdota muy emocionante (valga la redundancia) con Bisquerra. Cuando empecé con mis trabajos sobre el tema de las emociones vinculadas a los aprendizajes, ya conocía los de Bisquerra, que por edad (es unos quince años mayor que yo) llevaba tiempo trabajando en ello y ya era todo un referente. Él también había leído alguno de mis trabajos iniciales cuando nos conocimos en persona. Fue en el aeropuerto de Barcelona, mientras subíamos por la escalerilla de un avión que debía llevarnos a los dos a un congreso en Mallorca. Previamente no nos habíamos visto nunca en persona, pero nos reconocimos, nos acercamos y, sin decirnos nada, nos dimos un abrazo.

Existen otras clasificaciones que identifican más de cuarenta emociones distintas, muchas menos que Bisquerra. Por orden alfabético son el aburrimiento, la aceptación, el afecto, el agradecimiento, la agresión, la ambivalencia, el amor, la ansiedad, la apatía, la compasión, la confusión, la culpa, la depresión, el dolor, la duda, la empatía, la envidia, la esperanza, la euforia, el éxtasis, la frustración, el hambre, la histeria, el horror, la hostilidad, el interés, el lamento, la lástima, el menosprecio, la nostalgia, el odio, el orgullo, la paranoia, el perdón, el placer, la rabia, el remordimiento, la simpatía, la soledad, el sufrimiento y la vergüenza. También hay distintos trabajos publicados entre 2005 y 2017 que identifican la existencia de entre veintidós y veintisiete expresiones emocionales diferentes que podemos poner con la cara y que cualquier persona reconoce de la misma forma, con independencia de su cultura. Este hecho indica que su origen es biológico, aunque podamos magnificarlas u ocultarlas según los convencionalismos sociales de cada cultura.

Con todo, para simplificar se habla con frecuencia de seis emociones básicas y transversales, a partir de las cuales surgen las demás, combinándolas en distintos porcentajes y grados (tampoco en esto existe un acuerdo global; otros investigadores hablan de ocho emociones básicas). Las seis de las que hablaré a continuación son el miedo, la ira, el asco, la tristeza, la sorpresa y la alegría. La nostalgia, por ejemplo, nace de la combinación de la tristeza por la pérdida que percibimos con la alegría que nos genera recordarlo, salpicada de la motivación que, como se ha demostrado, se activa en ese estado emocional cuando el componente de tristeza no es exagerado. A su vez, la motivación se sustenta en la curiosidad, la vertiente agradable de la sorpresa.

Las emociones son clave para la supervivencia, ya que constituyen un mecanismo de respuesta rápida ante cualquier situación que lo requiera, e implican acciones diversas. De hecho, etimológicamente la palabra «emoción» proviene del término latín *emotio*, que está compuesto por el verbo *movere*, que significa «moverse», y el prefijo *e-* o *ex-*, que significa «retirarse de un lugar». «Emoción» significa, literalmente, «hacer mover de un lugar a otro». Los romanos ya dedicaron una gran atención al tema emocional, como queda reflejado en muchas de sus obras artísticas (imagen 3).

IMAGEN 3. Imágenes de expresiones emocionales grabadas en el techo de una tumba romana del siglo II a. C. Fotografías del autor.

Imaginaos que, ahora que estáis leyendo este libro, oís un ruido muy fuerte detrás de vosotros, de manera inesperada. Un ruido fuerte e inesperado puede indicar la presencia de una amenaza, motivo por el cual la amígdala se activará rapidísimo. Es muy posible que inicie la emoción de miedo, y todo vuestro cuerpo se sacudirá como si intentaseis huir. El miedo es la emoción que nos impulsa a huir o a escondernos de una amenaza para protegernos de ella. Si la amenaza es real y no podemos huir, rápidamente la amígdala cambiará la emoción de miedo por otra, la ira. La ira también se desencadena ante una posible amenaza, cuando no podemos huir de ella, e implica la manifestación de comportamientos de agresividad defensiva como mecanismo de autoprotección.

El asco o aversión, en cambio, es la emoción que nos lleva a un rechazo físico o moral de las cosas o las situaciones que consideramos sucias, peligrosas o desagradables. Está presente en todas las culturas y, aunque posee un componente cultural y social altísimo, parece tener como origen el instinto de alejarnos de alimentos contaminados y productos no comestibles. De ahí que nos lleve a escupir cualquier comida en mal estado, para no enfermar, o que de manera instintiva nos alejemos de las zonas que huelen mal o que visualmente identificamos como posible fuente de contaminantes, físicos o morales, también para protegernos.

En cuanto a la tristeza, es la emoción que nos ayuda a superar los golpes emocionales que hayamos sufrido para que podamos volver a empezar. Es clave para estimular la resiliencia y superar la sensación de fracaso. Vendría a ser como la tirita adhesiva estéril con la que nos cubrimos una herida para protegerla. Evita que se infecte y ayuda a que cicatrice más rápido. La tristeza hace justo lo mismo. Por eso cuando estamos tristes nos encerramos en nosotros mismos y bajamos el ritmo de actividad. Dejamos espacio para la recuperación. Dejar fluir la tristeza, sin embargo, no implica recrearnos en esta sensación. Recrearnos en ella y alargarla sería el equivalente de retirar la tirita cada día y rascar la costra de la herida para evitar que cicatrizara.

La sorpresa es la emoción que nos activa ante una situación inesperada, y nos energiza literalmente para poder valorarla y afrontarla. Y, finalmente, la alegría es la emoción que transmite confianza, en nosotros mismos y en los demás. La alegría como estado emocional no significa ir de fiesta o de jolgorio, sino simplemente mantener la autoconfianza y mostrar confianza en las situaciones que se producen y en las personas que nos rodean. Por eso, cuando por ejemplo subimos a un autobús, al tren o al metro, y tenemos que escoger un lugar para sentarnos, preferimos estar al lado de personas que se muestran alegres y no airadas. La alegría transmite confianza, mientras que la ira comunica sensaciones de amenaza. Y lo mismo ocurre cuando tenemos que escoger a un compañero o una compañera para hacer un trabajo.

Emociones y supervivencia están absolutamente vinculadas, y eso tiene consecuencias muy importantes en educación. El cerebro interpreta cualquier aprendizaje con componentes emocionales como clave para la supervivencia. Lo almacena mejor y, sobre todo, permite que después se utilice con más eficiencia. Podemos aprender sin emocionarnos, por descontado que sí, pero las emociones convierten el proceso de aprendizaje en más eficiente.

Ahora bien, las emociones no son todas equivalentes. Emocionarse puede resultar muy estimulante, pero debemos velar por nuestro estado emocional, ser conscientes de él y gestionarlo. Fijaos en una cosa. De las seis emociones básicas que he mencionado, hay cuatro y media que generan sensaciones incómodas, y solo una y media que resulten placenteras. No debemos olvidar que la función biológica de las emociones es generar respuestas rápidas ante situaciones urgentes, y que muchas de estas situaciones pueden comportar elementos amenazadores. El miedo, la ira, el asco y la tristeza generan sensaciones incómodas. Ya tenemos cuatro incómodas. La sorpresa es ambivalente. Puede ser una sorpresa que genere incomodidad, o que resulte agradable, como por ejemplo la que surge de la curiosidad. Solo la alegría, entendida como confianza, comporta siempre sensaciones agradables. Como decía, de las seis emociones básicas, cuatro y media resultan incómodas y solo una y media agradables. Cada emoción tiene su campo de acción y todas son cruciales, pero no equivalentes. Más adelante veremos cómo influye el estado emocional en la mentalidad de crecimiento, que no olvidemos que es central para optimizar el funcionamiento del cerebro y nuestros pensamientos, para disfrutar de una vida más plena.

Para acabar este apartado hay que decir que, cuando la amígdala, y en conjunto todo el sistema límbico, pone en marcha un estado emocional, automáticamente informa a otra zona del cerebro, la corteza prefrontal, que es donde se encuentran las redes neuronales que nos permiten reflexionar, planificar, decidir de acuerdo con nuestros razonamientos previos y, también, gestionar el estado emocional (figura 5). Esto permite que cobremos conciencia de la emoción desencadenada y de la acción emprendida. Y, si es necesario, facilita que la reconduzcamos. Esta es la principal diferencia entre las personas impulsivas y las reflexivas: la facilidad con que se dan cuenta de sus emociones, de las acciones que han emprendido y de la facilidad con que pueden reconducirlas. En la comparación con la que he empezado este apartado, las emociones y la capacidad de gestionarlas forman parte de los distintos elementos de la bicicleta: los pedales para impulsarla, los frenos para detenerla y el manillar para dirigirla. Pero atención, porque se nos ha olvidado otro elemento interesante: el sillín, que es el que nos permite circular tan cómodos como sea posible. Hablaremos de ello más adelante, en el próximo capítulo, cuando distingamos entre felicidad y bienestar.

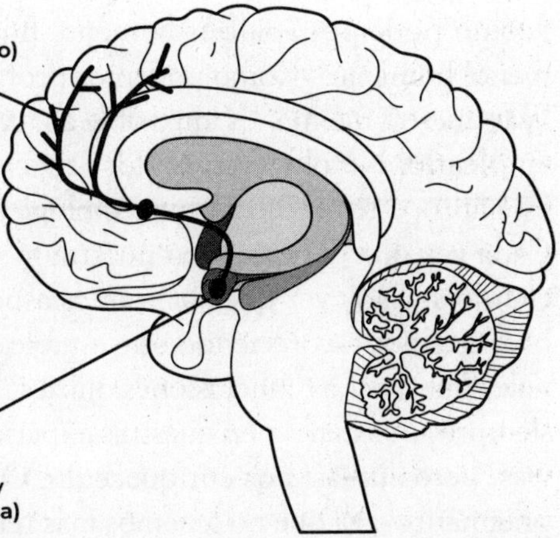

FIGURA 5. Relación funcional entre el sistema límbico y la corteza prefrontal para cobrar conciencia de los estados emocionales y gestionarlos.

Pensemos en cómo pensamos: la metacognición como contrapoder

Hablemos ahora de una de las cuestiones más complejas, y al mismo tiempo aún más desconocidas hoy en día, de la neurociencia cognitiva, pero que de todos modos resulta sumamente relevante para el tema central de este libro. ¿Hasta qué punto somos capaces de explorar nuestra propia mente? Es un tema que, en lo que se refiere a la investigación científica, y más en concreto a la filosofía de la ciencia, presenta una paradoja muy interesante. La filosofía de la ciencia es la rama de la filosofía que estudia la validez de los enunciados científicos y analiza si se adecuan a la realidad. La paradoja es que, para ser precisos, en investigación científica cualquier objeto o fenómeno debe analizarse desde fuera del sistema que se quiere investigar, para no interferir en él. Ahora bien,

¿cómo podemos analizar la mente humana sin utilizar una mente humana? ¿Cómo podemos profundizar en ella sin utilizar nuestra mente? Es imposible analizar nuestro cerebro sin emplearlo. No obstante, en los aspectos que abordamos en este libro, este problema epistemológico se nos vuelve a favor. Cada vez que pensamos en nuestra mente, estamos enriqueciéndola. Cada vez que analizamos aspectos de nuestro cerebro, estamos favoreciendo que establezca conexiones neuronales nuevas. Las conclusiones quizá sean sesgadas, dado que siempre se sustentan en nuestras experiencias y creencias previas, pero aun así nos enriquecerán. O, siendo un poco más pragmáticos: ya que no tenemos más remedio que hacerlo así, aprovechemos las ventajas que eso comporta.

Os propongo una pequeña encuesta que nos permitirá centrar mejor el tema. No hace falta que contestéis; solo leed los diferentes ítems y valoradlos vosotros mismos. Permitid que vayan resonando en vuestro interior.

1 = Nunca 2 = Raras veces 3 = A veces 4 = A menudo 5 = Siempre	
Sé reconocer cuándo entiendo algo	1 2 3 4 5
Sé cómo aprender cosas nuevas cuando lo necesito	1 2 3 4 5
Sé qué esperan mis compañeros de mí	1 2 3 4 5
Aprendo mejor cuando ya sé algo sobre el tema	1 2 3 4 5
Cuando acabo el trabajo, me pregunto si he hecho lo que quería	1 2 3 4 5
Pienso en distintas maneras de resolver las situaciones con las que me encuentro y después escojo la que me parece mejor	1 2 3 4 5
Pienso qué necesito antes de empezar una tarea	1 2 3 4 5
Voy preguntándome de vez en cuando cómo me está saliendo la tarea que estoy haciendo	1 2 3 4 5
Presto mucha atención a lo que creo que es más importante	1 2 3 4 5
Aprovecho mis puntos fuertes para compensar los débiles	1 2 3 4 5

Utilizo diferentes estrategias en función de la tarea que debo llevar a cabo	1 2 3 4 5
De vez en cuanto compruebo que acabaré el trabajo a tiempo	1 2 3 4 5
Después de acabar una tarea me pregunto si había alguna manera más fácil de hacerla	1 2 3 4 5
Planifico y decido qué debo hacer antes de empezar una tarea	1 2 3 4 5

Fuente: Encuesta modificada de R. A. Sperling y colaboradores (2002), diseñada inicialmente para valorar el grado de maduración de la metacognición en estudiantes.

Supongo que os habéis fijado en que todas estas preguntas están relacionadas con la capacidad de pensar en nosotros mismos y en nuestros procesos de pensamiento. Esta capacidad se denomina «metacognición», y actúa como contrapoder de la impulsividad emocional. He escogido la palabra «contrapoder» para indicar que las emociones, como son impulsivas, se manifiestan con mayor rapidez que la conciencia, la reflexión y la metacognición, que son de procesamiento más lento para el cerebro. Textualmente, «contrapoder» implica un «poder que intenta contrarrestar al poder establecido». Y la reflexividad y la metacognición actúan sobre unas emociones ya constituidas, que han empezado a manifestarse.

La metacognición se define como la capacidad cognitiva que permite pensar y reflexionar sobre los propios pensamientos y los propios procesos de pensamiento. Esto incluye las respuestas emocionales que se han producido o que se están produciendo, hecho que implica poder monitorizar de manera consciente la propia actividad cognitiva durante el proceso de pensamiento. Sin esta capacidad, la gestión de los estados emocionales no sería posible. Integra distintos factores, entre los cuales destacan la capacidad de reflexionar sobre las capacidades propias y el grado de conocimiento alcanzado; la de percibir la dificultad de las tareas que realizamos, tanto en lo referente al contenido como a la duración; la de planificar y utilizar estrategias para adquirir nuevos conocimientos y habilidades a partir de los que se tienen, de manera conscientemente buscada, y la de distinguir entre las valoraciones correctas e incorrectas que hacemos de cualquier situación. También incluye la autoevaluación y la valoración del *feedback* recibido; la selección de las mejores estrategias ante cualquier situación; estar alerta a qué hay que aprender y perfeccionar dependiendo de los objetivos que establecemos en relación con el entorno; el seguimiento reflexivo de los conflictos internos y externos; saber regular y dosificar los esfuerzos, y gestionar el estado emocional inhibiendo, cuando sea necesario, los impulsos primarios. Algunos de estos temas los abordaremos más adelante, en este mismo capítulo y en el siguiente, dada su relevancia.

El estudio de la metacognición no es una cuestión nueva dentro del mundo de la ciencia y la filosofía. Desde que Aristóteles hizo un primer análisis filosófico al respecto en su obra *De Anima*, hace unos dos mil cuatrocientos años, se ha discutido mucho sobre qué implica mental y cerebralmente, y aún no hay una definición consensuada por todos los investigadores. Una de las dificultades radica en que no resulta nada fácil medir el nivel de metacognición. Las preguntas que habéis encontrado al comienzo de este apartado nos permiten pensar y reflexionar sobre algunos de los aspectos relacionados con ella, pero no proporcionan un dato estadísticamente válido, pues las respuestas dependen, como mínimo en parte, de la subjetividad de cada uno. Una persona con poca capacidad metacognitiva puede pensar, por ejemplo, que planifica y decide muy bien antes de emprender una tarea, pero quizá solo ha sido capaz de tener en cuenta una única alternativa, por lo que la decisión que tome se centrará solo en si la utiliza o no. Otra persona, en cambio, quizá haya pensado en distintas alternativas, lo que convierte la distinción en más compleja. La flexibilidad cognitiva, que discutiremos en el próximo y último capítulo, desempeña un papel muy importante en esta cuestión, en la capacidad de pensar en distintas alternativas ante una misma situación y poder cambiar la línea de los pensamientos a medida que van produciéndose los acontecimientos.

En el cerebro, utilizando diversos métodos de rastreo y registro de la actividad neuronal, se ha constatado que la metacognición utiliza las redes neuronales de la corteza prefrontal, la circunvolución del cíngulo anterior, el giro parahipocampal, el precúneo y la ínsula (figura 6). Dicho así quizá no signifique gran cosa para la mayoría de los lectores, pero la función de estas zonas en el conjunto del cerebro es muy reveladora.

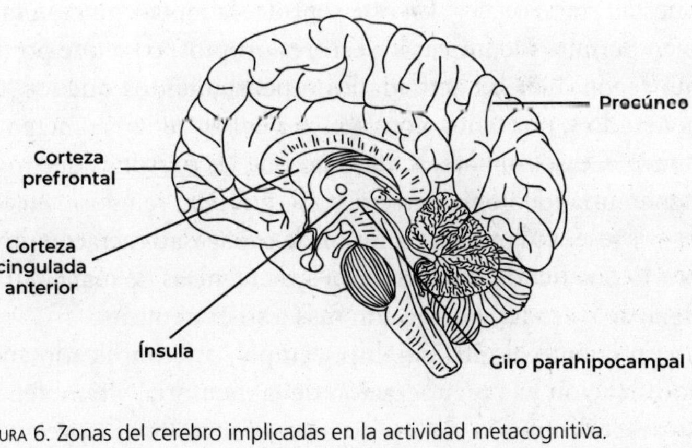

FIGURA 6. Zonas del cerebro implicadas en la actividad metacognitiva.

La corteza prefrontal contiene las redes neuronales implicadas en la capacidad de reflexionar conscientemente, de planificar de manera racional, de decidir de acuerdo con los razonamientos previos y de gestionar los estados emocionales. Ahí es nada. Va madurando de manera progresiva con la edad, y durante la adolescencia pierde temporalmente eficiencia de funcionamiento. Sin embargo, hay una condición que puede llegar a bloquear su funcionamiento, o como mínimo a disminuir su eficiencia: el estrés, en especial cuando es moderado o agudo y se cronifica. El estrés, por tanto, ya de entrada disminuye todas estas capacidades cognitivas y nos dificulta pensar en nosotros mismos y las situaciones que nos rodean.

La circunvolución del cíngulo anterior, a su vez, está implicada en la detección de errores, incluidos los de comportamiento. También permite anticipar las tareas que debemos llevar a cabo y, por tanto, contribuye a la planificación, centra la atención de forma consciente y voluntaria, y participa en la motivación intrínseca y en la modulación de las respuestas emocionales. En este sentido, la metacognición también permite identificar los errores propios, cosa que posibilita reconducir las actividades o pensamientos que los han generado y, por tanto, contribuye a evitar que se cometan de nuevo. Curiosamente, se ha visto que las personas que mantienen una ideología extremista —política, religiosa, etcétera— presentan un nivel inferior de capacidad metacognitiva, por lo que tienden a aferrarse a sus creencias de manera irreflexiva. Y eso las vincula aún más a su extremismo.

En cuanto al giro parahipocampal, está implicado en la codificación y la recuperación de la memoria, y también en la descodificación de los contextos sociales. El precúneo también se halla implicado en la memoria —en especial en relación con el procesamiento visuoespacial— en la capacidad de reflexionar sobre nosotros mismos y en diversos aspectos de la conciencia. Y, finalmente, la ínsula tiene un papel importante en la toma de decisiones, el procesamiento emocional y la atención. Fijaos en que, de una u otra forma, todos estos aspectos están relacionados entre sí y con la metacognición. Pensar acerca de los pensamientos propios y de los mismos procesos de pensamiento es tomar conciencia realista de las capacidades personales, de los objetivos vitales y de la capacidad de ir avanzando, regulando los esfuerzos, el comportamiento y los estados emocionales, incluyendo una visión optimista, pero de base realista, basada en la motivación intrínseca. Metacognición y mentalidad de crecimiento están relacionadas. Por tanto, para trabajar la mentalidad de crecimiento, hay que hacerlo también desde la metacognición.

En clave educativa, el desarrollo y la maduración de la metacognición implican un incremento progresivo de la capacidad de planificar el futuro; de seleccionar las estrategias más apropiadas y los recursos necesarios para ejercer una labor; de monitorizar el desarrollo de las tareas para reconducirlas cuando sea necesario, y de evaluar el producto final y la eficiencia con la que se ha llevado a cabo una tarea, lo que comporta la posibilidad de incluir la reevaluación de las estrategias utilizadas.

Hay distintos aspectos colaterales que se relacionan con la metacognición y que merece la pena mencionar, aunque sea de forma más breve. Por un lado, no se restringe solo a uno mismo, sino que se expande hacia el entorno. Ser consciente de las capacidades propias y de la posibilidad de crecimiento implica también reconocer las capacidades de los demás y sus posibilidades de crecimiento. Nos formamos y crecemos en relación con los demás, aprendiendo de ellos y con ellos.

Como decía en el capítulo 1, se trata de aprender a vivir juntos y aprender juntos a vivir.

En este sentido, se ha comprobado que la forma en que nos tratamos a nosotros mismos tiene un impacto muy profundo en nuestros hijos e hijas y, por extensión, hasta cierto punto, también en nuestros estudiantes. A través de la acción de las neuronas espejo, de las cuales hemos hablado en capítulos anteriores, imitamos lo que vemos alrededor. Por eso la única manera de transmitir con eficiencia la mentalidad de crecimiento, y ahora añado también la única manera de transmitir capacidades metacognitivas, es trabajándolas y viviéndolas en primera persona.

Por otro lado, la metacognición, como la mentalidad de crecimiento, no se correlaciona directamente con el cociente de inteligencia. Ser muy inteligente o, dicho con más propiedad, contar con un valor de cociente de inteligencia muy alto no implica tener más capacidad metacognitiva o de mentalidad de crecimiento. Pero quien posea y desarrolle estas dos características podrá crecer también en inteligencia, o en cualquier otra capacidad cognitiva, con independencia de cuál sea el punto de partida. O quizá deberíamos decir «crecer en sabiduría». Porque sabiduría no significa inteligencia, ni inteligencia significa sabiduría. No es solo el yo: es la relación del yo con los demás y con el entorno. Se denomina «sabiduría relacional».

Permitidme una pequeña disquisición que creo que viene muy al caso de lo que estamos tratando. Se dice que vivimos en la sociedad de la información y que está transmutándose en la sociedad del conocimiento. La información es la posesión y la transmisión de datos, normalmente aséptica. El conocimiento, en cambio, implica comprender y analizar de forma crítica, es decir, reflexiva, la información, para generar argumentos que nos permitan decidir, planteando buenas preguntas y contrastando la información. El conocimiento permite averiguar la «verdad», sabiendo que no es estática, que siempre es matizable y que está en constante evolución. Pero la metacognición nos abre la puerta a otro aspecto, la sabiduría, que hay que entender como la capacidad de analizar el conocimiento para plantearnos qué merece la pena hacer, qué queremos hacer individual y colectivamente, también en sentido ético y moral. El objetivo, creo, y es una opinión subjetiva, y por tanto criticable, es que deberíamos querer ser personas sabias en una sociedad sabia, no solo informadas y con conocimientos. En cualquier caso, sin mentalidad de crecimiento difícilmente podremos pasar de la información al conocimiento, y sin conocimiento no llegaremos nunca a la sabiduría.

La primera espada de Damocles: la indefensión aprendida

Las explicaciones anteriores pueden llevar a pensar que existe una vía directa para ir construyendo una mentalidad de crecimiento, con las ventajas personales que comporta. Una vía compleja pero directa. Sin embargo, lo cierto es que existen muchos senderos que pueden poner trabas en ella. Veamos los más importantes, en este apartado y en el siguiente, en lo que me gusta denominar «las espadas de Damocles».

Damocles fue un magnate de Siracusa, en Sicilia. Coetáneo de Dionisio el Viejo, un tirano que reinó en dicha ciudad hace unos dos mil cuatrocientos años, es conocido por la anécdota que lleva su nombre: la de la espada de Damocles. Según se cuenta, Damocles consideraba que Dionisio el

Viejo era feliz gracias a su riqueza y poder, pero lo criticaba por sus gustos suntuosos. Un día, el tirano de Siracusa le invitó a un banquete con todo tipo de lujos, placeres y lujuria, pero justo encima del trono en el que hizo sentarse a Damocles ordenó que colgaron una espada sostenida tan solo por un pelo de crin de caballo. Una vez sentado bajo la espada, le invitó a juzgar si aquello era la felicidad. La espada representaba el peligro constante que debe afrontar quien posee riqueza o poder, representados por el banquete y los placeres. De este hecho surgió la expresión «la espada de Damocles», que se utiliza para aludir a la existencia amenazadora de un peligro persistente.

La emocionalidad y la racionalidad son dos aspectos complementarios de una misma realidad, como la espada que cuelga de un pelo de crin y los placeres que Dionisio el Viejo preparó para Damocles. A menudo los percibimos como aspectos opuestos, pero debemos considerarlos como dos elementos indispensables que actúan de manera sinérgica, y que aun así, de vez en cuando, o quizá a menudo, también pueden funcionar de manera contrapuesta, en un equilibrio inestable. Como la espada que Damocles tenía justo encima de la cabeza.

También la mentalidad de crecimiento, tal y como la hemos definido y explicado, con las ventajas mentales y cognitivas que comporta, se encuentra bajo unas espadas de Damocles que amenazan constantemente con caer. Hablaremos ahora de tres de los factores que pueden poner en riesgo la mentalidad de crecimiento, para ver después de qué manera nos afecta el equilibrio entre los aspectos emocionales y reflexivos de nuestra conducta. Hablaremos de la indefensión aprendida, del efecto Pigmalión y de la procrastinación.

La indefensión aprendida es un fenómeno psicológico en el que una persona desarrolla una actitud de pasividad e inhibición ante situaciones aversivas o dolorosas que percibe como incontrolables e inmodificables. Puede parecer una situación muy extrema o poco habitual, pero es más frecuente de lo que pensamos. De hecho, me atrevería a decir que todos tenemos aspectos de nuestra personalidad que de una u otra manera se basan en situaciones de indefensión aprendida. Fijaos en que una de las palabras clave de esta definición es «inmodificable», lo cual sitúa este fenómeno psicológico como antagónico de la mentalidad de crecimiento. Por eso es una de sus espadas de Damocles.

La primera persona que la estudió de forma científica fue el psicólogo norteamericano Martin Seligman en 1967. Inicialmente trabajó con perros, que también muestran este fenómeno. En uno de los experimentos que llevó a cabo, utilizó tres grupos de perros de la misma raza, a los que mantenía atados con correas. A los perros del grupo 1 no les hacía nada más; servían de control. Los perros de los grupos 2 y 3, en cambio, de vez en cuando recibían una descarga eléctrica, de manera aleatoria. Por motivos evidentes, en muchos países este experimento estaría prohibido en la actualidad, pero en 1967 estaba permitido.

Ahora vienen las diferencias. Los perros del grupo 2 tenían una palanca que podían empujar con la pata y que hacía que la descarga eléctrica se detuviera. Los del grupo 3, en cambio, no podían hacer nada para detener la descarga. También tenían una palanca, pero no estaba conectada al circuito eléctrico y, por tanto, por mucho que la empujasen, no detenía la descarga. Fijaos en la diferencia crucial entre los perros de los grupos 2 y 3. Los del grupo 2 percibían que el estímulo doloroso era controlable y modificable, con la palanca que podían empujar. Tenían control sobre el estímulo doloroso. Los del grupo 3, en cambio, lo percibían como incontrolable e inmodificable. Para ellos, el dolor era inevitable.

Tras varias sesiones realizadas en estas condiciones, trasladaron a los perros de los tres grupos a una habitación con dos compartimentos rectangulares, separados por una barrera de un par de palmos de altura. Es decir, que los perros podían superarla muy fácilmente de un pequeño salto. El compartimento donde los dejaron tenía el suelo de metal, y cuando los investigadores querían, también les provocaba una descarga eléctrica. El compartimento de al lado, al cual podían acceder con suma facilidad, no generaba descargas eléctricas. Todos los perros podían escapar del choque eléctrico saltando al otro lado del habitáculo.

Después de las primeras descargas eléctricas, los perros de los grupos 1 y 2, que nunca habían recibido ninguna descarga (grupo 1, el de control) o que sí la habían recibido pero habían podido detenerla con una palanca (grupo 2), enseguida vieron que podían escapar del dolor saltando por encima de la separación para ir al otro lado de la habitación. En cambio, la mayoría de los perros del grupo 3, que en la primera parte del experimento habían aprendido que nada de lo que hiciesen detenía la descarga eléctrica, se limitaban a quedarse quietos, sin intentar huir del dolor de la descarga. Disculpad la crudeza de lo que diré a continuación, pero cuentan que algunos de los observadores presentes quedaron muy afectados al ver que lo único que hacían los perros del grupo 3 era encogerse y gemir de dolor. Indefensión aprendida en toda su intensidad y dureza. Habían aprendido que no tenían ningún control sobre esta situación aversiva y ya ni siquiera intentaban huir de ella.

Desde entonces se han llevado a cabo multitud de experimentos para ver hasta qué punto puede llegar el comportamiento de indefensión aprendida, no solo en animales sino también, de manera muy especial, en personas. Trasladándolo a ejemplos de la vida cotidiana, la indefensión aprendida se adquiere con una facilidad y una rapidez extraordinarias, y puede encontrarse en situaciones muy diversas: en la violencia de género y en la familiar, hacia los hijos o hijas; en el acoso laboral o escolar, y en muchas relaciones cotidianas. Puede aparecer en cualquier ámbito de la vida y a cualquier edad.

En estudios realizados en contextos educativos, se ha comprobado que basta con que un docente corte en seco y con rudeza la pregunta de un estudiante para que dicho estudiante y muchos de sus compañeros dejen de hacer preguntas y se resignen en silencio, aunque quizá no entiendan alguna o muchas de las cosas que les explica el profesor y tengan derecho a preguntar. Se trata de indefensión aprendida, y la encuentro a menudo en mis clases. Me gusta plantear retos a mis estudiantes antes de explicarles los conocimientos básicos, para estimularlos y que busquen respuestas más allá de sus conocimientos. Las primeras veces que lo hago, nadie dice nada, por ese miedo a equivocarse y que de alguna manera el docente les eche la bronca o se mofe de lo que están diciendo. Y precisamente lo que busco es que se equivoquen, para aprovechar los errores como fuente de contraste con el fin de que adquieran nuevos conocimientos.

Por eso no debe sorprendernos que una persona que está siendo acosada pueda pasar mucho tiempo sin contarlo, y a menudo no es ella misma quien lo destapa, sino alguien de su entorno. Con haberse visto acosada un par de veces, ya puede haber adquirido la indefensión aprendida. Lo mismo podemos decir en relación con la mentalidad de crecimiento. Basta con que nos hayan dicho algunas veces «tú no sirves para esto, dedícate a otra cosa» para que realmente adquiramos mentalidad fija respecto a esa cuestión. Quizá en eso, sea lo que sea, no tenemos tanta habilidad como otros, pero si invertimos dedicación y esfuerzo, seguro, repito, seguro que mejoraremos. En eso consiste la mentalidad de crecimiento.

Las principales consecuencias asociadas a la indefensión aprendida son un incremento de la probabilidad de tener síntomas depresivos, ansiedad y pérdida de autoestima. Afecta a tres ámbitos cognitivos clave de los cuales hemos hablado y seguiremos hablando: el motivacional, el emocional y el cognitivo. En lo que respecta al primero, se produce una disminución progresiva de las respuestas voluntarias. Nos dejamos llevar por la inercia del entorno pensando que simplemente no podemos hacer nada para cambiarlo. También aparecen alteraciones emocionales y cuesta más gestionarlas. Y finalmente podemos llegar a percibir que somos incapaces de afrontar o resolver los problemas.

No obstante, se ha visto que no todo el mundo desarrolla la indefensión aprendida con la misma facilidad, y que sus efectos también pueden variar. Depende, por un lado, de condicionantes genéticos. Ya hemos hablado en un capítulo anterior de la heredabilidad de las características psicológicas y cognitivas. Pero, por otro lado, muy importante, también depende de cómo nos percibimos a nosotros mismos y en relación con el entorno, lo cual viene condicionado directamente por la educación recibida y por cómo continuamos educándonos a nosotros mismos. La mentalidad de crecimiento contribuye a limitar los efectos de la indefensión aprendida, ya que nos alienta a superar las situaciones adversas y favorece la motivación y el optimismo.

¿Puede revertirse esta indefensión aprendida? Sí, pero no es tan sencillo como adquirirla. Ya lo estudió Seligman con los perros de sus experimentos. Para revertir la indefensión aprendida de los perros del grupo 3, que recordemos que son los que habían aprendido que no podían hacer nada para escapar de las descargas eléctricas, los investigadores debían cogerlos por las patas y moverlos personalmente, replicando las acciones que el perro debía llevar a cabo para escaparse de la zona de choques eléctricos, hasta que lo aprendían. Debían vencer la apatía que la indefensión aprendida les había generado. Probaron otras formas de estimularlos, desde premios y demostraciones de cómo debían hacerlo hasta amenazas, pero ninguno de estos otros métodos tuvo efecto sobre la indefensión aprendida. Por eso también cuesta tanto revertir estas situaciones en las personas. No puede explicarse, no puede enseñarse. No sirve de nada dar premios para revertir la situación, y aún menos reprender, «a ver si espabilan» (como he oído decir, tristemente, alguna vez). Debe vivirse, debemos vivirlo.

También se han llevado a cabo experimentos con personas. En uno de estos trabajos se pidió a un grupo de voluntarios que hiciesen una serie de tareas mentales mientras de fondo se oía un sonido molesto. Las personas que sabían que podían apagar el sonido obtuvieron mejores resultados en las tareas mentales encargadas, a pesar de que la mayoría no se levantaron para apagarlo. En este caso entra en acción la metacognición. Parece que en las personas el hecho de tener la noción de que podemos apagar el sonido, o en general de que existe la posibilidad de escapar de los efectos aversivos o dolorosos de una situación, puede contrarrestar de forma parcial las consecuencias de la indefensión aprendida. De ahí que, para perdurar, las sociedades autoritarias, que penalizan la disidencia necesiten actuar periódicamente de manera punitiva y aleatoria contra algunos de sus miembros, para mantener la sensación global de indefensión aprendida, como hacía Seligman con los perros del grupo 3. Si me permitís el comentario, que es el mismo que hice en la conferencia inaugural del año judicial en Cataluña en 2019 ante una nutrida representación de jueces y fiscales, este es el efecto que, de modo consciente o no, provocan algunas actuaciones policiales y judiciales cuando penalizan al azar a algunas personas de un grupo más amplio: generar indefensión aprendida. Extrañamente, me aplaudieron.

En cualquier caso, los estudios en neurociencia indican que la indefensión aprendida produce cambios tangibles en la configuración de distintas redes neuronales, algunas de ellas de la corteza prefrontal. Este hecho permite explicar que la indefensión aprendida limite la capacidad de reflexión y de gestión emocional sobre la situación que la ha generado, y también que dificulte tomar decisiones razonadas (como, por ejemplo, escapar de la situación aversiva). También produce cambios neuronales observables en el hipocampo, lo que altera los recuerdos y facilita que aceptemos la situación. Finalmente, también se han visto cambios importantes en otra zona del cerebro denominada *locus coeruleus*. Se trata de una región anatómica del tronco encefálico, la zona que une el cerebro a la médula espinal, que se sabe que está implicada en la respuesta al pánico y al estrés, y que también se halla alterada en situaciones de estrés postraumático. Asimismo, se altera la producción del neurotransmisor serotonina, que está implicado en el estado de ánimo. En definitiva, explica los cambios de comportamiento asociados a la indefensión aprendida.

Incluso se ha demostrado que se producen modificaciones epigenéticas específicas, que, como hemos mencionado en el capítulo 3, sirven para regular el funcionamiento de los genes. En este caso afectan entre otros al denominado BDNF (*brain-derived neurotrophic factor*, o «factor neurotrófico derivado del cerebro»), cuya función consiste en estimular las neuronas para que establezcan nuevas conexiones, para almacenar aprendizajes, experiencias y recuerdos nuevos. La indefensión aprendida limita, por tanto, la capacidad de continuar aprendiendo y creciendo, y en consecuencia afecta negativamente a la percepción que tenemos de nuestra mentalidad.

Para acabar, solo diré que, por sus efectos, la indefensión aprendida va justo en el sentido contrario a la resiliencia, de la cual hablaremos en el próximo capítulo. Ya tenemos la primera espada de Damocles, que desde nuestro pasado puede estar influyendo en nuestra mentalidad del presente, limitando la de crecimiento. Pero existen otras. Veámoslas.

Más espadas de Damocles: el efecto Pigmalión y la procrastinación

Según la mitología griega, Pigmalión fue un rey y sacerdote de Chipre. Dicen que también era un escultor magnífico, tan bueno que su obra superaba incluso a la de Dédalo, el célebre constructor del laberinto de Creta en el que el rey Minos quería encerrar al Minotauro. Según cuenta el poeta romano Ovidio en su libro *Las metamorfosis*, Pigmalión quería por esposa a una mujer que cumpliese su ideal de belleza perfecto, pero no la encontró. Por eso decidió no casarse y dedicar todo su tiempo y amor a la creación de estatuas. Así fue como acabó esculpiendo la estatua de una joven a quien llamó Galatea, tan bella y perfecta que se enamoró perdidamente de ella. Un día, llevado por el amor que sentía por su estatua, soñó que esta cobraba vida. Cuando se despertó, en lugar de la estatua de Galatea, se encontró a Afrodita, la diosa del amor, la belleza, el placer, la pasión y la fecundidad, quien le dijo: «Te mereces la felicidad, una felicidad que tú mismo has plasmado. Aquí tienes a la reina que has buscado. Quiérela y defiéndela del mal». De esta forma la estatua de Galatea se transformó en una mujer real, Pigmalión se casó con ella y tuvieron una hija.

Este mito también ha dado nombre al efecto Pigmalión, muy estudiado en pedagogía pero que en muchos aspectos puede aplicarse también a otros ámbitos. Se trata del mecanismo psicológico por el cual las expectativas que una persona tiene respecto a otra pueden influir en su rendimiento. Estas expectativas pueden incidir en cómo se comporta, cosa que, a su vez, afectará a su desarrollo. El efecto Pigmalión se relaciona con la denominada «profecía autocumplida».

Consiste en una predicción que, una vez realizada, se convierte en la motivación principal de la acción que se quiere llevar a cabo, lo cual favorece que se haga realidad a través de los comportamientos destinados a conseguirla. Por ejemplo, si estamos en el trabajo desarrollando un proyecto con compañeros y compañeras y uno dice, con convencimiento: «Imposible, mañana no lo habremos acabado y perderemos el contrato», puede llevarnos a todos al desánimo, lo que hará que bajemos el rendimiento y que, por tanto, al día siguiente no hayamos acabado. También puede ocurrir justo lo contrario, que el comentario nos estimule y aumente nuestro coraje, cosa que provocará que aumente nuestro rendimiento y quizá lo acabemos a tiempo. En este caso será una profecía autofrustrada. Pero, en cualquiera de los dos casos, la predicción habrá alterado nuestro comportamiento en un sentido u otro, y por tanto acabará afectando al resultado final.

El efecto Pigmalión ha sido muy estudiado en educación y en deportes. Aunque a los docentes nos gusta decir que percibimos a todos los estudiantes igual, en realidad, si hacemos un ejercicio de honestidad profesional, veremos que no es así. Como cualquier otra persona, tenemos opiniones, preconceptos y prejuicios, hacemos juicios de valor y tenemos preferencias, y por consiguiente transmitimos expectativas diferentes. Si un profesor cree que un estudiante determinado sacará buenas notas o rendirá mucho, es más probable que acabe siendo así que si piensa que no se desenvolverá bien o que será un vago. Pero no solo porque tenga más capacidad o se esfuerce más, sino porque el docente, con su actitud, de forma preconsciente modificará su conducta hacia el estudiante y lo evaluará de manera subjetiva, premiando más los aciertos, dándole un trato preferente o simplemente mirándolo con más confianza que a los demás.

En este sentido, en 1999 se publicó un trabajo científico que leí hace unos años y me impactó mucho. Los investigadores observaron que, de manera preconsciente, muchos docentes, tanto hombres como mujeres, tienden a valorar de un modo más positivo los éxitos en matemáticas de los niños que los de las niñas durante la educación obligatoria, lo cual lleva a que los chicos tiendan a sentirse más recompensados en esta asignatura que las chicas. Esto hace que poco a poco, a través del efecto Pigmalión, se esfuercen y lo disfruten más. Según los autores de este trabajo, este es uno de los motivos por los cuales tradicionalmente ha habido más chicos que chicas que escogen carreras técnicas o científicas con un alto contenido en matemáticas. Esto ocurría en el año 1999, y probablemente si se repitiese ahora el efecto sería, por suerte, menor. En este trabajo, que se realizó con estudiantes canadienses, no lograron averiguar cuál era el origen de estas diferencias en lo que se refería a las percepciones originales de los docentes, pero muy probablemente eran culturales, traspasadas de manera inconsciente de generación en generación por efecto de los sesgos de género que aún se encuentran en muchas, o en todas, las sociedades. En cualquier caso, un trabajo mucho más reciente, publicado en 2018, ha demostrado que la actitud hacia las matemáticas predice los éxitos académicos en esta materia, cosa que encajaría con la profecía autocumplida.

Esto mismo puede aplicarse a cualquier otro ámbito: a los líderes de los equipos de trabajo respecto a sus subordinados, a los miembros de un equipo entre sí, a los progenitores respecto a los hijos e hijas, etcétera. Hablo extensamente de ello en una formación que imparto desde hace años en el Institut de Seguretat Pública de Catalunya, en el contexto policial y de orden público. Un control policial que, por ejemplo, detenga un vehículo conducido por jóvenes y que, por el simple hecho de serlo, les genere expectativas de que buscarán pelea, alentará a esos jóvenes (o a cualquier persona de cualquier edad) a buscarla. Y, al contrario, si les genera expectativas de que la relación será de respeto, es mucho más probable que se desarrolle de esa manera. Lo mismo podemos decir en referencia a los prejuicios que podemos albergar los adultos respecto a los adolescentes, las personas de otras culturas o de otros géneros, o que viven su sexualidad de otra manera, etcétera. Y todo esto, poco a poco, va afectando a la forma en que nos comportamos y nos sesga hacia lo que los demás piensan de nosotros (y a los demás les producimos un sesgo hacia lo que nosotros pensamos de ellos). A veces hacemos todo lo contrario, como en la profecía autofrustrada, pero, honestamente, esto último es mucho menos frecuente.

Por lo general se distinguen dos tipos de efecto Pigmalión: el positivo y el negativo. El positivo es el que, como su nombre indica, produce un efecto favorable en el sujeto, de manera que reafirma y mejora el aspecto en el cual incide. Provoca un aumento de la autoestima en lo que se refiere a ese aspecto concreto. El efecto Pigmalión negativo, en cambio, es un mecanismo psicológico en el que, generando una baja expectativa sobre una persona, se conduce a modificar de manera desfavorable la tarea que dicha persona esté realizando. Hace que la autoestima del sujeto disminuya y que el aspecto sobre el cual se actúa merme o incluso desaparezca. También se conoce con el nombre de efecto Gólem. El Gólem es un personaje de la mitología judía, un ser creado artificialmente por un rabino de Praga para proteger a los judíos de la ciudad, pero que a medida que fue ganando fuerza y poder se convirtió en un peligro para la comunidad que lo había creado y a la que debía proteger. Hace unos años conocí a alguien, al líder de un grupo de investigación, que utilizaba el efecto Pigmalión negativo con los investigadores que trabajaban con él. No es de extrañar en absoluto que la mayoría comenzásemos a tener éxitos profesionales cuando salimos de su sombra, pero no mientras nos manteníamos bajo ella.

Decía en un párrafo anterior que una simple mirada de confianza puede potenciar la autoconfianza de quien la recibe, y que a través del efecto Pigmalión y de la profecía autocumplida favorece comportamientos de motivación, flexibilidad y esfuerzo, que la ayudarán a conseguir sus objetivos. Ahora bien, también puede suceder justo lo contrario, con el efecto Gólem que acabamos de mencionar. En cualquier caso, las repercusiones en la mentalidad de crecimiento son claras. Haber oído decir demasiadas veces que no servimos para alguna cosa o que no lo lograremos altera nuestro comportamiento de manera que acaba dificultando que lo logremos. Y mostrar confianza y confiar en nosotros mismos genera el efecto contrario en nuestro comportamiento, y favorece que sigamos avanzando, y que generemos y mantengamos una mentalidad de crecimiento.

La pregunta es, por tanto, cómo nos miramos unos a otros. Y cómo nos miramos a nosotros mismos tanto cuando estamos ante un espejo como cuando simplemente nos imaginamos cuáles son nuestras posibilidades (una mirada interna). No se trata de pensar de manera simplista que «si quiero, puedo», como ya hemos tratado en el capítulo anterior, sino de ser conscientes de que, si queremos avanzar, siempre podemos ir un poco más allá de donde estamos ahora. Siendo realistas, pero siempre un paso más allá, más largo o más corto, según factores muy diversos. Pero abriéndonos camino.

Esto nos lleva a la última espada de Damocles que quería mencionar, en este caso de manera mucho más breve: la procrastinación. En psicología, la procrastinación es la acción o el hábito de dejar para más adelante acciones o actividades que deben atenderse, para ocuparse de otras más agradables pero irrelevantes. Normalmente comporta un incremento de ansiedad y estrés, en especial cuando lo que debemos hacer se percibe como una tarea abrumadora, difícil o aburrida. Y al mismo tiempo a menudo también se debe a situaciones de estrés y ansiedad.

Desde el punto de vista de la psicología, puede considerarse un comportamiento impulsivo opuesto al autocontrol. Puede deberse a una baja autoestima o, alternativamente, a un elevado perfeccionismo combinado con el miedo al fracaso. En cualquier caso, su relación con la mentalidad de crecimiento también está clara, tanto a través de la autoestima como, por ejemplo, si pensamos que no podemos seguir avanzando o, por el contrario, si tenemos una percepción irreal de nuestras posibilidades. Esto último es lo que puede reflejarse en un ansia excesiva de perfeccionismo que no acepta el fracaso, o que lo ve como un punto final en lugar de como un paso más para seguir avanzando. ¿Recordáis la historia de la introducción sobre la chica que quería estudiar Medicina pero que, por las notas que había sacado, no lo consiguió, al menos a la primera? Consideraba que aquel «fracaso» era un punto final, no veía opciones para continuar avanzando. Seguro que era una chica académicamente brillante, con ambición, pero con mentalidad fija.

Como he dicho varias veces, no debemos relacionar directamente el tipo de mentalidad con las capacidades cognitivas ni con la ambición personal, ni siquiera con la profesión que acabamos ejerciendo ni el estatus profesional que alcanzamos. Es un aspecto mucho más íntimo, un convencimiento empoderado y realista de la capacidad de seguir avanzando, paso a paso, a pesar de las dificultades. O quizá deberíamos decir «gracias a las dificultades». En el próximo capítulo abordaremos la importancia de gestionar los errores y los fracasos. Sea como sea, el quid de la cuestión sigue siendo el hecho de mantener un equilibrio dinámico entre emocionalidad y racionalidad. Acabaremos este capítulo hablando precisamente de eso, en relación, como es lógico, con la optimización de nuestras capacidades cognitivas y personales en lo que respecta a poder disfrutar de una vida más plena.

¿Por qué es importante el equilibrio entre la emocionalidad y la racionalidad?

Nos acercamos al final de este capítulo, en el que hemos visto la importancia de los estados emocionales y la reflexividad fruto de la metacognición en el tipo de mentalidad que tenemos. También hemos hablado de algunas de las espadas de Damocles que pueden interferir en nuestra mentalidad. Conocerlas es el mejor antídoto para evitarlas. Como las vacunas, cuya función es entrenar al sistema inmunitario para que responda con más eficiencia y eficacia si un día llega la infección real, conocer todos estos aspectos no evitará que nos afecten, pero nos ayudará a reconocerlos más rápido para ponerles remedio. O, cuando menos, para decidir en cada caso cómo queremos actuar. Para encontrar el mejor equilibrio entre racionalidad y emocionalidad.

Como hemos discutido, este equilibrio es necesario para mantener el cerebro activo y centrado en nuestros objetivos, con la motivación necesaria para avanzar y esforzarnos, reconociendo los errores y los fracasos a fin de convertirlos en un «bloque de salida» que nos impulse para seguir adelante. Los bloques de salida son las piezas que se colocan en el suelo para ofrecer un punto de apoyo a los pies de los atletas para que puedan hacer más fuerza al comienzo de la carrera y así conseguir una salida más rápida y eficiente. Las emociones son necesarias como estímulo y para poder dar respuestas rápidas cuando haga falta. Todas las emociones son importantes, como hemos explicado en un apartado anterior, pero las hay que producen sensaciones agradables, como la curiosidad y la confianza, mientras que otras las generan desagradables.

Un trabajo publicado en 2013 por investigadores estadounidenses demostró de qué forma las emociones que generan sensaciones agradables mejoran literalmente la salud de las personas. Activan el llamado «nervio vago», que conecta las zonas de funcionamiento automatizado del cerebro con los órganos internos del cuerpo, lo cual mejora su funcionamiento y lo sincroniza de manera más eficiente. Sin embargo, en este estudio también advirtieron un aspecto muy interesante: este efecto resulta mucho más potente cuando las emociones agradables surgen de las interacciones sociales. El tipo de mentalidad es personal, pero se nutre también de las interacciones sociales.

Si el equilibrio entre emocionalidad y racionalidad es importante, debemos preguntarnos cómo lo gestiona el cerebro. Esta pregunta, que ha traído de cabeza —valga la redundancia— a los neurocientíficos durante mucho tiempo, quedó resuelta, como mínimo en parte, a mediados de 2022. Trabajando con ratones que debían discriminar si el intervalo entre dos sonidos era superior o inferior a 1,5 segundos, encontraron unos circuitos neuronales que actúan a modo de interruptor entre las redes racionales y las emocionales, dando prioridad a unas o a otras en función de la situación. En este experimento, en el que tenían que tocar una palanca u otra según si el intervalo entre los sonidos era superior o inferior a 1,5 segundos, si acertaban recibían comida, y si no se quedaban sin ella, cosa que combinaba la impulsividad emocional de querer comer cuando tenían hambre con la capacidad de valorar de forma reflexiva —dentro de las posibilidades reflexivas de los roedores— cuánto tiempo había pasado entre los dos sonidos.

En cualquier caso, se ponía de manifiesto la importancia de las memorias emocionales, que se combinan con las racionales a través de las conexiones neuronales que se establecen entre la amígdala, que recordemos que es el centro que genera las emociones, y el hipocampo, que gestiona la memoria. Estas conexiones se establecen en buena parte en función de las experiencias previas. Volvemos de nuevo al punto de partida, pero ahora con muchos más conocimientos sobre el tema. Las experiencias pasadas, los aprendizajes que hemos realizado y, de manera muy especial, el estado emocional en el que hemos vivido las experiencias y hemos realizado los aprendizajes condicionan la estructura neuronal de nuestro cerebro, e indirectamente el tipo de mentalidad que tenemos.

Uno de los motivos principales por los cuales el cerebro almacena las experiencias previas es poder utilizar estos datos en el futuro, siempre que los necesite, con un objetivo muy claro: intentar anticiparse a los acontecimientos para estar tan preparado como sea posible cuando se produzcan. Aprendemos para tener la posibilidad de anticiparnos mejor a futuros inciertos y cambiantes, en los que sin duda habrá novedades. Si estos cambios implican algún peligro, el hecho de anticiparlos nos permitirá protegernos de ellos, lo que incrementará nuestras posibilidades de supervivencia. Si, en cambio, comportan una oportunidad, anticiparla facilitará que la aprovechemos mejor, y eso también repercutirá favorablemente en nuestra supervivencia. Si no anticipamos las oportunidades, cuando nos demos cuenta ya estarán pasando de largo. Aquí se combinan, como ya hemos dicho, recuerdos racionales y emocionales.

Con todo, no siempre respondemos, ni todo el mundo lo hace del mismo modo, ante una novedad. Si lo llevamos al extremo, hay personas que tienden a responder con miedo, mientras que otras responden con una dosis de curiosidad. Nadie está anclado en uno de estos dos extremos, por descontado. No obstante, mostramos una tendencia a sesgarnos hacia el miedo o, alternativamente, hacia la curiosidad (figura 7).

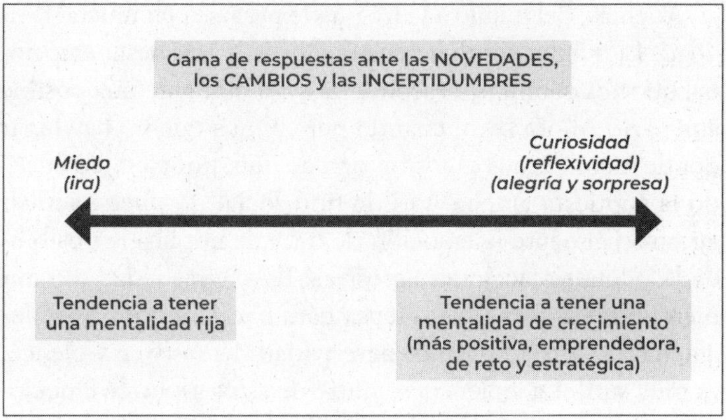

FIGURA 7. Gama de respuestas posibles ante situaciones de incertidumbre en las que haya cambios y novedades, en relación con el tipo de mentalidad y los estados emocionales y reflexivos.

El miedo es una emoción básica e impulsiva que nos conmina a escondernos o huir ante una posible amenaza. Es una buena manera de protegernos. Cuando la amenaza es real, el miedo puede resultar muy útil. Eso no supone ningún problema. El problema está en responder habitualmente con miedo sin saber si la novedad o el reto que debemos afrontar es una amenaza o una oportunidad. O si es neutro. Las personas que suelen responder con miedo son menos transformadoras, porque si se transforman encontrarán novedades. Además, son poco proactivas, porque la proactividad genera novedades. Su calidad de vida también se resiente, porque siempre hay novedades y cambios, lo que implica que vivirán con cierta sensación de temor e incomodidad.

Es posible que les dé miedo avanzar, y eso comporta que se encasillen con mucha más facilidad dentro de una mentalidad fija.

Además, del miedo a la ira puede pasarse con mucha facilidad. El miedo, como hemos dicho, es la respuesta emocional que nos conmina a escondernos o a huir ante una posible amenaza. Ahora bien, cuando percibimos que no hay lugar donde escondernos o posibilidad de huir, por ejemplo cuando la supuesta amenaza es de tipo social, se puede activar automáticamente la emoción de ira, que implica la posibilidad de tener reacciones agresivas. Esta agresividad es también un mecanismo de defensa para hacer frente a posibles amenazas, pero el paso de agresividad defensiva a violencia es muy sutil. La violencia se nutre de estos aspectos emocionales, pero también tiene unas influencias culturales y sociales enormes.

En cambio, las personas que tienden —o que tendemos— a responder con curiosidad suelen ser más transformadoras y más proactivas. Y en general disfrutan de una mejor calidad de vida, ya que la curiosidad produce sensaciones placenteras. La curiosidad activa el estriado, que, como hemos explicado en capítulos anteriores, es el centro neuronal que genera las sensaciones de recompensa. Además, también se relaciona con la motivación y el optimismo. Por eso las personas curiosas analizan las novedades para ver qué son y, en consecuencia, lo tienen más fácil para aprovechar las oportunidades. Disfrutarán avanzando, y eso las situará con más facilidad en la órbita de la mentalidad de crecimiento, y por tanto favorecerá que puedan disfrutar de una vida más plena.

Así como el miedo es una emoción básica, la curiosidad es una mezcla de reflexividad salpicada de emociones, como la alegría —entendida como confianza— y la sorpresa. Ya hemos hablado de todos estos aspectos en apartados anteriores, pero como resumen podemos recordar que la reflexividad surge del control de las funciones ejecutivas y la metacognición. En cuanto a la alegría, se trata de una emoción que transmite confianza, y para ser curiosos debemos confiar en nosotros mismos y en nuestro entorno. Hemos hablado también de la importancia de la confianza y de la autoconfianza. Finalmente, la sorpresa activa la atención a través del tálamo, y la motivación, las sensaciones de recompensa y placer, y el optimismo, a través del estriado y del neurotransmisor dopamina. En definitiva, la curiosidad es un cóctel energizante para continuar progresando y, por tanto, para potenciar y mantener la mentalidad de crecimiento.

La relación es bidireccional. Tener mentalidad fija favorece las respuestas basadas en el miedo, y la tendencia a responder con miedo nos hace presentar una mentalidad más fija. De la misma manera, tener mentalidad de crecimiento nos hace ser más curiosos, con todo lo que eso implica, y la tendencia a responder con curiosidad favorece que tengamos una mentalidad más de crecimiento.

Decíamos al comenzar el capítulo que hay quien ha definido otros tipos de mentalidad, como la positiva, la emprendedora, la de reto y la estratégica, que de una u otra forma podemos enmarcar como aspectos complementarios de la mentalidad de crecimiento. En cuanto a la mentalidad estratégica, hemos dicho que se define como la capacidad de plantearse las preguntas más adecuadas en cada situación para poder continuar avanzando según los objetivos que nos hayamos marcado, con una visión realista, pero optimista, de las situaciones. Responde a preguntas que se enmarcan, también, en la curiosidad que nos permite valorar las novedades por si fuesen oportunidades. Esto es, de forma reflexiva y con confianza y autoconfianza: «¿Qué puedo hacer para ayudarme a mí mismo?», «¿De qué otra forma puedo hacer lo que estoy haciendo?», «¿Hay algún modo de hacerlo mejor?». Quien tenga más habilidad para plantearse estas preguntas y buscarles respuesta, y quien manifieste más mentalidad positiva, emprendedora y de reto, sin duda mostrará una mentalidad de crecimiento más amplia y profunda.

Creo que ya es hora de cerrar este capítulo, enfatizando la importancia de estos aspectos que acabamos de mencionar. En el próximo capítulo, que será el último, los desgranaremos un poco más, hablando de la relevancia de la motivación y el esfuerzo, del éxito y el fracaso, del bienestar y la felicidad, de la flexibilidad cognitiva y la creatividad. Y, en última instancia, del libre albedrío.

En resumen

Aparte de la mentalidad fija y de crecimiento, se han descrito otros tipos de mentalidad. Sin embargo, todas participan de una forma u otra de la mentalidad de crecimiento, o la fortalecen, motivo por el cual actúan de manera sinérgica:

- La mentalidad positiva se define como la tendencia a centrarse en las cosas buenas en lugar de decantarse por los aspectos negativos. Las personas con mentalidad positiva suelen mostrar un carácter más optimista, manifestar más gratitud y tener más predisposición a reevaluar su vida y disfrutar de las situaciones que las hacen sentir bien.
- La mentalidad emprendedora implica experimentar sensaciones de confort cuando nos encontramos ante una situación que implique cierto riesgo. Las personas con mentalidad emprendedora

se caracterizan por poseer más capacidad creativa y de innovación, pensamiento crítico, iniciativa, buena comunicación, y habilidades para colaborar y para ser flexibles y adaptables.

- La mentalidad de reto se refiere a la forma en que evaluamos las situaciones para afrontarlas. Implica ver las novedades como posibles oportunidades, cosa que comporta manifestar más autoconfianza y capacidad de evaluar los riesgos.
- La mentalidad estratégica se define como la capacidad de plantearse las preguntas más adecuadas en cada situación para poder seguir avanzando según los objetivos que cada uno se haya marcado, con una visión realista, pero optimista, de las situaciones.

La mentalidad de crecimiento necesita un equilibrio dinámico entre los aspectos emocionales y racionales del cerebro. Las emociones son patrones de comportamiento que se desencadenan de manera automática y preconsciente ante cualquier situación que comporte un cambio en el *statu quo* del momento, muy en especial si implica la existencia de posibles amenazas u oportunidades. Las emociones que generan sensaciones agradables mejoran la salud física, mental y cognitiva de las personas, sobre todo cuando surgen de las interacciones sociales. El tipo de mentalidad es personal, pero se nutre también de las interacciones sociales.

La metacognición, a su vez, se define como la capacidad cognitiva que permite pensar y reflexionar sobre los pensamientos propios y los propios procesos de pensamiento. Esto incluye las respuestas emocionales que se han producido o que se están produciendo, hecho que implica poder monitorizar de manera consciente la propia actividad cognitiva durante el proceso de pensamiento.

Hay distintos factores que pueden poner en riesgo la mentalidad de crecimiento. Destacan:

- La indefensión aprendida, en la que una persona desarrolla una actitud de pasividad e inhibición ante situaciones aversivas o dolorosas que percibe como incontrolables e inmodificables. Limita la capacidad de reflexión y de gestión emocional, y también dificulta tomar decisiones razonadas.
- El efecto Pigmalión, por el cual las expectativas que tiene una persona respecto a otra pueden influir en su rendimiento. Este efecto puede ser positivo, si provoca un aumento de la autoestima, o negativo, cuando genera una baja expectativa.

6

Miremos al futuro

¿Felicidad o bienestar? De la flexibilidad cognitiva al libre albedrío, pasando por la motivación, el esfuerzo y la resiliencia

Estamos entrando en el último capítulo del libro, que nos llevará hacia el futuro. Fijaos en que en los capítulos anteriores hemos «mirado», primero, alrededor, al pasado y en nuestro interior, para situar el punto de partida y poder orientarnos; después nos hemos mirado en el espejo y también hemos mirado al presente, para establecer la ruta. Ahora, para terminar, nos toca mirar al futuro. Porque la mentalidad de crecimiento va de eso, de futuro. De cómo desde el pasado vivimos el presente, pero no para quedarnos estancados en él, sino para construir el futuro. Y, con nuestro futuro, ponemos los cimientos de lo que puede ser el futuro de nuestros hijos y estudiantes. Hemos visto que la genética y la biología condicionan cómo somos y nuestras capacidades, pero también hemos dejado muy claro que no los determinan. También hemos discutido que el ambiente en el que nos hemos educado y en el que nos educamos —porque la educación es un proceso que no se acaba nunca—, así como el entorno en el que vivimos y la manera en que pensamos, condicionan asimismo cómo somos, cómo nos percibimos a nosotros mismos y cómo nos relacionamos con el entorno y con las demás personas, pero que tampoco lo determinan. Debemos ser realistas de entrada, para estimular un optimismo sano.

Si quisiésemos convertir este breve recordatorio en una expresión matemática, saldría lo que en álgebra se denomina una «indeterminación». Una indeterminación es una expresión matemática que aparece cuando se calculan series numéricas de las cuales no puede predecirse cuál es el último valor de todos. Por ejemplo, si partimos de un número determinado, por ejemplo 100, y os pido que vayáis dividiéndolo entre 2 una y otra vez, hasta el infinito, ¿cuál será el último número que saldrá? Se genera una serie infinita de valores; no podemos decir cuál será el último porque siempre podremos encontrar otro volviendo a dividir entre 2. Ocurre lo mismo si partimos, por ejemplo, del número 1, y os digo que vayáis multiplicándolo por 2 una y otra vez hasta el infinito. Lo único que quiero decir con esto es que, si combinamos los condicionantes genéticos y biológicos con los educativos y ambientales, el resultado será…

No, no sabemos cuál será. No podemos saberlo. Primero porque cada persona es distinta, pero sobre todo porque nos desarrollamos constantemente. Somos una «sucesión infinita de aprendizajes» con un final indeterminado. El final no solo dependerá de nuestro pasado y nuestro presente, sino también de cómo entrevemos el futuro. Es de esto de lo que hablaremos en este capítulo. Recordemos también que la mentalidad de crecimiento, que inicialmente se desarrolló como una hipótesis para ayudar a potenciar la progresión académica, puede aplicarse a cualquier aspecto de la vida. Tener mentalidad de crecimiento acaba siendo un acto íntimo. Esto no lo dijo Carol Dweck cuando la propuso; es una de mis aportaciones a la educación, entendida en sentido amplio. A una educación que sea digna y dignificante, que nos ayude a tener una vida más plena, y que no incluya solo todo lo que recibimos de fuera, sino, muy especialmente, qué educación nos damos a nosotros mismos, día a día, a través de lo que hacemos, cómo pensamos y cómo vivimos las situaciones que nos encontramos. En este capítulo hablaremos de motivación, esfuerzo y resiliencia; de éxito y fracaso; de bienestar y felicidad; de creatividad y flexibilidad cognitiva, y también, para acabar, de libre albedrío. Porque, al fin y al cabo, será cada uno de nosotros quien tendrá que decidir. O deberíamos querer ser quien decide, para ser los guionistas y los directores de nuestra vida, y no solo los protagonistas.

Quiero poner énfasis en un aspecto que ya hemos tratado, pero que será importante para conducirnos a través de este capítulo: la llamada mentalidad estratégica. He hablado de ella en el capítulo anterior, donde la hemos definido como la capacidad de plantearnos las preguntas más adecuadas en cada situación para poder continuar avanzando según los objetivos que nos hayamos marcado, con una visión realista, pero también optimista, de las situaciones. Realista, porque tenemos condicionantes que nos influyen, pero que no nos determinan. Ser conscientes de ello para poder establecer el propósito de avanzar es la forma de continuar creciendo. La mentalidad estratégica incluye todos los aspectos que, de una u otra manera, abordaremos a continuación. Los investigadores que la propusieron por primera vez, entre los cuales se encuentra Carol Dweck, declaran que no basta con saber que podemos seguir aprendiendo y creciendo, que no basta con utilizar los recursos metacognitivos de los que disponemos. Para continuar creciendo también debemos querer hacerlo y debemos saber cómo hacerlo. Necesitamos un propósito e ir planteándonos periódicamente cómo podemos actuar para ayudarnos a nosotros mismos, de qué otros modos podemos hacer lo que ya estamos haciendo y si hay modos de hacerlo que sean mejores. Y eso implica cultivar la motivación y el optimismo, ver los fracasos como peldaños necesarios para seguir progresando, y valorar la importancia de tener ideas distintas de las convencionales para encontrar también soluciones innovadoras, entre otros aspectos que también abordaremos.

Un último detalle sobre la mentalidad estratégica. Del mismo modo que la hipótesis de la mentalidad de crecimiento se desarrolló inicialmente en contextos académicos, para favorecer la progresión académica de los estudiantes, pero sin duda puede aplicarse a cualquier aspecto de la vida, la mentalidad estratégica nació de la necesidad de favorecer a personas emprendedoras dentro del mundo laboral y empresarial. Pero, por supuesto, también puede aplicarse a cualquier otro aspecto de nuestra vida. O, aún mejor, deberíamos querer aplicarla en todos los aspectos. Los puntos centrales de esta mentalidad estratégica en el campo empresarial indican que las personas que la ponen en práctica se preparan con más eficiencia para un futuro cambiante e incierto, difícil de predecir; tienen una perspectiva global más amplia que las ayuda a ver las interrelaciones y evitar problemas y conflictos importantes, y tejen relaciones de pensamiento colaborativo. Debemos ser emprendedores de nuestra vida. Eso, por descontado, si lo deseamos, porque la decisión de seguir creciendo y decidiendo depende de cada uno. Las ventajas vitales de crecer y decidir, no obstante, son importantes.

Guerrilleros, mentiras y rock and roll

Empezamos, como siempre, con unas cuantas historias reales que nos ayudarán a centrar el tema un poco mejor. Una de mis numerosas aficiones es viajar, en especial, pero no únicamente, a otras culturas. Hace unos años estuve con mi esposa y nuestros hijos por la Ruta de la Seda, desde Uzbekistán hasta China, utilizando transporte público siempre que nos fue posible. Me sorprendieron muy agradablemente la tranquilidad que se respiraba en Uzbekistán y la amabilidad de su gente.

En China, en uno de los hoteles en los que nos alojamos, coincidimos a la hora del desayuno con un grupo de extranjeros de origen europeo. La comida que servían allí era claramente distinta de la que estamos acostumbrados a consumir en Europa para desayunar, y también era distinta de la que ofrecen los llamados «restaurantes chinos» que podemos encontrar en cualquier ciudad europea. Aunque también había tostadas y café, sinceramente, no se parecían mucho a los que solemos tomar, en especial en lo que respecta al gusto. No digo que estuviesen malos, de ninguna manera. A mí personalmente me fascina saborear estas diferencias como parte de la experiencia de viajar. Sin embargo, uno de los turistas con los que coincidimos un par de días a la hora del desayuno no paraba de quejarse y criticar todo lo que probaba, y de abroncar a las personas que trabajaban en aquel hotel hasta llegar a la impertinencia y el insulto. «¡Ni el café saben hacer estos vagos!», dijo en su lengua materna (que entiendo muy bien), mostrándose incapaz de adaptarse de manera temporal a las diferencias gastronómicas del país que, se supone que voluntariamente, había ido a visitar. Esta rigidez mental y esta incapacidad de adaptación temporal se oponen radicalmente a la llamada «flexibilidad cognitiva», de la que pronto hablaremos.

Justo en el polo opuesto encontramos a otra persona a la que conocí en otro de nuestros viajes. Unos años antes de recorrer ese tramo de la ruta de la seda, fuimos a Indonesia, y uno de nuestros destinos fue la isla de Borneo. Queríamos disfrutar de observar el comportamiento de los orangutanes en estado salvaje. Como los chimpancés, los gorilas y los bonobos, también son nuestros hermanos evolutivos. Seguimos el curso de un río durante tres días en una barca hasta llegar al lugar donde se encuentran estos fantásticos primates. Se trata de una zona protegida para evitar la presencia de cazadores furtivos, y donde los orangutanes pueden vivir en libertad. Han construido una serie de plataformas en las que todos los días colocan fruta para complementar su dieta, y muchos orangutanes acuden a comérsela, momento en que pueden verse. De otra forma, en la espesura casi impenetrable de la selva, sería imposible. Nos acompañaban un cocinero, un timonel y un guía, y no había ningún turista más aparte de nosotros cuatro. Tres días navegando pausadamente dan la oportunidad de hablar mucho con las personas con las que estás conviviendo, y de que te cuenten cosas de su vida.

El guía resultó ser una persona sumamente curiosa. Lo digo en el doble sentido de la palabra. Sentía mucha curiosidad por todo lo que le rodeaba y se interesaba por conocer cosas nuevas de nuestra cultura y forma de vivir y, al mismo tiempo, era un individuo muy interesante. Nos contó que, antes de ser guía, había sido guerrillero, miembro de un grupo armado que durante unos años había operado en distintos lugares de la isla de Borneo. Por azares varios, fue amnistiado y estaba aprovechando todo lo que había aprendido sobre la selva para hacer lo que más le gustaba: ir arriba y abajo viendo cómo los extranjeros nos maravillábamos con sus explicaciones. Había partido de unos orígenes conflictivos para convertirse en una persona distinta, aprovechando todo lo que sabía y aprendiendo también cosas nuevas cada día. Mentalidad de crecimiento y flexibilidad cognitiva vividas en primera persona.

Otra de mis muchas aficiones es leer libros de filosofía. A menudo no acabo de entender lo que dicen los autores en ellos, y eso es justo lo que más me gusta: me hacen pensar sin obligarme a aceptar lo que ellos o ellas han pensado antes. Dos de estos libros que forman parte de mi biblioteca hablan de cuestiones relacionadas directamente con la temática de este capítulo. Bueno, seguro que hay muchos más, pero quiero comentar estos dos libros en concreto. El primero es *Elogi de la mentida* (Elogio de la mentira), del escritor y filósofo catalán Josep Torres Tribó. Maestro de profesión, su ideología libertaria lo llevó al exilio; murió en 1941 asesinado en una cámara de gas. En lo que respecta a su obra, un elogio es una alabanza de alguien o de algo. Puede parecer, por tanto, que ensalza la mentira por encima de la verdad, pero como buen filósofo libertario utilizó esta palabra de manera provocadora. «Mentira» no implica, para Torres Tribó, una falsedad. Lo que hace es alabar la subjetividad del arte y de la creatividad como procesos que nos permiten adentrarnos en la esencia humana, como una contrapartida necesaria y complementaria a la racionalidad estricta. Uno de los fragmentos de la introducción, escrita por el también filósofo catalán Max Pérez, dice:

> Un poema no puede ser un acierto o una equivocación. ¿Qué querría decir describir correcta o incorrectamente los sentimientos del poeta? ¿Un poema es una mera descrip-

> ción? Pero, entonces, ¿por qué nos impresiona tanto? Imaginaos estos mismos criterios aplicados a la música [y yo añadiría a las artes en general: plásticas, escénicas, etcétera]. ¿Qué querría decir una música equivocada? Creer que todo el lenguaje humano con sentido es susceptible de ser categorizado como verdadero o falso es una concepción errada. [...] Creamos, mentimos, obra normal de la inteligencia. [...] La mentira más primordial de todas es la ilusión, [...] que se manifiesta especialmente de pequeños, en nuestra ilusión por las cosas, en nuestra pasión infantil [...].

Con independencia de que suscribamos o no sus afirmaciones, fijaos en la importancia que da al hecho de crear como producto de la inteligencia y, sin decirlo de forma explícita, a la flexibilidad necesaria para cualquier forma de arte que sea «mentira» (en el sentido de ser subjetiva, fruto de la imaginación, pero no falsa). Y prestad atención también a la ilusión y la pasión infantiles, unas «mentiras» que no son falsas, sino creadoras, según el significado que Torres Tribó da a la palabra «mentira». Y que además se relacionan, como veremos en este capítulo, con la motivación y el optimismo. ¿Recordáis cuando en el capítulo 2 decíamos que aprender es cosa de niños, y que precisamente por eso, porque tenemos y podemos conservar un cerebro con características infantiles cuando ya somos adultos, podemos aprender toda la vida? ¡Pues es justo eso!

Maravillarse como lo hacen los niños ilusionados es el inicio de la ciencia y la filosofía, es decir, del pensamiento. Esto, en todo caso, es lo que atribuyó Platón a las palabras de Sócrates: «Maravillarse y sobresaltarse son el único comienzo de la filosofía». O del pensamiento, si queremos ampliar la afirmación. Maravillarnos, ser curiosos y optimistas, sentir la motivación y el empoderamiento necesarios para poder decidir, para ser directores de nuestros propios propósitos.

Sin embargo, hay una reacción fisiológica que nos lo dificulta: el estrés, en especial cuando se convierte en crónico o agudo. El filósofo y ensayista alemán Peter Sloterdijk, profesor de la Escuela Superior de Arte y Diseño de Karlsruhe, en Alemania, lo dice claramente en su obra *Estrés y libertad*. Según Sloterdijk, la forma de mantener cohesionada a una población es generando estrés, a través de sensaciones de urgencia y de peligro. Esto limita la flexibilidad cognitiva y, en consecuencia, el progreso consciente individual. El propósito pasa a ser colectivo, afirma Sloterdijk, pero no nacido de la combinación sinérgica de los propósitos individuales, sino de la urgencia y la amenaza. En este sentido, un libro publicado en junio de 2023 por un especialista en lingüística antropológica de la Universidad de Toronto, Marcel Danesi, indica que el lenguaje centrado en el odio, que sin duda genera estrés porque acentúa o directamente inventa ciertas diferencias de forma amenazadora, estimula diversas redes neuronales que esquivan la zona reflexiva y metacognitiva del cerebro. Esto ocasiona que, a medida que se van recibiendo estos mensajes, cada vez resulte más difícil percatarse de un modo reflexivo de qué implican en realidad y cambiar la forma restringida de pensar que suscitan.

Es justo lo contrario de lo que propuso el grupo de heavy metal californiano Steppenwolf en una de sus canciones más icónicas, *Born to Be Wild* («Nacido para ser libre»), que se hizo famosa al convertirse en el tema principal de la película de culto *Easy Rider*,* de Dennis Hopper:

* Película en la que dos motoristas atraviesan Estados Unidos con sus motocicletas en un viaje iniciático en busca de su libertad personal.

Get your motor runnin'	Enciende el motor,
Head out on the highway	sal a la carretera
Looking for adventure	en busca de aventuras
In whatever comes our way	y lo que se cruce en el camino.
Yeah, darlin' gonna make it happen	Vas a hacerlo realidad,
Take the world in a love embrace	abraza el mundo con amor,
Fire all of your guns at once	utiliza todos tus recursos
And explode into space.	y explota en el espacio.
I like smoke and lightnin'	Me gustan el humo y los relámpagos,
Heavy metal thunder	el trueno del heavy metal,
Racing with the wind	las carreras con el viento
And the feeling that I'm under.	y la sensación de estar bajo control.
Like a true nature's child	Como un verdadero hijo de la naturaleza,
We were born / Born to be wild	nacimos para ser libres,
We can climb so high	podemos escalar tan alto...
I never wanna die	No quiero morir nunca,
Born to be wild.	he nacido para ser libre.

Para mí, que también he disfrutado desde finales de la adolescencia de viajar pausadamente en moto, sin prisa, recorriendo carreteras y adentrándome en los paisajes, esta canción es un auténtico himno vital.

He hablado en este primer apartado de experiencias personales, de filosofía y de rock and roll. Veamos ahora todo esto desde la ciencia.

La motivación del esfuerzo o cómo el esfuerzo puede resultar motivador: la importancia del propósito vital

Empecemos hablando de motivación y esfuerzo. O de cómo el esfuerzo puede ser motivador, y la motivación, ayudarnos a esforzarnos. El motivo para hablar de la motivación en un libro sobre educar el cerebro está claro. Por un lado, porque sin motivación cualquier acción será mucho más limitada. Después, porque se ha advertido que hay una relación directa entre la mentalidad de crecimiento y la motivación intrínseca. Y todavía existe un tercer motivo, y es el origen etimológico de la palabra «motivación». Deriva del latín *motivus*, que quiere decir «movimiento». La motivación sería la acción de moverse. Este hecho establece un paralelismo muy importante con otra palabra que hemos utilizado varias veces a lo largo del libro, «emoción». Proviene del latín *movere*, que quiere decir moverse, con el prefijo *e-* (o *ex-*), que indica un lugar. Emoción sería moverse desde un lugar, y motivación es la acción de este movimiento. Como ya hemos dicho y como veremos, la motivación implica un componente emocional altísimo.

De manera breve, la motivación es el proceso que sostiene y dirige la actividad y el comportamiento de los individuos. Es un estado interno que activa, dirige y mantiene la conducta hacia metas, fines, objetivos o propósitos determinados. Es también el impulso que nos mueve a emprender determinadas acciones y a persistir hasta culminarlas. Necesita, por tanto, varios ingredientes: unos estados emocionales adecuados, que sean proactivos; el esfuerzo para poder acometer las acciones necesarias, y tener un objetivo o propósito.

Normalmente se distinguen dos tipos de motivación, la extrínseca y la intrínseca. La motivación intrínseca, como su nombre indica, es la que surge del interior de la persona para satisfacer sus deseos y necesidades, incluidos los de autorrealización y crecimiento personal. Dentro del cerebro, en la motivación intrínseca intervienen las zonas de asociación, que nos permiten integrar las diferentes informaciones que recibimos a través de los órganos de los sentidos; la corteza prefrontal, que gestiona las funciones ejecutivas, y el estriado, que genera sensaciones de recompensa y permite anticipar recompensas futuras. En otras palabras, la motivación intrínseca, para generarse y mantenerse, necesita la reflexividad y la anticipación de recompensas futuras a partir de las vivencias del presente, que tienen una base en gran medida emocional.

La motivación extrínseca, en cambio, se basa en todos aquellos estímulos o recompensas que recibimos del entorno y que nos ayudan a llevar a cabo una acción determinada, a mantener una actividad o a poner más interés y afán en ella. En este sentido, la valoración positiva y la aceptación por parte del entorno constituyen el factor principal de motivación extrínseca. Y también actúan de elemento favorecedor de las expectativas que ponemos en los demás y en nosotros mismos. Hemos hablado de ello en capítulos anteriores, cuando mencionábamos, por ejemplo, las profecías autocumplidas o autofrustradas, el efecto Pigmalión y el efecto de cómo miramos y nos miran.

Hay dos emociones cruciales para una motivación intrínseca que favorezca la mentalidad de crecimiento: la alegría, que hay que entender como confianza y autoconfianza, y la sorpresa, entendida como curiosidad. La alegría es un estado emocional socialmente compartido que transmite confianza. La persona que la experimenta aumenta su autoconfianza y favorece que el resto de las personas confíen en ella, y que al mismo tiempo incrementen también su autoconfianza. Confiar en los hijos e hijas y en los estudiantes es la mejor manera de favorecer su autoconfianza, que resultará clave cada vez que tengan que tomar decisiones autónomas. Y confiar en nosotros mismos, con una visión realista pero optimista de nuestras posibilidades, lógicamente nos ayudará a nosotros cuando debamos tomar cualquier decisión.

Como en todas las emociones, una de las zonas del cerebro que se halla implicada en ellas es la amígdala. Pero también intervienen en ellas la corteza prefrontal, ya que una confianza realista necesita la metacognición, y el hipocampo, que incorpora las vivencias y recuerdos (podéis consultar de nuevo las figuras 4, 5 y 6 como recordatorio de dónde se encuentran todas estas zonas dentro del cerebro). Por eso es importante nuestra historia pasada, como por ejemplo todas las veces que quizá oímos decir que no nos desenvolveríamos bien o que, por el contrario, nos sentimos estimulados para salir adelante, quizá con una simple mirada de ánimo y confianza. Hemos hablado de ello varias veces, la última en el capítulo anterior, cuando discutíamos los posibles efectos de la espada de Damocles que puede significar el efecto Pigmalión (o el efecto Gólem, si es en negativo). En cuanto a los neurotransmisores, uno de los que están más implicados en la alegría es la serotonina, que genera un estado de ánimo positivo que ayuda a afrontar cualquier cambio y cualquier aprendizaje. Es necesario para educar con eficacia y con eficiencia nuestro cerebro de la manera deseada.

La alegría, sin embargo, no es un estado emocional muy intenso, y para generar un estímulo suficiente debe combinarse con la sorpresa entendida como curiosidad. La curiosidad es un comportamiento inquisitivo que despierta el interés y activa la atención para favorecer la exploración, la investigación y el aprendizaje. La curiosidad activa el tálamo, que es el centro de la atención y determina el umbral de la conciencia. También está implicado en la regulación del nivel de activación cerebral.

En este contexto, el nivel de activación cerebral es clave para realizar aprendizajes nuevos y para reflexionar y razonar. En conjunto, se establece un círculo retroalimentado entre el nivel de activación cerebral, la conciencia y la metacognición, la atención y la motivación. Y aquí es donde encontramos diversos aspectos importantes. Por un lado, la curiosidad activa el estriado y genera sensaciones de recompensa que nos permiten mantener la actividad, y más aún si tenemos en cuenta que también nos permite anticipar recompensas futuras. Además, uno de los neurotransmisores implicados en este proceso es la dopamina, que también actúa en el cerebro favoreciendo la motivación y el optimismo. Funcionalmente, dentro del cerebro, la anticipación de recompensas, la motivación y el optimismo se hallan estrechamente relacionados, lo que favorece cualquier proceso de adquisición de conocimientos y aprendizajes, que son necesarios para mantener una mentalidad de crecimiento.

La motivación, además, produce un aumento del nivel de energía que recibe el cerebro para funcionar. Cuando estamos motivados, los vasos sanguíneos del cerebro se dilatan y llega más sangre. Eso comporta que las neuronas reciban más glucosa y más oxígeno, que es lo único que consumen para generar energía metabólica. Por eso cuando estamos motivados podemos pasar más rato dedicados a cualquier actividad mental sin cansarnos, y además todo lo que hacemos con motivación lo hacemos de manera más eficiente, ya que el cerebro entero recibe más combustible y puede funcionar también de manera más eficiente.

Finalmente, hay otro factor muy importante que tener en cuenta: la implicación del estriado en la motivación hace que este estado genere sensaciones de recompensa, es decir, de placer y de bienestar. Eso implica que, después de experimentar estados de motivación asociados al crecimiento personal, a la educación de nuestro propio cerebro, haya más tendencia a continuar buscando nuevos aprendizajes para volver a experimentar las sensaciones de recompensa o de placer y bienestar que lleva asociadas.

Un aspecto complementario es el nivel de motivación que tengamos, que puede ser muy variable. Se ha comprobado que tanto un nivel de motivación bajo como uno excesivamente alto dificultan estos procesos. Este hecho, que se conoce con el nombre de ley de Yerkes-Dodson, quedó demostrado en 1908 por los psicólogos estadounidenses Robert Yerkes y John Dillingham Dodson. Hace décadas que se sabe que la falta de motivación provoca que el cerebro no se active lo suficiente, pero hasta 2022 no se descubrió por qué estar demasiado motivados también dificulta tomar decisiones acertadas. Simplemente, con un exceso de motivación las neuronas presentan un nivel de actividad tan alto que se saturan los mecanismos de comunicación neuronal. Y este hecho puede llegar a bloquear el cerebro. Por eso es tan importante que la motivación sea realista, y en este aspecto la gestión emocional y la metacognición resultan cruciales.

Ahora bien, hablar de sorpresa y de alegría, o de curiosidad y autoconfianza, como motores de la motivación podría hacer pensar que no hay lugar para el esfuerzo. Alguien podría creer que no hace falta esforzarse para conseguir progresar. De hecho, hay quien dice que se está perdiendo la cultura del esfuerzo, o que ya se ha perdido del todo. Por descontado, el esfuerzo es necesario, pero debemos valorar muy bien de qué tipo de esfuerzo estamos hablando. Un estudio publicado en 2018 por el neuropsicólogo estadounidense Michael T. Treadway y sus colaboradores demostró que el esfuerzo también activa el estriado, por lo que resulta en sí mismo gratificante. Esforzarse puede ser cansado, pero si se hace en las condiciones adecuadas también puede resultar gratificante, intrínsecamente satisfactorio, cosa que nos predispone a continuar esforzándonos.

El esfuerzo para progresar y el esfuerzo necesario para adquirir conocimientos nuevos, por tanto, puede actuar de forma sinérgica con otros mecanismos de motivación activando el sistema descrito. No obstante, para que el esfuerzo genere sensaciones de recompensa debe ser subjetivamente percibido por el individuo como valioso. Se ha visto que, para decidir si merece la pena hacer un esfuerzo determinado, el cerebro calcula de modo instintivo los costes y los beneficios que puede proporcionar, y este balance contribuye de manera crucial a la decisión final.

En este contexto, las experiencias previas resultan fundamentales, ya que constituyen la base de datos que utiliza el cerebro para hacer este balance. Así, una persona que haya vivido en un ambiente social y educativo satisfactorio —por ejemplo, a través de las miradas de aprobación y estímulo de su entorno— será mucho más propensa a aceptar, incluso a promover, nuevos esfuerzos, pues los percibirá como más gratificantes. Y también es posible que ocurra justo lo contrario cuando se piden esfuerzos irrealizables o cuando, después de hacerlos, lo único que se obtiene es indiferencia o rechazo. El esfuerzo deja de percibirse como una actividad que recompensa en sí misma. ¿Cuántas veces hemos emprendido algún proyecto con ilusión y esfuerzo, y cuando lo hemos presentado nos han dicho, simplemente, que no valía nada, que era inútil o absurdo y que con ese trabajo los habíamos decepcionado? Seguro que era mejorable, porque todo lo es, pero estos comentarios a menudo matan la motivación. O quizá lo hemos dicho alguna vez nosotros de manera impulsiva. ¿Recordáis la historia de la hembra de chimpancé que descubre por primera vez el cielo azul y la hierba fresca, que he contado en el capítulo 2? ¿Qué hacían los demás chimpancés cuando se daban cuenta de su sorpresa? ¿La ridiculizaban o la alentaban a seguir adelante?

También resulta crucial tener una visión realista, optimista pero realista, de las posibilidades propias, para evitar esfuerzos que acaben siendo decepcionantes. Y aquí es donde la metacognición vuelve a desempeñar un papel fundamental. No solo para analizarnos a nosotros mismos, sino para ser capaces de decidir si, ante un esfuerzo que inicialmente veíamos irrealizable, existe la posibilidad de fraccionarlo en tareas más pequeñas pero asequibles, que recompensen por sí mismas, de manera que al final acabemos donde queríamos, pero paso a paso. Como el montañero que para llegar a la cima quizá debe dar varias vueltas y coger senderos, cuando la pendiente es demasiado pronunciada y no puede atacarla de frente. Si la ataca de frente, fácilmente flaqueará. Si avanza en zigzag, poco a poco irá ganando altura.

La cuestión, por tanto, es qué esfuerzo pedimos a los demás y cuál nos pedimos a nosotros mismos. Porque a esforzarse también se aprende. Lo demuestra el experimento siguiente. Se pidió a un grupo de niños de quince meses que hiciesen una actividad que requería cierto esfuerzo, después de haber visto cómo se esforzaban los adultos. Unos cuantos niños vieron como un adulto intentaba una acción repetidamente recurriendo a diversos métodos, hasta conseguir realizarla. Otros vieron como el adulto lograba su objetivo a la primera, sin esfuerzo. Y los del tercer grupo no vieron a ningún adulto hacerla. A todos los niños se les dio después una tarea, que era innovadora para ellos e implicaba cierta dificultad.

Los niños que habían sido sometidos a la condición inicial de ver cómo un adulto se esforzaba y lo intentaba varias veces sin desanimarse hicieron muchos más intentos para conseguir alcanzar el objetivo que el resto de los niños, que no habían percibido el esfuerzo a su alrededor. En otras palabras: los modelos que como adultos transmitimos en lo que se refiere al esfuerzo influyen en esta capacidad de nuestros hijos, hijas y estudiantes. Quejarnos cuando debemos esforzarnos transmite una imagen muy diferente de hacerlo «con la ilusión y la pasión infantiles», como nos decía el filósofo Torres Tribó en las historias con las que he iniciado este capítulo.

En conclusión, el esfuerzo, cuando se ve asequible y nos permite anticipar sensaciones de recompensa, o cuando somos capaces de gestionarlo metacognitivamente, puede resultar motivador, y esta misma motivación intrínseca nos impulsará a esforzarnos. La alegría entendida como confianza y la sorpresa entendida como curiosidad nos ayudan, pero también necesitamos la decisión interna, tener y mantener el propósito de emprender una acción con realismo y optimismo. Todo esto, en conjunto, favorece la mentalidad de crecimiento. Y tener un propósito también incrementa las sensaciones de bienestar físico y mental, como veremos más adelante.

Del fracaso al éxito o cómo el error nos hace crecer

Os propongo un pequeño juego. Observad la figura siguiente. Moviendo tres círculos, solo tres, los que queráis, debéis conseguir que el triángulo quede invertido. No continuéis leyendo hasta que lo hayáis intentado varias veces. Encontraréis la solución al final de este apartado. Pero no la miréis enseguida; intentad hacerlo vosotros primero. Si no lo lográis, echad un vistazo a la solución, pero sin entreteneros en analizarla, y volved a probarlo.

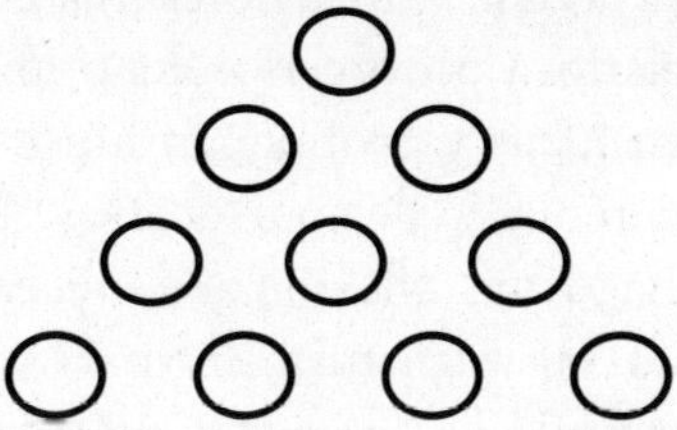

¿Qué le ha pasado a vuestro cerebro? De una u otra forma, consciente o preconscientemente, habéis ido formulando hipótesis y descartando las erróneas hasta conseguirlo. O quizá no lo habéis conseguido. No pasa nada. Lo importante no era conseguirlo, sino percibir el fracaso y el error todas las veces que no lo conseguíais. Cuando lo probamos y no lo logramos, el cerebro genera una señal de error que puede desencadenar dos conductas radicalmente opuestas. Quizá nos frustremos y abandonemos, o bien nos estimulemos para volver a intentarlo con otros movimientos, hasta conseguirlo. ¿Cuántas veces hemos oído decir que de ninguna manera podemos equivocarnos en alguna tarea, que el error es inadmisible? ¿Cuántas veces quizá lo hemos dicho de manera explícita o lo hemos transmitido sin darnos cuenta a nuestros hijos, hijas o estudiantes? «No os equivoquéis», «Ya has vuelto a equivocarte», «Basta de errores»...

En el capítulo 1, cuando hablábamos del efecto Flynn (es como se llama el hecho de que durante varias décadas los estudiantes hayan ido puntuando cada vez más alto en los tests de cociente de inteligencia), mencioné a mis estudiantes de Análisis genético. Quiero volver a hablaros de ellos. Una actividad que me gusta mucho es proponerles problemas de genética para que deduzcan patrones de herencia. Sé que les costará mucho resolverlos, o que simplemente no podrán porque les faltará la base teórica necesaria. Lo hago a propósito, para estimularlos y provocarlos. La primera vez, cuando les pido que den ideas y propongan hipótesis, nadie dice nada. Todos tienen miedo de equivocarse. ¡Ay, el error!

Entonces les hago una reflexión que encuentro muy importante, no solo para esta asignatura, sino para la vida. El problema no es equivocarse. El problema es no tener ideas, o reprimirlas por miedo a equivocarse. Si no tenemos ideas, no podremos avanzar. Una idea errónea nos permite contrastarla, y cuando analizamos el error adquirimos nuevas ideas que nos acercan al acierto. Lo importante, repito a mis estudiantes, es tener ideas. Si son erróneas ya las mejoraremos, poco a poco. Entonces, con timidez, algún estudiante lanza una primera idea, normalmente errónea. «¡Fantástico! —les digo—. Ahora ya tenemos por dónde empezar. Miremos si concuerda con lo que queremos demostrar o en qué punto falla, y usemos los errores para construir una nueva propuesta que nos acerque a la resolución». Poco a poco se van animando, y al cabo de un par de sesiones es una auténtica catarsis de ideas rompedoras, la mayoría erróneas, pero rompedoras, que les hacen consolidar los aprendizajes con más eficiencia que decirles directamente la respuesta correcta. ¿Esto nos lo aplicamos a nosotros mismos? Porque nuestros hijos e hijas y nuestros estudiantes nos imitarán.

Un error no es pensar: «No sé, no puedo aprenderlo». Es decir: «Aún no lo sé, lo estoy aprendiendo». ¿No habéis notado la relación que tiene esta idea con la mentalidad de crecimiento? Decía en capítulos anteriores que la mentalidad de crecimiento no es pensar de manera simplista: «Si quieres, puedes». Pensar eso implica una falta de realismo que con suma facilidad puede provocar frustración. Y, por descontado, tampoco es pensar: «No podré hacerlo de ninguna manera». La mentalidad de crecimiento es estar convencidos de que «aunque ahora todavía no lo sé, voy avanzando; no sé si llegaré al final, pero seguro que seguiré avanzando». El error y la gestión positiva que hacemos de él forman parte indisociable del progreso que promueve la mentalidad de crecimiento.

De hecho, la mayoría de las señales que recibe nuestro cerebro no son de acierto, sino de error. Y eso le permite rehacer las acciones para pasar del error al acierto, del fracaso al éxito. Ocurre que normalmente no cobramos conciencia de la inmensa cantidad de microerrores que cometemos todo el tiempo, cuando caminamos, nos movemos, hablamos, etcétera. Nuestra vivencia consciente parece indicarnos que acertamos casi siempre. Pero en realidad nuestra vida diaria es una concatenación de errores que, a pesar de todo, nos conducen hacia el acierto.

El cerebro tiene redes neuronales especializadas en la detección de errores. Las descubrieron por casualidad el psicólogo Michael Falkenstein y sus colaboradores de la Universidad de Dortmund, en Alemania. Estaban monitorizando la actividad del cerebro de un grupo de voluntarios que debían apretar un botón cuando recibían un estímulo determinado y vieron que, cada vez que cometían un error, la actividad eléctrica de una zona concreta de la corteza prefrontal disminuía de forma repentina. Ocurre exactamente lo mismo cuando el resultado que obtenemos de una acción que hemos realizado es desfavorable, o cuando nos encontramos ante un conflicto, externo o interno. Ocurre incluso cuando cometemos una simple falta de ortografía al escribir, con frecuencia porque queremos ir demasiado rápido y el dedo toca la tecla equivocada en el teclado del ordenador. Es una respuesta ultrarrápida, que el cerebro genera en menos de cien milésimas de segundo.

Se produce exactamente la misma disminución de actividad eléctrica en esta zona de la corteza prefrontal cuando debemos afrontar una decisión difícil ante la cual tenemos incertezas, lo que indica que el cerebro intenta detectar posibles errores en la decisión que hemos tomado. Sin embargo, en este caso tarda un poco más en producirse, entre 250 y 300 milésimas de segundo. Este aumento de la lentitud se explica porque, en este caso, intervienen mecanismos de metacognición, ya que estamos pensando en la existencia de posibles errores que aún no hemos detectado como tales. Y los procesos reflexivos son, como hemos dicho en capítulos anteriores, un poco más lentos. El sistema de detección de errores es tan rápido que incluso se ha comprobado, en otros experimentos, que cuando nos equivocamos al apretar una tecla del ordenador, la presión que ejercemos sobre la teca errónea es menor que cuando pulsamos una tecla correcta. Incluso antes de acabar la acción, el cerebro ya ha detectado el posible error y ha intentado detenerlo, o como mínimo disminuir su alcance.

Ahora bien, y esto es muy interesante: una vez detectado y corregido el error, el cerebro produce una descarga de dopamina. Recordemos que la dopamina es un neurotransmisor implicado, entre otras acciones, en generar sensaciones de recompensa, motivación y optimismo, y que se vincula directamente con los aprendizajes. En términos mucho más sencillos, nuestro cerebro está perfectamente adaptado para buscar y detectar errores, para corregirlos. Y lo hace de manera instintiva, como forma fisiológica de aprendizaje. Además, corregir los errores nos resulta gratificante. Como decía en un párrafo anterior, de manera instintiva para nuestro cerebro un error no es «No sé, no puedo aprenderlo»: es un «Sigo avanzando». No obstante, social y educativamente podemos llegarnos a creer, o podemos llegar a hacer creer a los demás, que los errores son un punto final, no una coma o un punto y coma, dependiendo del tiempo que necesitemos para reconducirlos o para aprender de ellos. En gramática, la coma sirve para marcar una pausa breve dentro de la frase, y el punto y coma se utiliza para marcar una pausa mediana, más larga que la de la coma pero más corta que la del punto, para separar frases estrechamente relacionadas. Eso es lo que hace el cerebro con los errores, si no los pervertimos: detenerse brevemente para reconducirlos y seguir avanzando.

En este contexto, el *feedback* o los comentarios que nos hacemos unos a otros o que nos damos a nosotros mismos resultan cruciales. Cuando nos hacen un comentario sobre alguna tarea que hemos realizado, en el cerebro se activa la corteza prefrontal, para los aspectos relativos a la reflexividad y la metacognición; el estriado, para valorar las recompensas futuras; la amígdala, que aporta los estados emocionales, y el hipocampo, que gestiona la memoria y los recuerdos para intentar no volver a cometer los mismos errores. En estas relaciones intervienen principalmente tres neurotransmisores: la dopamina, que acabamos de mencionar y de la cual hemos hablado en distintas ocasiones; la serotonina, que también hemos mencionado en relación con el estado de ánimo, la cognición, el aprendizaje y la memoria; y la noradrenalina, que estimula y promueve la atención y predispone para la acción.

Pero no todos los comentarios o tipos de *feedback* son iguales. Por lo general se distingue entre el *feedback* positivo y el negativo. El *feedback* positivo proporciona una crítica veraz que incrementa la motivación y refuerza el comportamiento a través de propuestas proactivas. En contraposición, el *feedback* negativo se centra en destacar los aspectos negativos, y de forma finalista, no proactiva hacia la mejora. Mientras revisaba estos últimos párrafos del libro, por ejemplo, recibí el *feedback* de un proyecto que me habían pedido, en el que había dos comentarios clave: que uno de los enfoques era literalmente «absurdo», y que habían pecado de un exceso de confianza en mí. Estos dos comentarios finalistas se enmarcan plenamente dentro de la categoría de *feedback* negativo. Lo más curioso de la situación es que uno de los objetivos de la propuesta que me habían pedido era mejorar las relaciones humanas de una organización a través, entre otros procesos, del *feedback*.

Distintos trabajos han analizado la influencia del *feedback* positivo en comparación con el negativo sobre la conectividad cerebral, y las consecuencias que puede tener para el comportamiento futuro de las personas. De forma resumida, se ha visto que el *feedback* positivo activa el estriado con más intensidad, cosa que facilita anticipar recompensas futuras. También activa la corteza prefrontal con más intensidad, lo cual favorece la reflexión y la planificación. E incrementa la retención de los aprendizajes. El *feedback* negativo, en cambio, tiende a activar la amígdala, y lo hace en modo «amenaza». Esto favorece emociones de temor o de ira para «huir» o «defenderse» de la posible amenaza. Emociones de alejamiento, en cualquier caso, que no son proactivas para continuar avanzando. También se ha constatado que el *feedback* negativo acelera los aprendizajes a corto plazo, porque los vincula a sensaciones de amenaza, pero de forma finalista, no proactiva y propositiva, lo cual puede afectarnos negativamente a medio y a largo plazo.

En este sentido se ha constatado que el *feedback* positivo activa las redes neuronales implicadas en iniciar cursos de acción, mientras que el negativo tiende a activar las redes neuronales implicadas en detener acciones. En resumen, el *feedback* negativo contribuye a generar cierta parálisis cognitiva, por decirlo de alguna manera, mientras que el positivo predispone a la acción. Favorece lo que en lenguaje técnico se denomina *feedforward*. El *feedback* aprovecha los aprendizajes previos. El *feedforward* aprovecha estos aprendizajes para proyectarlos hacia el futuro, de forma anticipatoria.

Solución al juego:

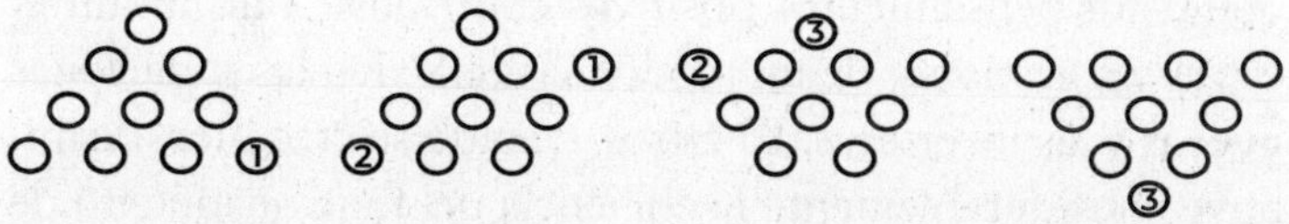

La trampa del talento y la certeza de la resiliencia

Llegados a este punto, debemos hacernos una pregunta. Si el error es instintiva, biológica y cerebralmente una fuente de aprendizaje y crecimiento, y si además el *feedback* positivo, tanto el que recibimos del entorno como el que ofrecemos a otras personas, incluido el que nos damos a nosotros mismos, nos lleva hacia la acción enfocada al futuro, ¿cómo nos imaginamos ese futuro, individual y colectivo?

Hay dos maneras extremas de imaginárselo: de forma utópica o, alternativamente, distópica. Una utopía es la concepción imaginaria de una situación o una sociedad ideales. Una distopía, en cambio, es la concepción imaginaria de una sociedad indeseable, con características negativas que causan alienación humana. Por descontado, entre estos dos extremos existe toda una gama de posibilidades, que son las que normalmente nos encontramos en nuestro día a día. Prever las distopías nos ayuda a estar prevenidos, a tomar las precauciones necesarias para evitar que se hagan realidad. Sin embargo, tener pensamientos distópicos sobre el entorno o sobre nosotros mismos puede contribuir a inhibir nuestras acciones y puede acabar resultando bloqueante.

En cierto modo, los pensamientos utópicos nos remiten a los pensamientos positivos. Estos no son utópicos en el sentido estricto de la palabra, pero nos llevan a situaciones futuras deseables. Pues bien, distintos trabajos han demostrado que tener pensamientos positivos contribuye a disminuir el estrés y a gestionar de un modo más reflexivo las situaciones nuevas y las incertezas. El estrés, cuando se cronifica, disminuye considerablemente la eficiencia del funcionamiento de la corteza prefrontal, cosa que dificulta los procesos reflexivos y de planificación, la metacognición, la gestión de los estados emocionales y la toma de decisiones razonadas. Por eso tener pensamientos positivos, desestresantes, ayuda a mantener la eficiencia de estos procesos cerebrales tan importantes.

Con todo, no debemos caer en la «tiranía» del pensamiento positivo. Sería creer que si pensamos de forma positiva todo irá necesariamente bien. Para ser útil, un pensamiento positivo debe ser, antes que nada, realista. Esto es, debe asumir quiénes somos y cómo somos, qué debilidades y fortalezas tenemos, qué amenazas y qué oportunidades se nos presentan, también en relación con el entorno. Pero debe ser asimismo optimista y llevarnos hacia un estado de motivación intrínseca, dado el vínculo neuronal y neuroquímico que existe entre el optimismo, la motivación y las sensaciones de recompensa, incluida la anticipación de recompensas futuras, para alentarnos a seguir adelante, aunque no lleguemos al objetivo que más nos gustaría.

Una de las maneras de ver esta tiranía del pensamiento positivo es pensar, como ya hemos dicho varias veces, que «si quiero, puedo», excluyendo la visión realista de las situaciones. Otro modo de verla es a través de la frase, que se ha hecho muy famosa, que dice que «todo el mundo tiene un talento». Sé que lo que diré ahora puede ser controvertido y criticable, pero ya veréis que después lo reconduzco (lo cual no quiere decir que no debáis criticarlo, sino que os pido que no lo hagáis hasta que hayáis acabado de leer este apartado).

La pregunta que planteo es: ¿es cierto que todo el mundo tiene un talento? He leído en muchos sitios diferentes frases que dicen que absolutamente todo el mundo tiene un talento. Se suele considerar que el talento es una especial aptitud intelectual o una capacidad natural o adquirida para ciertas cosas. Por tanto, es lo mismo que decir que todo el mundo tiene una cualidad en la que destaca sobre los demás. Y no estoy de acuerdo. ¿Qué ocurre si alguien no tiene ninguna cualidad que le haga destacar por encima del resto? ¿Y qué ocurre si alguien tiene muchas cualidades diferentes que destacan? Analicémoslo.

Por cierto, un talento también es una unidad de peso empleada por los pueblos antiguos del Mediterráneo y de Mesopotamia, de valor elevado y variable. Esta segunda definición puede parecer innecesaria en este contexto, pero veréis que también la utilizo.

Retrocedamos un poco, a los primeros capítulos del libro, cuando hablábamos de genética y de epigenética, es decir, de la influencia que tienen las variantes génicas en todos y cada uno de los aspectos de nuestra psique y de nuestros comportamientos, y de cómo contribuye el ambiente a establecer marcas epigenéticas que asimismo actúan en estos mismos niveles. Recordemos también cuando comentábamos la importancia de la plasticidad neuronal que incorpora los factores ambientales, incluidos los aprendizajes y las experiencias vitales. Veremos que, por azar, por mera estadística, puede haber personas en las que confluyan unas variantes génicas que favorecerán algunos o muchos de sus procesos cognitivos y que, además, por simple azar, se habrán formado y vivirán en un ambiente estimulante que también potenciará las marcas epigenéticas y las conexiones neuronales más eficientes para fortalecer aún más su vida mental.

Y también todo lo contrario. Por simple azar estadístico habrá personas a las que las confluencias llevarán en el sentido opuesto. Sabiendo eso, ¿podemos afirmar sin ningún resquicio de duda que todo el mundo, absolutamente todo el mundo, tiene un talento en el que destaca por encima de las demás personas? Aunque lamento decirlo, estoy convencido de que no.

¡Pero atención!

Antes de que cerréis el libro y penséis que os decepciono, seguid leyendo. Porque el hecho de que piense que no todo el mundo posee un talento no implica que no pueda tener uno muy interesante. Y este es, para mí, el quid de la cuestión, lo que vincula los talentos con la mentalidad de crecimiento y la posibilidad de disfrutar de una vida más plena. Me explico mejor.

Decía que tener un talento es disponer de una aptitud especial. Pero fijémonos en la segunda acepción que he mencionado: una unidad de peso de valor elevado y variable. Si el talento mental también es variable, ¿de qué sirve comparar talentos entre personas distintas en lugar de compararlos en una misma persona en dos momentos de su vida? Si antes una persona no tenía cierta aptitud, o la tenía en un grado reducido, pero gracias a los aprendizajes que ha realizado, a la motivación, al esfuerzo y muy posiblemente también al apoyo del entorno, la ha potenciado, ¿no es eso haber adquirido un talento respecto a sí misma? Desde esta perspectiva, todo el mundo puede ser talentoso, porque todo el mundo puede continuar progresando, con independencia del punto de partida y de dónde se encuentre en cada momento. Y con independencia del nivel de talento o de talentos del resto de las personas.

Por otro lado, si nos fijamos en la mentalidad de crecimiento, en el «simple» hecho de tener los estados mentales que lleva asociados y que nos permiten seguir avanzando —quizá más despacio de lo que nos gustaría, posiblemente sin que podamos llegar a todos los objetivos y propósitos finales que nos hayamos marcado, siendo sobre todo realistas, pero que aun así nos permiten continuar avanzando—, ¿no es eso un talento en sí mismo, una aptitud especial que, con motivación y esfuerzo, favorece cualquier habilidad que puede ir incrementando en nosotros mismos? En este sentido, para desarrollar un talento es necesario tener una buena disposición de ánimo. Y la mentalidad de crecimiento también implica necesariamente una buena disposición de ánimo. Es así como creo que debemos entender el talento para poder afirmar que todo el mundo puede tener este talento, una disposición de ánimo buena para continuar creciendo.

No obstante, según cómo interpretemos estas últimas explicaciones sobre el talento, podemos volver a caer en la trampa de la simplificación, de pensar que «si quieres, puedes». Si una persona sabe encontrar su motivación y se dedica a ella, avanza: ese es el talento. Pero a menudo por el camino cometemos errores —hemos hablado de ello en el apartado anterior—, y la vida de cualquier persona está llena de situaciones que pueden haber sido adversas. Por azar, hay personas que han vivido más situaciones adversas que otras, o mucho más dramáticas. Por eso lo que no podemos poner en duda es la importancia y la certeza de la resiliencia para favorecer la mentalidad de crecimiento y avanzar hacia una vida más plena.

La resiliencia es el proceso de adaptación psicológica ante la adversidad o la amenaza, e incluye la capacidad de hacer frente al estrés y gestionarlo. Se trata de un proceso dinámico, que globalmente promueve el bienestar (pronto hablaremos de qué quiere decir «bienestar» para el cerebro). El nivel de resiliencia de cada uno depende de distintos factores. Hay, por un lado, factores genéticos. Hemos hablado de ellos cuando tratábamos la heredabilidad de las características cognitivas y mentales, en el capítulo 3. A modo de recordatorio, la heredabilidad de la resiliencia es del 52 % en los hombres y del 38 % en las mujeres. Lo que indica es que los factores ambientales que promueven la resiliencia, como pueden ser el estilo educativo que hemos recibido o los azares con los que nos ha sorprendido la vida, influyen más en la resiliencia global de las mujeres que en la de los hombres.

La infancia resulta clave para el nivel de resiliencia que podemos mostrar. Se ha constatado que las situaciones traumáticas vividas durante la infancia, como pueden ser el abuso físico, sexual o emocional, o la negligencia física o emocional, reducen la capacidad de resiliencia. No la aumentan, como a veces he oído decir a personas que defienden que a los niños hay que tratarlos con mano dura «para que se espabilen», con lo cual fácilmente se puede caer en el abuso o la negligencia emocional y psicológica. En este sentido, una investigación publicada en marzo de 2021 demostró que una educación demasiado estricta influye en la morfología y el funcionamiento de determinadas zonas del cerebro, y que estos cambios favorecen la manifestación de comportamientos asociados a más impulsividad, ansiedad y depresión durante la adolescencia, que se pueden mantener durante toda la vida adulta.

En este trabajo se hacía un seguimiento de casi un centenar de niños canadienses, de edades comprendidas entre los dos y los nueve años. Una vez al año se valoraba hasta qué punto era estricta la educación que recibían en casa por parte de sus padres, y también el nivel de ansiedad que eso les provocaba. Después, cuando alcanzaron los dieciséis años, se examinó la estructura de su cerebro y se evaluaron algunas características de comportamiento. Uno de los efectos inmediatos en los niños que habían sido educados de un modo muy estricto y sin un apoyo emocional adecuado fue un incremento de la ansiedad. El apoyo emocional, o en este caso la falta de apoyo emocional, es clave. Al llegar a la adolescencia, se vio que en estas personas había dos zonas muy concretas del cerebro que se habían desarrollado menos: la amígdala, que genera las emociones, y la corteza prefrontal, que es donde se gestionan las emociones y se genera el pensamiento reflexivo.

En el extremo aparentemente opuesto, también se ha visto que la sobreprotección afecta a los niños de manera negativa. Entre otros aspectos, disminuye su capacidad de resiliencia y reduce la capacidad que tienen posteriormente en la vida, en especial a partir de la adolescencia, de gestionar la ansiedad y el estrés, y de valorar de forma ponderada las exigencias de los retos. Ya hemos hablado de los efectos negativos tanto de la sobreprotección como de la sensación de abandono en la construcción del cerebro. A este nivel, la sobreprotección debería entenderse también, a partir de cierto punto, como incapacitante para llevar una vida empoderada y resiliente, igual que el maltrato emocional y que el abandono emocional.

Todo esto también se aplica en cierta medida a la vida adulta. Un trabajo publicado a mediados de 2023 demostró que el hecho de que algunos adultos enfaticen demasiado la necesidad de vivir con seguridad provoca una disminución de su capacidad de resiliencia. El riesgo forma parte de la vida, y asumirlo de manera realista y optimista refuerza los mecanismos de resiliencia del cerebro.

En este sentido, la resiliencia también depende del tipo de personalidad. Se ha observado, por ejemplo, que las personas positivas, optimistas y que confían de un modo realista en sus posibilidades tienen tendencia a ser más resilientes. Desde una perspectiva educativa, existe una correlación directa entre la resiliencia y la probabilidad de prosperar superando las dificultades y aprendiendo de los errores. Y también existe una correlación inversa con la predisposición a tener problemas de relaciones sociales y de salud mental.

En cualquier caso, debemos seguir teniendo presente que el cerebro, como órgano plástico y maleable que se halla en interacción constante con el entorno y que también se ve afectado por nuestros pensamientos, siempre puede incrementar la resiliencia, a través de la autoconfianza y la autoestima, el optimismo de base realista y, asimismo, el hecho de tener un propósito vital. Este último aspecto es muy importante. Tener un propósito vital, establecer metas realistas pero que nos permitan avanzar, incrementa la capacidad de resiliencia y la sensación de bienestar, y de forma indirecta afecta positivamente al optimismo y la motivación, y fortalece la mentalidad de crecimiento.

Con los estudios neurocientíficos se ha constatado que la resiliencia se sustenta en distintos circuitos neuronales que conectan zonas del cerebro que ya conocemos bien: la amígdala, que genera las emociones y participa de las reacciones de estrés; la corteza prefrontal, que gestiona los estados emocionales y contribuye a la regulación del comportamiento y los procesos cognitivos de la reflexividad y la metacognición; el hipocampo, que maneja los recuerdos y la memoria; y el estriado, que está vinculado a la anticipación de recompensas, la motivación y el optimismo. En definitiva, casi todo acaba relacionado con estas estructuras cerebrales y los procesos mentales y cognitivos que gestionan.

No pretendo escribir un tratado sobre la resiliencia. Solo quiero destacar su importancia en el contexto de este libro, en la mentalidad de crecimiento, y enfatizar algunos aspectos que pueden ayudar a trabajarla. Uno es la reevaluación cognitiva, que puede definirse como la capacidad de controlar y evaluar los pensamientos y de sustituir los pensamientos negativos por positivos, lo que se asocia con la metacognición y la gestión emocional. También el hecho de recibir apoyo emocional de nuestro entorno familiar, de amistades y social, proporciona más seguridad, lo cual facilita la resiliencia. Volvamos a recordar aquí el caso real de la chimpancé que mencioné en el capítulo 2, que ante la sorpresa de descubrir el cielo por primera vez en la vida después de haber estado veintiocho años enjaulada, recibió el apoyo emocional en forma de presencia y acompañamiento de los demás chimpancés.

Debemos aclarar, no obstante, que este apoyo social no implica esperar que los demás nos saquen las castañas del fuego, por decirlo de alguna forma, sino percibir que nos apoyan mientras somos nosotros los que las sacamos. Ningún chimpancé la llevó cogida de la mano a descubrir el nuevo entorno. La acompañaron mientras ella exploraba por sí misma. Curiosamente, varios trabajos han sugerido que dar apoyo a los demás puede llegar a ser más beneficioso mentalmente para quien lo da que para quien lo recibe, porque también reduce las respuestas fisiológicas al estrés. Ciertamente el cerebro humano está adaptado a la vida social, a potenciarla y mantenerla.

Finalmente, para desarrollar una resiliencia sana, también es importante no querer huir de las situaciones comprometidas o de estrés, sino afrontarlas. Esto tiene una relación directa con la mentalidad de crecimiento. Las personas que muestran una mentalidad fija suelen centrarse en los problemas, mientras que las que tienen una mentalidad de crecimiento se fijan en las soluciones y utilizan los problemas como fuente de nuevos aprendizajes. Se ha visto que los niños, los jóvenes y los adultos que se encuentran en situaciones de estrés intermitente, siempre que sea ocasional y leve o, a lo sumo, moderado, desarrollan mecanismos mentales que los ayudan a gestionar este estrés, cosa que favorece la resiliencia. Se trata de un proceso que se denomina «fortalecimiento». Esto no quiere decir que debamos generarles estrés a propósito, sino que no debemos evitarles siempre las situaciones que pueden provocarles ese estrés (porque estaríamos sobreprotegiéndolos). El estrés crónico y agudo perjudica la resiliencia, como hemos explicado en párrafos anteriores de este mismo apartado, mientras que el juego infantil libre, sin intervención de los adultos, es una de las mejores maneras de potenciar el empoderamiento, la capacidad de gestionar el estrés y los retos, y también de desarrollar la resiliencia.

Flexibilidad cognitiva y creatividad

Otro aspecto clave para generar y mantener una mentalidad de crecimiento es la llamada «flexibilidad cognitiva». Se trata del proceso cerebral que permite cambiar la manera de pensar cuando se dispone de nuevos datos y que también permite generar respuestas diferentes ante una misma situación. Otra forma de definirla es como la capacidad que tenemos de ir cambiando entre distintas tareas, operaciones mentales u objetivos de manera flexible. Comporta la gestión de estrategias dinámicas que nos permiten adaptar nuestro comportamiento y nuestras acciones a situaciones inesperadas, pensando sin rigidez. Se opone, por tanto, a los pensamientos o las actitudes dogmáticas. A continuación hablaremos más de esta cuestión, porque también resulta fundamental. En cualquier caso, la flexibilidad cognitiva es crucial para tener opciones entre las cuales poder decidir y para reajustar el comportamiento a medida que se va desarrollando una situación de manera adaptativa y consciente. Se relaciona con la metaconciencia y con otro aspecto cognitivo muy interesante del cual aún no hemos hablado: la inteligencia fluida.

La inteligencia fluida hace referencia a las operaciones mentales que puede utilizar una persona para resolver problemas nuevos sin ningún conocimiento previo específico, utilizando y combinando los conocimientos que tiene sobre otras cuestiones de manera innovadora. Incluye los razonamientos inductivos y deductivos, y se relaciona con la creatividad. En contraposición, la inteligencia cristalizada hace referencia a la amplitud y la profundidad de los conocimientos de una persona. Por descontado, la inteligencia cristalizada también es importante, ya que aporta los datos para que la fluida pueda generar respuestas nuevas a situaciones inesperadas, pero, en relación con la flexibilidad cognitiva, con la posibilidad de cambiar el pensamiento o de generar distintos pensamientos ante una misma situación, la inteligencia fluida es fundamental.

La flexibilidad cognitiva forma parte de las llamadas «funciones ejecutivas», de las cuales hemos hablado varias veces. Incluyen, entre otros aspectos, la capacidad de reflexionar, de planificar, de decidir basándonos en los razonamientos previos que hayamos hecho y de inhibir las respuestas impulsivas o, en otras palabras, de gestionar el estado emocional. También incluyen la memoria de trabajo (o memoria operativa), que consiste en la capacidad de almacenar y manipular la información temporalmente para la realización de tareas cognitivas complejas, como por ejemplo la comprensión del lenguaje, la lectura, las habilidades matemáticas o el razonamiento. Es un tipo de memoria a corto plazo que nos permite comparar opciones distintas para buscar semejanzas y diferencias, descartar algunas, etcétera. Por tanto, también es necesaria para mantener una buena flexibilidad cognitiva.

Como con el resto de las funciones ejecutivas, las redes neuronales que gestionan la flexibilidad cognitiva están situadas en la corteza prefrontal del cerebro. El estrés ocasional leve o, como máximo, moderado puede representar un estímulo que las active. Pero el estrés crónico o agudo hace que disminuya la eficiencia de su funcionamiento, hasta llegar a bloquearlas. Este aspecto resulta muy interesante. ¿Recordáis cuando, en las historias iniciales de este capítulo, hablaba del filósofo y ensayista alemán Peter Sloterdijk y de su obra *Estrés y libertad*? Dice este filósofo que la forma de mantener cohesionada a una población es generar estrés, una sensación de urgencia y de peligro que limita la flexibilidad y el progreso individual consciente.

Un par de trabajos publicados a principios de 2023 identificaron algunas de las redes neuronales que favorecen tanto la flexibilidad cognitiva como la inteligencia fluida, y, contrariamente a lo que cabría pensar, son redes inhibitorias. Es decir, tienen la función de inhibir acciones o pensamientos una vez que ya se han iniciado, de manera reflexiva, para que el resto de las redes implicadas en esta capacidad puedan generar otras nuevas. Inhibir los impulsos es esencial y al mismo tiempo libera el cerebro de ideas preconcebidas, como las que, dicho de pasada, pueden sustentar la mentalidad fija. La flexibilidad cognitiva no es solo producir ideas nuevas, sino limitar las que no nos dejan generarlas.

Las ideas preconcebidas, a menudo de origen dogmático, están presentes en todas las personas, con frecuencia sin que seamos conscientes de ello. Un dogma es, según el diccionario, una «proposición tenida por cierta y como principio innegable». En cierto modo los dogmatismos contribuyen a mantener la sociedad cohesionada en torno a una estructura determinada y ayudan a mantener el equilibrio personal en situaciones de incertidumbre, cuando el número de opciones es reducido. Y también a la inversa: cuando no podemos visualizar distintas opciones posibles ante una situación determinada, utilizamos respuestas dogmáticas porque nos aportan una sensación de seguridad (posiblemente una falsa seguridad, cabe añadir). Por eso todos tenemos dogmas o ideas preconcebidas arraigadas en el cerebro desde pequeños. En cambio, se ha demostrado que la reflexividad y la flexibilidad cognitiva permiten gestionar mejor las incertezas cuando el número de posibilidades es más amplio. O quizá también suceda a la inversa: cuando logramos entrever un gran número de posibilidades es que hemos utilizado bien nuestra flexibilidad cognitiva.

En un trabajo publicado en 2017, por ejemplo, se examinó qué características cognitivas se asociaban a los pensamientos dogmáticos y, alternativamente, a los reflexivos. Según las conclusiones de este estudio, las personas más dogmáticas presentan menos flexibilidad cognitiva y no tienen tanta consideración por las opiniones de los demás, cosa que incrementa la sensación de confianza en sí mismas y en el entorno social con el que comparten los dogmas, siempre que no se produzcan cambios sustanciales. No obstante, también se muestran más desconfiadas con las personas de otras culturas o ideologías, y son más propensas a querer políticas discriminatorias y represivas contra la discrepancia. También el estrés, el miedo y la ansiedad reducen la flexibilidad cognitiva, lo que hace que disminuya el abanico de respuestas que podemos planificar ante una situación, un problema o un reto determinado. Y favorece la adquisición de dogmas.

La característica cognitiva opuesta a la flexibilidad cognitiva es la rigidez mental. Se refiere a la incapacidad de adaptarnos a las novedades y a los cambios. Es un patrón de pensamiento y de comportamiento que nos lleva a actuar de manera determinada y constante, a menudo dogmática o basada en ideas preconcebidas, a pesar de que los resultados que obtengamos no sean los deseados. La flexibilidad cognitiva y la rigidez mental son los dos extremos de un gradiente en el que cada persona está situada en un punto determinado, desde una flexibilidad cognitiva que nos permite ser resolutivos de manera abierta y cambiante, hasta una rigidez mental que nos convierte en individuos de comportamiento casi automatizado que no deja lugar a imprevistos ni novedades. Como la persona que he mencionado en una de las historias iniciales de este capítulo, a la que me encontré en un hotel de China, que era incapaz de adaptarse mínimamente al modo en que otros países interpretan la cocina occidental, hasta el punto de llegar a la ofensa y el insulto. Todo lo contrario del exguerrillero reconvertido en apasionado y apasionante guía en la selva de Borneo, de quien también he hablado.

Las personas que presentan rigidez mental tienen dificultades a la hora de valorar perspectivas o puntos de vista diferentes de los suyos. Y también rechazan en la medida de lo posible pensar en soluciones nuevas o recurrir a ellas para situaciones que dominan o creen que podrían dominar. Recordemos las preguntas que caracterizan la mentalidad estratégica, que para mí forman parte de la mentalidad de crecimiento vista en sentido amplio y que, incluso, la impulsan: «¿De qué otra forma puedo hacer lo que estoy haciendo?», «¿Hay algún modo de hacerlo mejor?».

Asimismo, se ha visto que las personas mentalmente rígidas son mucho más propensas a tener emociones que generen sensaciones desagradables, como miedo, ira, frustración e impotencia. Ya hemos hablado de las emociones y hemos dicho que todas son útiles y necesarias en determinadas circunstancias, pero la cuestión es qué estados emocionales predominan en nuestro día a día. Las personas que presentan un nivel alto de flexibilidad cognitiva, en cambio, suelen ser más optimistas y les resulta más fácil encontrar motivaciones intrínsecas. Socialmente, la rigidez mental favorece la intolerancia hacia las personas que se consideran de otros grupos (étnicos, ideológicos, sociales, culturales, lingüísticos, etcétera) y disminuye la empatía.

¿Podemos hacer algo para favorecer la flexibilidad cognitiva o para disminuir nuestra rigidez mental? Según la psicología positiva, que es la rama de la psicología que estudia las bases del bienestar psicológico, hay tres pasos clave. Primero, tener objetivos y un propósito; es decir, planificar el futuro. Segundo, encontrar diferentes maneras de alcanzar los objetivos; es decir, mantener una flexibilidad cognitiva adecuada. Y tercero, creer en la capacidad transformadora de uno mismo para instigar los cambios y conseguir los objetivos; es decir, gestionar adecuadamente las funciones ejecutivas y mantener una mentalidad de crecimiento. En este sentido, dos de los pasos que podemos dar para gestionar la rigidez mental son reevaluarnos para cobrar conciencia de nuestras capacidades (debilidades y fortalezas, retos y oportunidades) y progresar a partir de ahí.

Uno de los aspectos que en cierto modo derivan de la flexibilidad cognitiva y que al mismo tiempo incrementan su importancia es la creatividad. Para el cerebro, la creatividad es la posibilidad de establecer nuevas conexiones neuronales entre elementos aparentemente dispares y no relacionados. Para la neurociencia cognitiva, es la habilidad de cuestionar asunciones, romper límites intelectuales, reconocer patrones que quedan ocultos a primera vista, observar el entorno de manera crítica y analítica, y establecer relaciones nuevas entre elementos aparentemente no vinculados. Es consustancial a la especie humana. Nacemos siendo creativos, pero para poner en práctica la creatividad necesitamos adquirir conocimientos y experiencias, que son los que combinaremos o interpretaremos de manera innovadora. En otras palabras, necesitamos tanto la inteligencia fluida como la cristalizada.

En el cerebro, el pensamiento creativo implica unos circuitos neuronales concretos. Un trabajo publicado en 2018 por investigadores estadounidenses, austriacos y chinos ha permitido visualizar las diferencias de conectividad durante la generación de pensamientos creativos. Se ha visto que durante la realización de tareas cognitivas no creativas se activan especialmente zonas relacionadas con la memoria, como el hipocampo y el cerebelo. En cambio, cuando tenemos pensamientos creativos se activan la red neuronal por defecto y las redes de control de las funciones ejecutivas y atencionales. La red neuronal por defecto está formada por un conjunto de regiones del cerebro que mantienen la actividad cerebral mientras la mente se encuentra en reposo. Cuando no se fuerza la actividad cognitiva, esto es, cuando se deja que la mente descanse, el cerebro no se detiene, sino que emite una gran cantidad de señales de sincronización que permiten coordinar la actividad entre regiones distantes del cerebro, cosa que sirve para asegurar que estén listas para reaccionar de forma concertada ante cualquier estímulo repentino. Al mismo tiempo sirven para fijar los nuevos aprendizajes y relacionarlos con las experiencias y conocimientos anteriores. De ahí que a menudo los pensamientos creativos surjan durante periodos de descanso, después de haber llevado a cabo actividades cognitivas conscientes. Simplemente, el cerebro establece relaciones funcionales entre zonas que, cuando lo forzamos, se mantienen al margen unas de otras.

En cuanto a las redes de las funciones ejecutivas y atencionales, ya hemos hablado al respecto en distintas ocasiones y no haré más énfasis en ellas. Solo recordemos que están implicadas en la reflexividad, la gestión emocional, el control de los impulsos y la metacognición, entre otras tareas. Estos tres grandes circuitos funcionan como un equipo. Cada uno lleva a cabo su propia función dentro del cerebro, pero cuando trabajan juntos de manera coordinada es cuando se generan pensamientos creativos. Estos, a su vez, nos permiten encontrar más respuestas posibles ante una misma situación y superar los obstáculos, motivo por el cual se relacionan con la mentalidad de crecimiento a través de las características cognitivas que lleva asociadas.

De manera simplificada, la red neuronal por defecto genera ideas, la red de control ejecutivo las evalúa y la red atencional ayuda a identificar qué ideas se mantienen en la red de control ejecutivo para que continúe su procesamiento. Forman, en conjunto, un sistema flexible y adaptable relacionado con el denominado «pensamiento divergente», que se correlaciona con la curiosidad y la búsqueda de novedades. Las personas con pensamiento divergente se caracterizan por buscar opciones nuevas ante cualquier pregunta o situación, y no se conforman con las preestablecidas, las más habituales o las rutinarias. En contraposición, las personas con pensamiento convergente solo tienen en cuenta un número limitado de opciones.

La búsqueda de novedades es un rasgo de la personalidad asociado a la actividad exploratoria y se desencadena como respuesta a una nueva estimulación. Está íntimamente ligada a la capacidad de aprendizaje, y también a la creatividad, ya que impulsa a explorar el entorno y, al mismo tiempo, a hacerlo de manera nueva. Curiosamente, las principales redes neuronales relacionadas con la búsqueda de novedades se encuentran en una zona del cerebro denominada *substantia nigra*. Las neuronas de esta región producen grandes cantidades de dopamina, que sirven para estimular el estriado, del cual hemos hablado varias veces en relación con las sensaciones de recompensa, la anticipación de recompensas futuras, la motivación y el optimismo. La *substantia nigra* también está estrechamente vinculada con el hipocampo y la amígdala, de ahí que esta característica cognitiva, la búsqueda de novedades, también se relacione directamente con el aprendizaje y la memoria, y con los estados emocionales. En este contexto, el hipocampo compararía los estímulos con los recuerdos existentes, mientras que la amígdala respondería a los estímulos emocionales y fortalecería los recuerdos asociados a largo plazo.

Un trabajo publicado a finales de 2023 por un grupo de investigadores catalanes ha demostrado incluso que un estado socioemocional positivo y proactivo estimula la creatividad, con todos los demás elementos cognitivos que, como hemos visto, lleva asociados. Sin embargo, esto no quiere decir que los demás estados emocionales no puedan también estimular la creatividad y el pensamiento divergente. Otro trabajo prácticamente simultáneo publicado por científicos alemanes demuestra que las emociones que generan sensaciones de apatía o desasosiego también pueden estimular la creatividad y el pensamiento divergente, siempre que dediquemos un rato a reevaluarlas metacognitivamente. Fijaos en que, en definitiva, todo está relacionado dentro del cerebro, y todo apunta hacia la importancia de la mentalidad de crecimiento para el progreso personal, entendida como una vivencia íntima que no tiene que estar vinculada necesariamente con el estatus profesional que adquiera una persona ni con las ambiciones que cada uno pueda tener, aunque contribuyen a generar la sensación de disfrutar de una vida más plena.

¿Bienestar o felicidad? Del placer hedónico al eudemónico pasando por el sentido del humor y el perdón

Cada vez queda menos para concluir el libro, y creo que merece la pena volver a algunos de los elementos iniciales que aún no hemos recuperado pero que adelanté que serían necesarios. ¿Recordáis la «fórmula matemática» que aparecía en la introducción?

$$Vida = \int_{nacimiento}^{muerte} \frac{bienestar}{tiempo} \Delta\, tiempo$$

Traducida, viene a decir que la vida acaba siendo la suma total del bienestar que experimentamos entre nuestro nacimiento y nuestra muerte. Hemos hablado en varias ocasiones de bienestar y lo hemos relacionado con la mentalidad de crecimiento, y ahora ha llegado el momento de hacer una distinción clave entre bienestar y felicidad. Porque, a pesar de que muchas veces quizá utilicemos estas palabras como sinónimas, no lo son. Y las diferencias, en lo que respecta al tema de este libro, son importantes.

Hace tiempo que se utiliza el concepto de felicidad demasiado a la ligera, incluso, o sobre todo, como un reclamo comercial. Da la impresión de que, si no nos sentimos permanentemente felices, la vida ya no vale la pena. Solo tenemos que echar un vistazo a la mayoría de las entradas en las principales redes sociales, donde parece que sus protagonistas rebosan felicidad por todas partes. En el cerebro, «felicidad» y «bienestar» no son sinónimos, y no producen los mismos efectos. El bienestar es la percepción subjetiva de sentirnos relativamente a gusto con nosotros mismos y con el entorno, incluyendo las relaciones socioemocionales y afectivas que establecemos. Integra las necesidades, los deseos, los objetivos y los propósitos vitales; favorece que gestionemos los retos que nos afectan, y también que integremos de manera positiva y proactiva las experiencias que tenemos a lo largo de la vida. El bienestar genera una motivación y un optimismo de base realista, y no tiene fecha de caducidad.

La felicidad, en cambio, genera sensaciones mucho más intensas y explosivas y, por tanto, mucho más placenteras, pero son efímeras y con una motivación y un optimismo a menudo falaces. Y tras una explosión de felicidad, si no llega otra, por oposición tendemos a sentirnos vacíos, sin objetivos vitales. Un aspecto importante de estas diferencias es que dentro del bienestar tienen cabida, por ejemplo, emociones como la tristeza o la frustración, que permiten aceptar las pérdidas y las decepciones y, por tanto, facilitan que las dejemos atrás y sigamos avanzando de forma resiliente. También admite los errores como fuente de nuevos aprendizajes. La felicidad, en cambio, no los admite, o se acaba cuando los notamos. Incluso el bienestar admite emociones como la envidia, que bien entendidas pueden ser un motor de progreso.

Curiosamente, ambos estados mentales se hallan vehiculados por el mismo tipo de neurotransmisores, pero en distintas proporciones: dopamina, serotonina, adrenalina, endorfinas, oxitocina, endocannabinoides y GABA. La dopamina genera sensaciones de recompensa, incluso de placer intenso. También activa los estados motivacionales y nos hace ser optimistas. La serotonina, a su vez, genera un estado de ánimo positivo y favorece la confianza, la autoestima, la autopercepción positiva, sentimientos de dignidad y sensaciones de pertenencia al grupo. La adrenalina energiza el cuerpo, el cerebro, y genera sensaciones de vitalidad. Las endorfinas disminuyen la sensación de dolor y también favorecen un estado de ánimo positivo. La oxitocina está implicada en el establecimiento y el mantenimiento de vínculos sociales y en la sensación de placer social. Los endocannabinoides son unos cannabinoides naturales que mejoran el estado de ánimo y favorecen la memoria y otros procesos cognitivos. Finalmente, el GABA genera sensaciones de calma mental y disminuye la ansiedad.

Si queremos ser resilientes, con capacidad de establecer objetivos y propósitos desde una motivación y un optimismo realistas, de afrontar los retos sin agobios para continuar creciendo en el plano personal y, por qué no, también académico y profesional, debemos ofrecernos y ofrecer a nuestros hijos y estudiantes más apoyo emocional no sobreprotector para autogestionarnos, y que se autogestionen, desde el empoderamiento. Y también debemos construir una sociedad y una educación que no (solo) pongan el foco en la felicidad, sino de manera muy especial en el bienestar (objetivos y propósitos vitales, esfuerzos asequibles, y vínculos socioemocionales y afectivos satisfactorios).

Pensemos que el bienestar, que implica sensaciones de recompensa y placer, es uno de los motores más poderosos de nuestro comportamiento. Hemos hablado de él en relación con la motivación, el optimismo y, por descontado, la mentalidad de crecimiento. Pero hay otro aspecto que es importante tener en cuenta. Un trabajo publicado en 2014 por investigadores estadounidenses demostró que, a nivel neuronal y de funciones cognitivas, no todos los placeres son iguales ni tienen las mismas consecuencias.

En el siglo IV a. C., Aristóteles ya distinguió, de manera muy intuitiva, dos formas de obtener bienestar: la hedonista, que considera el placer personal como la razón principal de la vida, y la eudemónica, que se alcanza a través de un sentimiento de utilidad y con un objetivo vital más social, no tan solo individual. En otras palabras, el bienestar eudemónico se sustenta en el propósito de una sociedad mejor y más justa, y en el esfuerzo —gratificante— que eso exige. Surge de los sentimientos de recompensa que experimentamos cuando nos implicamos socialmente, como, por ejemplo, cuando ayudamos a otras personas o colaboramos con ellas, mostramos gratitud y trabajamos con objetivos a largo plazo que consideramos importantes. El bienestar hedonista, en cambio, proviene de placeres más externos e inmediatos dirigidos hacia uno mismo, como por ejemplo comer, ver un partido de fútbol, ir de compras o emborracharse.

Según los datos neurocientíficos aportados por este trabajo, en ambos tipos de placer se activa el estriado, la zona del cerebro que se relaciona con las sensaciones de recompensa y la anticipación de recompensas futuras. También se activan la amígdala y la corteza prefrontal. Ahora bien, es cuestión de proporción. En el caso del placer hedónico se activa más la amígdala que la corteza prefrontal, y en el caso del eudemónico ocurre a la inversa. ¿Qué implican estas diferencias aparentemente sutiles? Por un lado, que el placer hedonista es más impulsivo, ya que las respuestas conductuales que surgen de la amígdala, por el hecho de ser emocionales, son siempre inicialmente preconscientes. Por otro, que el placer eudemónico implica más control cognitivo sobre nuestros comportamientos, porque esta es una de las funciones primordiales de la corteza prefrontal.

En neurociencia cognitiva también se distinguen con claridad estas dos vías de gestión del comportamiento. La primera se denomina *bottom-up* («que va hacia arriba»). Parte de la amígdala y sube hacia la corteza prefrontal. La segunda se denomina *top-down* («de arriba hacia abajo»), porque realiza el proceso de control inverso: va de la corteza prefrontal hacia la amígdala. Estos nombres se han tomado prestados de la programación de ciencias de la información. Sea como sea, el sistema *top-down*, que se asocia al placer eudemónico, permite comportamientos más flexibles y adaptables a los cambios y las contingencias del entorno, y también a los estados emocionales y motivacionales internos de cada persona, precisamente porque tiene un apoyo más elevado de la zona del cerebro implicada en la flexibilidad cognitiva y en la metacognición. Y, por extensión, en las demás características cognitivas que lleva asociadas, de las que hemos hablado en el apartado anterior.

En todas las discusiones que hemos estado viendo sobre el bienestar y la felicidad, y también sobre la flexibilidad cognitiva y la resiliencia como elementos necesarios o cuando menos útiles para la mentalidad de crecimiento, hay dos aspectos más que también juegan un papel importante: el sentido del humor y el perdón. Reír, o simplemente sonreír, es uno de los grandes pequeños placeres de la vida. Según un estudio de 2014, los adultos sonríen unas veinte veces al día, pero ¡los niños llegan a hacerlo casi cuatrocientas veces! Pero existe una gran variabilidad, desde personas muy risueñas y que tienen un gran sentido del humor hasta otras que parece que lo hayan perdido y solo sepan renegar y quejarse. Hace tiempo que se sabe que existe una correlación directa entre el hecho de reír o sonreír y el bienestar físico y emocional. Sonreír disminuye el estrés, cosa que repercute favorablemente en la salud física y mental, facilita las relaciones sociales y provoca la liberación de serotonina en el cerebro, el neurotransmisor que mejora el estado de ánimo. También incrementa las relaciones de confianza con el entorno y con uno mismo, la autoconfianza. Si me permitís retroceder un momento a las historias que he contado al inicio de este capítulo, a la persona que renegaba por todo en uno de los hoteles de China no la vi sonreír ni una sola vez. Su expresión era una combinación de aversión, ira y miedo. El exguerrillero reconvertido en guía en la selva de Borneo, en cambio, siempre tenía una sonrisa fascinante en la cara, una combinación de alegría y curiosidad.

El sentido del humor se define como el conjunto de mensajes verbales y no verbales que transmitimos de manera intencionada para provocar sonrisas o risas en otras personas. Psicológicamente es una herramienta muy eficaz para ayudarnos a afrontar situaciones complicadas, porque contribuye a relativizar los problemas y a tomar distancia emocional para hacerlos más llevaderos. En este trabajo de 2014 se vio que también existe una correlación directa entre la calidad del sentido del humor y la sensación de bienestar, que se traduce en un incremento de la autoestima, una satisfacción vital más completa, un aumento de la sensación de optimismo y un sentimiento de soledad mucho menor. Y también se correlaciona con la flexibilidad cognitiva, de la que acabamos de hablar.

Ahora bien, como también constataron los autores de este trabajo, no todos los «sentidos del humor» son equivalentes y tienen esos efectos beneficiosos. Se ha observado que las consecuencias positivas respecto a la salud mental y física de la persona que las exhibe solo se producen cuando el humor es sano y bienintencionado, pero no cuando se basa en el sarcasmo y en la ridiculización, es autodestructivo o no contempla el impacto que puede tener en otras personas.

Finalmente, en todos estos aspectos de bienestar y resiliencia también desempeña un papel muy importante el perdón. Todo el mundo se ha sentido emocionalmente herido más de una vez. Ante estas emociones dolorosas, a menudo reaccionamos con irritación, hostilidad e incluso deseo de venganza. Al cabo de un tiempo de rencor, también hay quien decide perdonar al ofensor —lo que no quiere decir olvidar la ofensa— y renunciar al resentimiento. Hay personas mucho más propensas que otras a gestionar los conflictos a través del perdón. Y hay quienes se sienten incapaces de hacerlo, lo que los lleva a vivir en un estado de emociones incómodas que pueden acabar teniendo consecuencias negativas para la salud.

En 2014, un equipo de neuropsicólogos italianos publicó el primer trabajo científico sobre la neuroanatomía funcional del perdón. Una de las principales conclusiones es que la consecuencia final del perdón es devolver el equilibrio emocional y cognitivo a quien perdona. El diccionario define «perdonar» como la acción de «remitir la deuda, ofensa, falta, delito u otra cosa», a lo que habría que añadir que también debe permitir no guardar ninguna malquerencia por la ofensa recibida. Para la neurociencia es el proceso emocional y cognitivo que permite erradicar la hostilidad crónica y los pensamientos obsesivos, y los efectos adversos que producen. Los pensamientos obsesivos hacen que centremos la atención de manera compulsiva en los síntomas de nuestra propia angustia y en sus posibles causas y consecuencias, en lugar de llevar a cabo acciones destinadas a encontrar soluciones. Favorece más una mentalidad fija que de crecimiento, para entendernos.

En este trabajo se observó que, tanto si se perdona como si no, mientras se evalúa la situación se activa la circunvolución del cíngulo anterior, que está implicada en la evaluación cognitiva de los sucesos y en sus consecuencias. Es decir, en los aspectos reflexivos de la decisión de perdonar o, al contrario, de no hacerlo. También se activan los circuitos relacionados con la memoria, pero el hecho de que no haya diferencias significativas parece dar por bueno aquello de «perdonar sí, pero olvidar no». Ahora bien, durante la acción de perdonar también se activan las áreas del cerebro relacionadas con la capacidad de atribuir pensamientos y acciones a los demás —la llamada «teoría de la mente»—, y las implicadas en la empatía. Esto permite al ofendido ponerse en la piel del ofensor y entender el motivo de la ofensa. En cambio, a las personas que tienen dificultades para perdonar se les activan otras áreas del cerebro, en especial las implicadas en las emociones que generan sensaciones incómodas, como el dolor, el miedo y la ira.

Lo más importante de todo esto, en el contexto de la mentalidad de crecimiento, es que también se ha advertido que, en lo referente a la actividad cerebral, la consecuencia final de perdonar es devolver el equilibrio emocional y cognitivo a quien perdona, disminuir el estrés y recuperar el bienestar. Esto conlleva que sea una acción que repercute mucho más positivamente en el ofendido que en quien ha cometido la ofensa, porque le devuelve los estados emocionales positivos y proactivos que le permiten continuar progresando.

EL LIBRE ALBEDRÍO

Llegamos al final de este capítulo, y no quería hacerlo sin mencionar uno de los aspectos que han guiado desde hace años parte de mi investigación, que también está estrechamente relacionado con la mentalidad de crecimiento y la sensación de tener una vida plena. Si la mentalidad de crecimiento favorece seguir avanzando e implica apoderarse de este progreso y empoderarse en él, creo que debemos preguntarnos si las decisiones que tomamos para acercarnos a ella son en efecto libres o si vienen muy condicionadas. Dicho de otra manera, ¿hasta qué punto disponemos de libre albedrío a la hora de tomar nuestras decisiones o, como mínimo, de plantear mentalmente distintas opciones posibles?

La relación entre el libre albedrío y la mentalidad de crecimiento se sustenta en varios puntos. Por un lado, a través de la flexibilidad cognitiva, que recordemos que es la posibilidad de imaginar diversas opciones posibles ante una misma situación para poder decidir cuál queremos seguir, y también la capacidad de ir reconduciendo de manera voluntaria el curso de cualquier acción para reajustarla a los acontecimientos. Si no dispusiéramos de cierta libertad de pensamiento, las respuestas que daríamos a cualquier situación serían siempre las mismas y vendrían predeterminadas. Con esto no estoy diciendo que dispongamos de una capacidad absoluta de libre albedrío. Hemos visto a lo largo del libro la influencia que tiene nuestra biología, lo que incluye la genética y la epigenética, y las experiencias pasadas, que dan forma a las redes neuronales de nuestro cerebro, en nuestra forma de pensar y actuar, en cómo nos percibimos a nosotros mismos y nos relacionamos con los demás.

Recurriendo a técnicas de neuroimagen y de registro de ondas cerebrales, distintos trabajos han demostrado la influencia de nuestra biografía en las percepciones que tenemos en la actualidad. Y, de la misma manera, las experiencias actuales condicionan las percepciones que tendremos en el futuro. Por ejemplo, en uno de estos trabajos publicado en 2012 por investigadores australianos y alemanes, se demostró que el hecho de ver un objeto de grandes dimensiones favorece que tendamos a percibir cualquier otro objeto relacionado como si fuese más grande de lo que es en realidad. Y ocurre exactamente lo mismo si el objeto original es muy pequeño respecto a otros objetos relacionados que veamos en el futuro. Esto explica un fenómeno con el que posiblemente todos los lectores os sintáis identificados: tendemos a ver a nuestros padres más altos de lo que son porque nuestro cerebro mantiene almacenadas la imagen y la percepción que teníamos de ellos cuando éramos niños. Y tendemos a ver a nuestros hijos e hijas más pequeños por el mismo motivo: la imagen que tenemos guardada de ellos en el cerebro es la de su infancia. Este efecto se ha demostrado en otros experimentos, como uno muy similar llevado a cabo con técnicas más precisas por investigadores italianos a mediados de 2023.

Otra de las relaciones que se establecen entre el libre albedrío y la mentalidad de crecimiento implica las decisiones que tomamos, también para favorecer este tipo de mentalidad o cualquier aspecto cerebral, cognitivo o mental con el que se relacione, incluida la fuerza de voluntad. La fuerza de voluntad hace referencia a la capacidad interna de ir avanzando para conseguir lo que nos propongamos, a pesar de los obstáculos que puedan aparecer en el camino. Aunque no la haya mencionado de forma explícita hasta ahora, la fuerza de voluntad ha ido planeando sobre todas las páginas anteriores, dado que necesita motivación intrínseca, esfuerzo, resiliencia, etcétera. Se ha comprobado que la fuerza de voluntad implica, por un lado, saber resistirse a las tentaciones del momento. Es decir, saber controlar la impulsividad, cosa que requiere gestionar los estados emocionales. Y, por otra parte, también implica planificar reflexivamente la forma de resistir a tentaciones futuras con respecto a lo que nos pueda provocar. Todos estos procesos cognitivos (gestión emocional y control de la impulsividad, planificación y reflexión) se localizan en las redes neuronales de la corteza prefrontal del cerebro, de la cual hemos hablado en numerosas ocasiones.

Sobre la capacidad de tomar decisiones de manera consciente también hemos hablado varias veces de forma indirecta. Las decisiones que adoptamos toman como base las experiencias previas que hayamos vivido. Este hecho tiene dos consecuencias. Primero, las experiencias previas pueden restringir la capacidad de decidir libremente. Y, segundo, también pueden favorecer esa libertad. Todo depende de cómo hayan sido dichas experiencias. Haber sido educados en la obediencia, y aún más si se trata de una obediencia irreflexiva y no argumentada, o educar a nuestros hijos y estudiantes de este modo, deja una huella en el cerebro en forma de conexiones neuronales diferente de la de haber sido educados, o educarnos, en la reflexividad y la crítica respetuosa, cosa que incluye de manera colateral la resiliencia, aprovechar los errores como tacos que nos ayuden a impulsarnos, etcétera. Por ejemplo, se ha visto que cada vez que tenemos éxito en una situación, el cerebro gana confianza en cuanto a la probabilidad de que volvamos a tener éxito en el futuro, lo que hace que, de manera preconsciente, dedique más energía, esfuerzos y motivación cuando se encuentra en situaciones similares, y eso incrementa las probabilidades de volver a triunfar.

Y otra relación que se ha establecido, según un trabajo publicado por investigadores búlgaros en 2015, es que las personas con mentalidad de crecimiento tienen más sensación de libre albedrío. Y tener sensación de libre albedrío incrementa la percepción subjetiva de bienestar, como han indicado distintos trabajos publicados las dos últimas décadas. Ya hemos hablado de la importancia de la percepción de bienestar, y de los beneficios cognitivos y mentales que comporta.

El tema del libre albedrío, sin embargo, es complejo y se ha analizado desde multitud de disciplinas: filosófica, política, económica, histórica y también científica, entre otras. Tradicionalmente se ha discutido en contextos filosóficos y religiosos. De forma muy simplificada, en la cultura occidental el concepto primario del libre albedrío fue acuñado en el mundo grecorromano, donde la libertad se entendía por oposición a la esclavitud. Es decir, hacía referencia básicamente a la autonomía política de los ciudadanos.

Aristóteles, al comienzo de su obra *Metafísica*, afirma que las personas deseamos, por naturaleza, saber, un conocimiento que llegó a las personas precisamente como consecuencia de su capacidad de libre albedrío. De algún modo, desde el mundo clásico se ha intuido que querer saber, querer seguir aprendiendo y querer decidir son tres aspectos que van unidos. Para el estoicismo, una corriente filosófica de la Grecia clásica, el concepto de libre albedrío debe entenderse como la independencia interna de la persona, cosa que permite asentar las bases del concepto de libertad interior o personal.

En la Edad Media, en el siglo XIII, Tomás de Aquino desarrolló una visión del libre albedrío con reminiscencias aristotélicas según la cual las personas deseamos necesariamente la felicidad (¿o deberíamos decir «el bienestar»?) pero somos libres en relación con la forma de obtenerla. Según la propuesta de este filósofo, el libre albedrío surge de la reflexividad, al juzgar si una acción concreta resulta beneficiosa o perjudicial.

Para René Descartes, en el siglo XVII, el libre albedrío es evidente e ineludible. El simple hecho de dudar, de pensar de un modo interrogativo y reflexivo, que es uno de los principios fundamentales sobre los cuales se basan el método científico y la ciencia moderna, ya indica la condición de libre albedrío. También Immanuel Kant, en el siglo XVIII, en su *Crítica de la razón pura* abordó el dilema del determinismo y el libre albedrío. Para Kant, para poder explicar la naturaleza y las experiencias sensibles, ha de presuponerse la existencia de unas leyes naturales que funcionen siguiendo el principio de causalidad: cualquier fenómeno o suceso es consecuencia de otro fenómeno o suceso previo. Pero, por otro lado, este filósofo también propone que para comprender la realidad humana debe presuponerse la existencia de libre albedrío, sin el cual no pueden explicarse ni justificarse las acciones humanas que aparentemente no responden a ninguna causa previa. Para Georg Hegel, a caballo entre los siglos XVIII y XIX, la historia universal es el progreso de la conciencia de la libertad, dado que las personas estamos hechas de historia y nos hacemos en la historia.

También abordaron el problema filosófico del libre albedrío Friedrich Nietzsche, que aludió al desarrollo abstracto del espíritu libre pero asumiendo la existencia de mecanismos soterrados en la voluntad; Sigmund Freud, que enfatizó los mecanismos que operan desde el subconsciente; Karl Marx, que lo vinculó al control de la economía, y Jean-Paul Sartre, según el cual el ser humano es libre por definición y necesariamente, porque su principal característica es, precisamente, no tener ninguna determinación. Las personas no somos, para Sartre, un ente acabado, sino un sujeto que se proyecta de manera continua hacia el futuro, a través de sus decisiones, un aspecto que en cierta medida contribuye a la mentalidad de crecimiento.

Finalmente, la Declaración Universal de los Derechos Humanos, aprobada por la Asamblea General de las Naciones Unidas en 1948, alude, en el artículo 26.2, al papel fundamental de la educación como instrumento para el desarrollo personal: «La educación tendrá por objeto el pleno desarrollo de la personalidad humana y el fortalecimiento del respeto a los derechos humanos y a las libertades fundamentales».

Cognitivamente, definiríamos el libre albedrío como la capacidad de ejercer un control consciente y voluntario sobre las propias acciones. El libre albedrío, dicho de otra forma, es la capacidad de escoger entre distintas opciones, o de poder decidir llevar a cabo o no una acción. Esta facultad lleva implícita la necesidad de tener opciones para elegir, motivo por el cual sin duda la flexibilidad cognitiva la espolea. Tener más o menos flexibilidad cognitiva nos hace más o menos libres, respectivamente, porque se da la posibilidad de escoger entre un número más grande de posibilidades, o de tener tan solo una. Además, el libre albedrío debe ir por fuerza asociado al hecho de ser conscientes de nuestros actos, para tomar decisiones de manera autoconsciente. La metacognición y el control de las funciones ejecutivas, aspectos de los cuales ya hemos hablado, también juegan un papel crucial.

Pero ¿existe el libre albedrío o nuestras acciones y decisiones vienen determinadas por los procesos de funcionamiento automáticos del cerebro? Distintos experimentos realizados desde la neurociencia, la neurociencia cognitiva y la psicología han cuestionado la existencia de un auténtico libre albedrío. A principios de la década de 1980, un neurocientífico de la Universidad de California, Benjamin Libet, realizó unos experimentos pioneros en el estudio de la conciencia humana. Los resultados que obtuvo sembraron dudas acerca de que las personas dispongamos de libre albedrío, y llevaron a suponer que las decisiones que tomamos surgen de manera preconsciente de la actividad del cerebro. Cualquier actividad cerebral genera ondas eléctricas que pueden registrarse con electrodos. Libet las utilizó para medir el tiempo transcurrido entre el momento preciso en que un grupo de voluntarios eran conscientes de haber tomado una decisión y la onda cerebral que se produce cuando se activa la zona del cerebro que nos permite ser conscientes de la decisión tomada, en la corteza prefrontal.

La decisión que debían tomar era muy simple: mover una mano cuando quisieran. Sorprendentemente, todos los voluntarios fueron conscientes de haber tomado la decisión de mover la mano en un lapso de entre 350 y 400 milésimas de segundo después de que los electrodos registrasen el impulso eléctrico asociado a la toma de decisiones. Es decir, parecía que no hubiese ningún control voluntario sobre el momento preciso en el que movían la mano, sino que el cerebro tomase de manera inconsciente la decisión de hacer el movimiento. Y que, una vez tomada, se hiciese consciente en la mente de los voluntarios. De ser así, la existencia del libre albedrío quedaría fuertemente cuestionada.

Este experimento, sin embargo, ha recibido diversas críticas. Por un lado, Libet pidió a los voluntarios que «dejasen que el impulso de mover la mano apareciese solo». El cerebro genera mucha actividad propia basada en automatismos neuronales de los cuales no somos conscientes, lo que no significa que no podamos tomar algunas decisiones de manera expresa. El hecho de que un impulso aparezca solo no excluye la posibilidad de que como mínimo algunas veces podamos decidir libremente emprender determinadas acciones, en especial las basadas en razonamientos más complejos, como por ejemplo cuando debemos ponderar los riesgos y los beneficios asociados a la acción que queremos llevar a cabo. De hecho, el cerebro está constantemente haciendo cálculos sobre riesgos y beneficios, y no somos conscientes de la inmensa mayoría de ellos.

Ahora bien, hay otro dato del experimento de Libet que también debemos tener muy en cuenta. Como he dicho, parece que somos conscientes de haber tomado una decisión en un periodo que va de 350 a 400 milésimas de segundo después del impulso eléctrico asociado a la toma de decisiones. Pero en este experimento también midieron el momento concreto en que se mueve la mano. Y resulta que el movimiento asociado a la decisión se produce unas 200 milésimas de segundo después de que seamos conscientes de él. Es decir, parece ser que la actividad neuronal asociada a la toma de decisiones tiene lugar antes de que seamos conscientes de ella, pero somos conscientes de ella también antes de que la acción acabe consumándose realmente.

Este último punto puede ser crucial, y enlaza con unos resultados experimentales que hemos visto en otro apartado de este capítulo, cuando hablábamos de los errores y los fracasos (y de cómo pueden ser peldaños hacia el éxito y la superación si tenemos mentalidad de crecimiento). Hemos explicado que el cerebro tiene unas redes neuronales especializadas en la detección de errores que actúan de manera ultrarrápida, en menos de 100 milésimas de segundo. Y estas mismas redes también sirven para detectar posibles errores en las decisiones que tomamos, aunque en este caso tardan un poco más, entre 250 y 300 milésimas de segundo. Sea como sea, parece que el cerebro nos ofrece la posibilidad de gestionar nuestros comportamientos no solo generando multitud de ideas posibles, a través de la flexibilidad cognitiva, sino sobre todo inhibiendo y bloqueando las que no queremos llevar a cabo aunque las hayamos pensado o, incluso, el cerebro las haya generado de manera preconsciente, como parte de esa actividad constante de valoración de costes y beneficios en nuestras acciones.

Hay trabajos que validan estas dos propuestas. Por un lado, recurriendo a técnicas de neuroimagen, se ha comprobado que el cerebro genera constantemente alternativas diversas, pese a que a menudo solo somos conscientes de una. Incrementar esta conciencia hacia las demás, gestionando los impulsos e incrementando la reflexividad, aumenta el control que podemos tener sobre la flexibilidad cognitiva. Por otro lado, se han identificado los circuitos neuronales que permiten iniciar de pronto un curso de acción y también inhibirlo. Se trata de dos circuitos que actúan de forma contrapuesta, pero que tienen un elemento común. Los dos pasan por el estriado, que como hemos dicho varias veces es la zona del cerebro que nos permite obtener sensaciones de recompensa y anticipar recompensas futuras. De nuevo constatamos que los objetivos y propósitos que nos marcamos y el hecho de verlos con motivación y optimismo (siempre de base realista) influyen de manera positiva en estas capacidades.

En definitiva, sin necesidad de repetir todo lo que hemos ido exponiendo en este libro, partiendo de los condicionantes de cada uno, no hay duda de que una educación que incremente o que genere un ambiente propicio para desarrollar la flexibilidad cognitiva, la metacognición, la gestión emocional y la reflexividad —y por tanto también la capacidad de estimular las motivaciones intrínsecas, de distinguir el bienestar de la felicidad, de valorar asimismo el placer eudemónico, etcétera— sin duda potenciará la posibilidad de tomar decisiones tan libres como sea posible. Porque, sin estas decisiones, ¿podemos realmente querer vivir en nuestro interior una mentalidad de crecimiento, para aprovechar todos los aspectos mentales y cognitivos que lleva asociados? ¿Podemos querer optimizar nuestros pensamientos para disfrutar de una vida más plena? Por eso necesitamos también, como hemos dicho varias veces, deshacernos de la pereza y la cobardía de ser e imaginar, para cambiar los destinos previsibles en los que a menudo pensamos que nos encontramos encasillados.

En resumen

Para favorecer la mentalidad de crecimiento y las ventajas cognitivas y mentales que lleva asociadas, incluida la posibilidad de optimizar el funcionamiento del cerebro para disfrutar de una vida más plena, debemos reconvertir los errores en éxitos, en puntales para continuar avanzando. De hecho, la mayoría de las señales que recibe nuestro cerebro no son de acierto, sino de error. Equivocarse implica avanzar hacia el acierto. Una vez detectado y corregido el error, el cerebro genera sensaciones de recompensa, motivación y optimismo, que nos impulsan a seguir adelante. La motivación es el proceso que sostiene y dirige la actividad y el comportamiento de los individuos. Es un estado interno que activa, dirige y mantiene la conducta hacia fines, objetivos o propósitos determinados. Necesita varios ingredientes: unos estados emocionales adecuados, que sean proactivos; el esfuerzo para poder llevar a cabo las acciones necesarias, y tener un objetivo o propósito. La fuerza de voluntad hace referencia a la capacidad interna de ir avanzando para conseguir lo que nos proponemos, a pesar de los obstáculos que puedan haber surgido en el camino.

El mejor talento que podemos tener es una disposición de ánimo buena para continuar creciendo, con independencia del punto de partida y de dónde nos encontremos en cada momento. Y también con independencia del nivel de talento o talentos de los demás.

La resiliencia es el proceso de adaptación psicológica ante la adversidad o la amenaza, lo que incluye la capacidad de afrontar el estrés y gestionarlo. Se trata de un proceso dinámico, que globalmente promueve el bienestar. Proporcionar apoyo a los demás puede llegar a ser más beneficioso mentalmente para quien ofrece el apoyo que para quien lo recibe, porque también reduce las respuestas fisiológicas al estrés. La consecuencia final de perdonar también es devolver el equilibrio emocional y cognitivo a quien perdona, reducir su estrés y recuperar su bienestar.

Otro aspecto que favorece la mentalidad de crecimiento es la flexibilidad cognitiva. Es el proceso cerebral que permite cambiar la forma de pensar cuando se dispone de nuevos datos, y que además permite generar respuestas diferentes ante una misma situación. No implica producir ideas nuevas sin más, sino también limitar los pensamientos que no nos dejan generarlas, normalmente de tipo dogmático. Las personas más dogmáticas presentan menos flexibilidad cognitiva. Hay tres pasos clave para facilitar la flexibilidad cognitiva: tener objetivos y un propósito; encontrar distintas maneras de alcanzar esos objetivos, y creer en la capacidad transformadora de uno mismo para instigar los cambios y alcanzar los objetivos.

Una de las acciones básicas para poder disfrutar de una vida plena con mentalidad de crecimiento es mantener un nivel adecuado de bienestar. El bienestar es la percepción subjetiva de sentirnos relativamente a gusto con nosotros mismos y con el entorno, incluyendo las relaciones socioemocionales y afectivas que establezcamos. Integra las necesidades, los deseos, los objetivos y los propósitos vitales; favorece que gestionemos los retos que nos afectan, y también que integremos de manera positiva y proactiva las experiencias que tenemos a lo largo de nuestra vida. El bienestar genera una motivación y un optimismo de base realista, y no tiene fecha de caducidad. La felicidad, en cambio, genera sensaciones mucho más intensas y explosivas y, por tanto, mucho más placenteras, pero efímeras y con una motivación y un optimismo a menudo falaces. Después de una explosión de felicidad, si no llega otra, por oposición tendemos a sentirnos vacíos, sin objetivos vitales.

Las personas con mentalidad de crecimiento tienen más sensación de libre albedrío. Y tener sensación de libre albedrío incrementa la percepción subjetiva de bienestar. Las experiencias previas pueden restringir la capacidad de decidir libremente, pero también pueden favorecerla, dependiendo de cómo hayamos estado y cómo las hayamos vivido. Cognitivamente, podemos definir el libre albedrío como la capacidad de ejercer un control consciente y voluntario sobre nuestras propias acciones. O, dicho de otro modo, es la capacidad de escoger entre diversas opciones, o de decidir llevar a cabo o no una acción. Se sustenta en la flexibilidad cognitiva, la metacognición y el control de las funciones ejecutivas. El cerebro nos ofrece la posibilidad de gestionar nuestros comportamientos no solo generando muchas ideas, sino sobre todo inhibiendo y bloqueando las que no queremos llevar a cabo.

A modo de resumen de resúmenes

Para potenciar la mentalidad de crecimiento y las características mentales que lleva asociadas, y que pueden conducirnos a disfrutar de una vida más plena, pueden tenerse en cuenta varios puntos fundamentales:

1. Entender y asumir qué implica que el cerebro sea un órgano plástico. Aceptar que el cerebro es flexible y es capaz de cambiar y crecer a través del esfuerzo, la práctica y el aprendizaje continuo. Creer en la capacidad de mejora personal y de los demás es esencial para desarrollar una mentalidad de crecimiento.
2. Tener una visión realista, pero optimista, de nuestras propias capacidades. Admitir que todos tenemos ciertos condicionantes, genéticos, biológicos, educativos, etcétera, que influyen en nuestras posibilidades de avanzar, pero no implican la existencia de un determinismo. Quizá vayamos más rápido o más despacio, lleguemos más o menos lejos, pero siempre podemos ir un paso más allá de donde estamos.
3. Valorar el camino por encima de la meta. Las metas son importantes, pero no debemos confiar las sensaciones de recompensa al hecho de alcanzarlas, sino al

disfrute mientras recorremos el camino que nos lleva hasta ellas.

4. Abrazar los desafíos valorando cómo asumirlos. Debemos verlos como oportunidades para aprender y crecer, de manera reflexiva y crítica. Enfrentarse a desafíos nuevos y salir de la zona de confort es fundamental para desarrollar habilidades y superar limitaciones.
5. Adoptar una actitud positiva sobre los errores y el esfuerzo. Los errores deben percibirse como parte inherente del proceso de aprendizaje. Es importante verlos como oportunidades para aprender, adaptarse y mejorar. Valorar el esfuerzo y la persistencia es clave para afrontar los obstáculos y superarlos.
6. Cultivar una mentalidad de aprendizaje constante. Querer aprender implica tener curiosidad y un deseo de adquirir conocimientos y habilidades. Mantenerse abierto a nuevos puntos de vista, buscar activamente nuevas oportunidades de aprendizaje y estar dispuesto a reconocer la propia ignorancia son factores clave para un crecimiento personal y profesional continuo.
7. Mantener una perspectiva a largo plazo. Conviene tener una visión a largo plazo y reconocer que el desarrollo personal y el progreso son procesos graduales que requieren tiempo y esfuerzo. Es importante no desanimarse ante los obstáculos o los resultados inmediatos, mantener el foco en los propios objetivos a largo plazo y continuar afrontándolos de manera persistente.
8. Mantener la perseverancia, persistir y ser resilientes. Resulta clave para no rendirse ante los obstáculos y las dificultades, pero no para afrontarlos siempre de la misma forma, sino para buscar opciones y alternativas de manera flexible y resiliente.

9. Buscar inspiración y modelos que seguir. Identificar a personas que constituyan una fuente de inspiración y ejemplifiquen la mentalidad de crecimiento para mantener la motivación propia. Observar los éxitos en los progresos de los demás de manera positiva y optimista ayuda a alimentar la propia creencia en el potencial de crecimiento.
10. Fomentar la colaboración y el *feedback* constructivo y asertivo. La colaboración con otras personas y la búsqueda de *feedback* constructivo pueden proporcionar nuevas perspectivas y posibilidades de aprendizaje. Abrirse a las ideas y aportaciones de los demás y verlas como oportunidades para crecer y mejorar puede ser muy enriquecedor.
11. Establecer metas, propósitos y objetivos claros. Ayuda a mantener la dirección y la motivación intrínseca para crecer. Deben ser realistas y estar al alcance, pero al mismo tiempo deben suponer un reto que implique un esfuerzo gratificante.
12. Cultivar la curiosidad y la exploración. La curiosidad es un motor para el aprendizaje y el crecimiento, y estimula la motivación. Mantenerse abierto a nuevas experiencias, estar dispuesto a experimentar y a explorar áreas nuevas y desconocidas ayuda a expandir los horizontes y a desarrollar un estilo de vida en crecimiento continuo.
13. Favorecer el bienestar propio y del entorno. Para desarrollar una mentalidad de crecimiento sostenible, esto es, realista y optimista, resulta crucial cuidar del bienestar de uno mismo y del entorno. Esto incluye atender a las necesidades físicas y también, muy importante, las emocionales y mentales. Aprender a reconocer y

valorar la importancia de los estados emocionales como vía para gestionarlos.

Y, sobre todo, debemos tener presente que educarse para crecer no es esto:

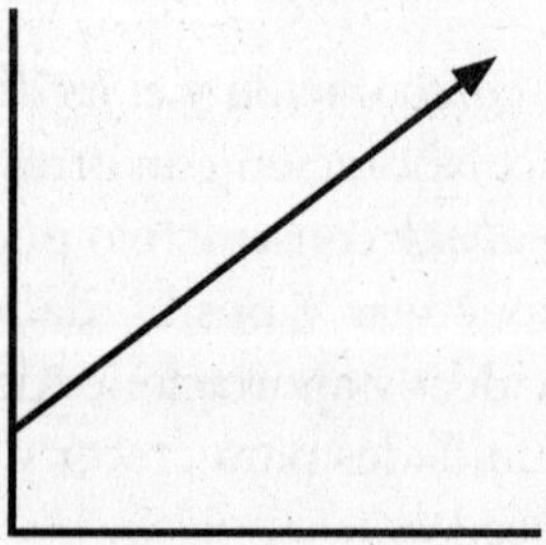

Educarse para crecer es esto:

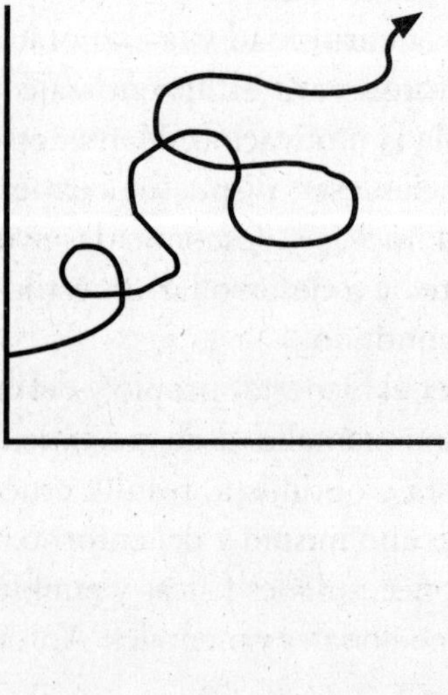

Prólogo

Acabemos por el principio, porque ahora empieza lo realmente importante

Ahora sí, llegamos al final del libro, que no es otra cosa que el principio de una nueva etapa. Por eso acabamos con un «prólogo», que será voluntariamente breve. En los distintos capítulos hemos visto cómo es y cómo funciona el cerebro; cómo va construyéndose; qué condicionantes genéticos, epigenéticos y educativos tiene, y cómo adquiere conocimientos nuevos. Esto nos ha llevado a ver cómo podemos educarlo, el nuestro y también el de nuestros hijos y estudiantes, enfatizando un punto muy importante: educarnos para seguir educándonos. La educación no es un proceso finito, con un principio y un final. Es una espiral que debemos ir ampliando.

Asumir el reto de querer continuar avanzando, de buscar propósitos y motivaciones, de convertir los fracasos y errores en el camino del aprendizaje, de flexibilizar nuestras ideas, etcétera, es el modo de potenciar nuestra mentalidad de crecimiento y la sensación de una vida más plena. Hemos discutido también en qué consiste, qué limitaciones tiene y cómo afecta a todos los aspectos de nuestra psique. Hemos hablado de metacognición, emociones, reflexividad, toma de decisiones, creatividad, flexibilidad cognitiva, motivación, errores y éxitos, y de muchas otras cuestiones desde perspectivas complementarias: neurocientífica, genética, biológica, evolutiva, pedagógica, psicológica, sociológica, filosófica, etcétera. Incluso en algunos momentos del libro os he formulado algunas preguntas y os he pedido que pensaseis en ellas para que vuestros pensamientos fuesen resonando mientras ofrecía las explicaciones pertinentes.

Pues bien, ahora debo pediros una última cosa. No hagáis caso de nada de lo que os he dicho, no os creáis ninguna de las cosas que he explicado. Lo matizo: no me hagáis caso de manera dogmática y ciega, porque sería la antítesis de la mentalidad de crecimiento, de lo que he querido transmitir. Cogedlo y filtradlo por cómo sois, por vuestros propósitos y necesidades, por cómo queréis que sean vuestros hijos y estudiantes. Y empezad de nuevo a partir de aquí. Este libro no pretende dar recetas. En ningún caso quiere ser un texto cerrado. Su objetivo es explicar una serie de datos y procesos que estimulen la crítica y la reflexividad. Criticad, buscad otras posibilidades, estimulad la flexibilidad. Como vi en un grafiti poco antes de empezar a escribir este libro: «¡Tómatelo con calma! ¡Pero hazlo!».

IMAGEN 4. Grafiti pintado en una pared de Tallin, la capital de Estonia. Fotografía realizada por el autor en diciembre de 2022.

Bibliografía

Abellaneda-Pérez, K., *et al.*, «Purpose in life promotes resilience to age-related brain burden in middle-aged adults», en *Alzheimer's Research & Therapy*, 2023, 15(1), 1-11.

Adrià, F., y A. Garcia, *Conectando conocimiento. Metodología Sapiens. Bullipedia Vol. 0*, Barcelona, RBA, 2021.

Alegre, A., «Parenting styles and children's emotional intelligence: What do we know?», en *The Family Journal*, 2011,19(1), 56-62.

Alexander, R., *et al.*, «The neuroscience of positive emotions and affect: Implications for cultivating happiness and wellbeing», en *Neuroscience & Biobehavioral Reviews*, 2021, 121, 220-249.

Antibi, A., *La constante macabra,* Madrid, Ediciones El Rompecabezas, 2005.

Aronson, J., *et al.*, «Reducing the effects of stereotype threat on African American college students by shaping implicit theories of intelligence», en *Journal of Intervention Social Psychology*, 2001, 38(2): 1-13.

—, *et al.*, «Reducing the effects of stereotype threat on African American college students by shaping theories of intelligence», en *J. Exp. Soc. Psychol.*, 2002, 38(2): 113-125.

Arslan, I. B., *et al.*, «When too much help is of no help: Mothers' and fathers' perceived overprotective behavior and (mal) adaptive functioning in adolescents», en *Journal of Youth and Adolescence*, 2023, 1-14.

Arulpragasam, A. R., *et al.*, «Corticoinsular circuits encode subjective value expectation and violation for effortful goal-directed behavior», en *Proceedings of the National Academy of Sciences*, 2018, 115(22), E5233-E5242.

Bahník, Š., y M. A. Vranka, «Growth mindset is not associated with scholastic aptitude in a large sample of university applicants», en *Pers. Individ. Differ.*, 2017, 117: 139-143.

Bale, T. L., «Epigenetic and transgenerational reprogramming of brain development», en *Nat. Rev. Neurosci.*, 2015, 16: 332-344.

Bandura, A., «Self-efficacy mechanism in human agency», en *Am. Psychol.*, 1982, 37(2): 122-147.

— y E. A. Locke, «Negative self-efficacy and goal effects revisited», en *J. Appl. Psychol.*, 2003, 88(1): 87-99.

Baratta, M. V., *et al.*, «From helplessness to controllability: toward a neuroscience of resilience», en *Frontiers in Psychiatry*, 2023, 14.

Bartra, O., *et al.*, «The valuation system: A coordinate based meta-analysis of BOLD fMRI experiments examining neural correlates of subjective value», *Neuroimage*, 2013, 76: 412-427.

Beaty, R. E., *et al.*, «Robust prediction of individual creative ability from brain functional connectivity», en *Proc. Natl. Acad. Sci. USA*, 2018, 115: 1087-1092.

Bechtel, P. A., y M. M. O'Sullivan, «Effective professional development. What we now know», en *J. Teach. Phys. Educ.*, 2006, 25: 363-378.

Bejjani, C., *et al.*, «Intelligence mindset shapes neural learning signals and memory», en *Biol. Psychol.*, 2019, 146: 107715.

Bergland, C., «The neurochemicals of happiness», en *Psychology Today*, 2012, noviembre, 29.

Bernhardi, R. V., *et al.*, «What is neural plasticity?», en *The Plastic Brain*, 2017, 1-15.

Berridge, K. C., y M. L. Kringelbach, «Building a neuroscience of pleasure and well-being», en *Psychology of Well-being: Theory, Research and Practice*, 2011, 1(1), 1-26.

— y M. L. Kringelbach, «Neuroscience of affect: brain mechanisms of pleasure and displeasure», en *Current Opinion in Neurobiology*, 2013, 23(3), 294-303. Bessaraba, O., *et al.*, «The role of positive thinking in overcoming stress by a person: The neuroscientific paradigm», en *BRAIN. Broad Research in Artificial Intelligence and Neuroscience*, 2022, 13(3), 1-15.

Beswick, K., «Changes in preservice teachers' attitudes and beliefs: The net impact of two mathematics education units and intervening experiences», en *Sch. Sci. Math.*, 2006, 106(1): 36-47.

Birnie, M. T., y T. Z. Baram, «Principles of emotional brain circuit maturation», en *Science*, 376(6597), 2022, 1055-1056.

Birnie, M. T., *et al.*, «Stress-induced plasticity of a CRH/GABA projection disrupts reward behaviors in mice», en *Nature Communications*, 2023, 14(1), 1088.

Bischoff-Grethe, A., *et al.*, «The influence of feedback valence in associative learning», en *Neuroimage*, 2009, 44(1): 243-251.

Bisquerra, R., *Psicopedagogía de las emociones*, Madrid, Síntesis, 2009.

Blackwell, L. S., *et al.*, «Implicit theories of intelligence predict achievement across an adolescent transition: A longitudinal study and an intervention», en *Child Dev.*, 2007, 78(1): 246-263.

Boaler, J., *Mathematical Mindsets: Unleashing students' potential through creative math, inspiring messages and innovative teaching*, San Francisco, Jossey-Bass, 2015.

Bode, S., *et al.*, «Predicting perceptual decision biases from early brain activity», en *Journal of Neuroscience*, 2012, 32(36), 12488-12498.

Bolick, K. N., y B. A. Rogowsky, «Ability grouping is on the rise, but should it be? », en *Int. J. Educ. Dev*, 2016, 5 (2): 40-51.

Borko, H., y R. T. Putnam, «Learning to teach». D. C. Berliner y R. C. Calfee (eds.), *Handbook of educational psychology* (pp. 673-708), Londres, Prentice Hall International, 1996.

Bratsberg, B., y O. Rogeberg, «Flynn effect and its reversal are both environmentally caused», en *Proceedings of the National Academy of Sciences*, 2018, 115(26), 6674-6678.

Brooks-Gunn, J., y G. J. Duncan, «The effects of poverty on children», en *Future Child*, 1997, 7(2):55-71.

Bueno, D., *El enigma de la libertad: una perspectiva biológica y evolutiva de la libertad humana*, Valencia, Publicacions de la Universitat de València, 2011.

—, *100 gens que ens fan humans,* Valls, Cossetània, 2015.

—, *Epigenoma: para cuidar tu cuerpo y tu vida*, Barcelona, Plataforma, 2018.
—, «Genetics and learning: How the genes influence educational attainment», en *Frontiers in Psychology*, 2019, 10, 1622.
—, *Neurociencia aplicada a la educación*, Madrid, Síntesis, 2019.
—, *Trenca-t'hi el cap. La cultura com a motor de la re-evolució cerebral*, Barcelona, Columna, 2019.
—, «El difícil (pero imprescindible) equilibrio entre razón y emoción en plena pandemia», en *The Conversation*, 2020.
—, «Pruebas de la neurociencia sobre el papel de las emociones para la educación», en *PARTE 1: aprender ciencias es conectar ideas personales con otras más potentes y fructíferas*, 2020, 122.
—, «Aprendizaje social y emocional», *Aula de Innovación Educativa,* 2021, vol. 308, 63-64.
—, «Growth in learning, academic attainment, and well-being», en *Science of Learning Portal, IBRO/IBE-UNESCO Science of Learning Briefings*, 2021.
—, «La neurociencia como fundamento de la educación emocional», en *Revista Internacional de Educación Emocional y Bienestar*, 2021, 1(1), 47-61.
—, «Resilience for lifelong learning and well-being», en *Science of Learning Portal, IBRO/IBE-UNESCO Science of Learning Briefings*, 2021.
—, *El cerebro del adolescente*, Barcelona, Grijalbo, 2022.
—, *Herédate. Cómo influyen en nuestro comportamiento los gens y la biología*, Barcelona, Edicions Universitat de Barcelona, 2024.
— y A. Forés, «El feedback entre iguales en los aprendizajes: evidencias desde la neuroeducación», en *Perspectivas psicobiológicas y pedagógicas del aprendizaje y la atención: aportes a la neurociencia educativa*, 321-342, Cizur Menor, Aranzadi, 2023.
— y M. Tricas, *Emociones a raudales*, Barcelona, Octaedro, 2023.
Burnette, J. L., *et al.*, «Harnessing growth mindsets to help individuals flourish», en *Social and Personality Psychology Compass*, 2022, 16(3), e12657.
—, *et al.*, «Mind-sets matter: A meta-analytic review of implicit theories and self-regulation», en *Psychol. Bull.,* 2013, 139: 655-701.

Calo, M., *et al.*, «Grit, resilience and mindset in health students», *The Clinical Teacher*, 2019, 16(4), 317-322.

Carey, N., *The epigenetics revolution*, Londres, Icon Books, 2011.

Carlson, N. R., «Psychology. The science of behaviour Study Guide», 2010, Pearson Canada.

Casals, H., «Neurofilosofia de les emocions», en *Journal of Neuroeducation*, 2020, 1(1), 88-99.

Cavanagh, A. J., *et al.*, «Trust, growth mindset, and student commitment to active learning in a college science course», en *CBE Life Sci Educ*, 2018, 17(1): ar10.

Cazettes, F., *et al.*, «A reservoir of foraging decision variables in the mouse brain», *Nature neuroscience*, 2023, 1-10.

Challacombe, F. L., *et al.*, «Paternal perinatal stress is associated with children's emotional problems at 2 years», en *Journal of Child Psychology and Psychiatry*, 2023, 64(2), 277-288.

Chango, A., y I. P. Pogribny, «Considering maternal dietary modulators for epigenetic regulation and programming of the fetal epigenome», en *Nutrients*, 2015, 7:2748-2770.

Chaplin, T. M., *et al.*, «Effects of parenting environment on child and adolescent social-emotional brain function», en *Neuroscience of Social Stress*, 2021, 341-372.

Chen, L., *et al.*, «Positive attitude toward math supports early academic success: Behavioral evidence and neurocognitive mechanisms», en *Psychological science*, 2018, 29(3), 390-402.

Cipolotti, L., *et al.*, «Graph lesion-deficit mapping of fluid intelligence», en *Brain*, 2023, 146(1), 167-181.

Clark, E. L., *et al.*, «Neurobiological implications of parent-child emotional availability: A review», en *Brain Sciences*, 2021, 11(8), 1016.

Clarke, S., *Outstanding formative assessment: Culture and practice*, Oxon, Hodder Education, 2014.

Claro, S., *et al.*, «Growth mindset tempers the effects of poverty on academic achievement», en *Proc. Natl. Acad. Sci. USA.*, 2016, 113(31): 8664-8668.

Clayborne, Z. M., *et al.*, «Parenting practices in childhood and depression, anxiety, and internalizing symptoms in adolescence:

a systematic review», en *Social Psychiatry and Psychiatric Epidemiology*, 2021, 56, 619-638.

Clithero, J. A., y A. Rangel, «Informatic parcellation of the network involved in the computation of subjective value», en *Soc. Cogn. Affect. Neurosci.*, 2014, 9(9): 1289-1302.

Cook, D. A., *et al.*, «Influencing mindsets and motivation in procedural skills learning: Two randomized studies», en *J. Surg. Educ.*, 2019, 76(3): 652-663.

Cook, R., *et al.*, «Mirror neurons: from origin to function», en *Behavioral and brain sciences*, 2014, 37(2), 177-192.

Couso, M., *Cerebro, infancia y juego: Cómo los juegos de mesa cambian el cerebro*, Barcelona, Destino, 2023.

Cox, J., y I. B. Witten, «Striatal circuits for reward learning and decision-making», en *Nature Reviews Neuroscience*, 201920(8), 482-494.

Crum, A. J., *et al.*, «The role of stress mindset in shaping cognitive, emotional, and physiological responses to challenging and threatening stress», en *Anxiety, Stress, & Coping*, 2017, 30(4), 379-395.

Cruz, B. F., *et al.*, «Action suppression reveals opponent parallel control via striatal circuits», en *Nature*, 2022, 607(7919), 521-526.

Curley, J. P., *et al.*, «Social influences on neurobiology and behavior: epigenetic effects during development», en *Psychoneuroendocrinology*, 2011, 36(3), 352-371.

Cury, F., *et al.*, «Implicit theories and IQ test performance: A sequential mediational analysis», *J. Exp. Soc. Psychol.*, 2008, 44(3): 783-791.

Danesi, M., *Politics, lies and conspiracy theories: A cognitive linguistic perspective*, Taylor & Francis, 2023.

Daniel, R., y S. Pollmann, «A universal role of the ventral striatum in reward-based learning: Evidence from human studies», en *Neurobiol. Learn. Mem.*, 2014, 114: 90-100.

Davies, J., *et al.*, «Ability groupings in the primary school: Issues arising from practice», en *Res. Pap. Educ.*, 2003, 18(1): 45-60.

De Gelder, B., «Social affordances, mirror neurons, and how to understand the social brain», en *Trends in Cognitive* Sciences, 2023.

De Pasque Swanson, S., y E. Tricomi, «Goals and task difficulty expectations modulate striatal responses to feedback», en *Cogn. Affect. Behav. Neurosci.*, 2014, 14(2): 610-620.

—, «Effects of intrinsic motivation on feedback processing during learning», en *NeuroImage*, 2015, 119: 175-186.

Degol, J. L., *et al.*, «Do growth mindsets in math benefit females? Identifying pathways between gender, mindset, and motivation», en *Journal of Youth and Adolescence*, 2018, 47, 976-990.

Delgado, M. R., *et al.*, «Tracking the hemodynamic responses to reward and punishment in the striatum», en *J. Neurophysiol.*, 2000, 84(6): 3072-3077.

—, *et al.*, «Dorsal striatum responses to reward and punishment: Effects of valence and magnitude manipulations», en *Cogn. Affect. Behav. Neurosci.*, 2003, 3(1): 27-38.

Dias, B. G., y K. J. Ressler, «Parental olfactory experience influences behavior and neural structure in subsequent generations», *Nature Neuroscience*, 2014, 17(1), 89-96.

Dixon, A., Editorial, *Forum,* 2002, 44(1): 1.

Dixon, M. L., *et al.*, «Emotion and the prefrontal cortex: An integrative review», en *Psychol. Bull.*, 2017, 143(10): 1033-1081.

Dobryakova, E., y E. Tricomi, «Basal ganglia engagement during feedback processing after a substantial delay», en *Cogn. Affect. Behav. Neurosci.*, 2013, 13(4): 725-736.

Dodge, R., *et al.*, «The challenge of defining wellbeing», en *International Journal of Wellbeing*, 2012, 2(3): 222-235.

Dolcos, S., *et al.*, *Neuroscience and well-being. Handbook of well-being*, DEF Publishers, 2018.

Donohoe, C., *et al.*, «The impact of an online intervention (brainology) on the mindset and resiliency of secondary school pupils: A preliminary mixed methods study», en *Educ. Psychol.*, 2012, 32: 641-655.

Doron, J., *et al.*, «Coping with examinations: Exploring relationships between students' coping strategies, implicit theories of ability, and perceived control», en *Br. J. Educ. Psychol.*, 2009, 79: 515-528.

Du, S., *et al.*, «Compound facial expressions of emotion», en *Proceedings of the National Academy of Sciences*, 2014, 111(15), E1454-E1462.

Duckworth, A. L., *et al.*, «Grit: perseverance and passion for long-term goals», en *J. Pers. Soc. Psychol.*, 2007, 92(6): 1087-1011.

Dweck, C. S., «Motivational processes affecting learning», en *Am. Psychol.*, 1986, 41(10): 1040-1048.

—, *Self-theories: Their role in motivation, personality, and development*, Filadelfia, Psychology Press, 2000.

—, *Mindset: La actitud del éxito*, Málaga, Editorial Sirio, 2006.

—, «Even geniuses work hard», en *Educational Leadership,* 2010, 68(1): 16-20.

—, *Mindset: How you can fulfill your potential*, Londres, Constable & Robinson Limited, 2012.

— y E. L. Leggett, «A social-cognitive approach to motivation and personality», en *Psychol. Rev.*, 1988, 95: 256.

— y L. A. Sorich, «Mastery-oriented thinking», C. R. Snyder (ed.), *Coping: The psychology of what works* (pp. 232-251), Nueva York, Oxford University Press, 1999.

—, *et al.*, «Implicit theories and their role in judgments and reactions: A world from two perspectives», en *Psychological Inquiry*, 1995, 6(4), 267-285.

—, *et al.*, «Motivational effects on attention, cognition, and performance», D. Y. Dai y R. J. Stenberg (eds.). *Motivation, emotion, and cognition: Integrative perspectives on intellectual functioning and development* (pp. 41-55), Mahwah, New Jersey, Lawrence Erlbaum Associates, 2004.

Eccles, J. S., «Who am I and what am I going to do with my life? Personal and collective identities as motivators of action», en *Educ. Psychol.*, 2009, 44: 78-89.

—, «Gendered educational and occupational choices: Applying the Eccles et al model of achievement-related choices», en *Int. J. Behav. Dev.*, 2011, 35: 195-201.

— y A. Wigfield, «Motivational beliefs, values, and goals», en *Annu. Rev. Psychol.*, 2002, 53: 109-132.

Ekstrom, L., *Free Will*, Londres, Routledge, 2018.

Elliot, A. J., y J. M. Harackiewicz, «Approach and avoidance achievement goals and intrinsic motivation: A mediational analysis», en *J. Pers. Soc. Psychol.*, 1996, 70: 461-475.

Elliott, E. S., y C. S. Dweck, «Goals: An approach to motivation and achievement», en *J. Pers. Soc. Psychol.*, 1988, 54(1): 5.

England-Mason, G., «How parents feel about feelings can deeply affect child's development», en *The Conversation*, 2023, 200729.

Evans, G. W., y M. A. Schamberg, «Childhood poverty, chronic stress, and adult working memory», en *Proc. Natl. Acad. Sci. USA*, 2009, 106(16):6545-6549.

Everson, T. M., *et al.*, «Epigenetic differences in stress response gene FKBP5 among children with abusive vs accidental injurie», en *Pediatric Research*, 2023, 1-7.

Farris, S. P., *et al.*, «Epigenetic modulation of brain gene networks for cocaine and alcohol abuse», en *Front. Neurosci.*, 9: 176.

FioRito, T. A., y C. Routledge, «Is nostalgia a past or future-oriented experience? Affective, behavioral, social cognitive, and neuroscientific evidence», en *Frontiers in Psychology*, 2020, 1133.

Fleming, S. M., y H. C. Lau, «How to measure metacognition», en *Frontiers in Human Neuroscience*, 2014, 8, 443.

Fleur, D. S., *et al.*, «Metacognition: ideas and insights from neuro-and educational sciences», en *Science of Learning*, 2021, 6(1), 13.

Flynn, J. R., «The mean IQ of Americans: Massive gains 1932 to 1978», en *Psychological Bulletin*, 1984, 95(1), 29.

—, «Massive IQ gains in 14 nations: What IQ tests really measure», en *Psychological Bulletin*, 1987, 101(2), 171.

Foliano, F., *et al.*, *Changing mindsets: Effectiveness Trial*, Londres, National Institute of Economic and Social Research, 2019.

Forés, A., y J. Grané, *La resiliencia*, Barcelona, Plataforma, 2007.

Fornaciai, M., *et al.*, «Perceptual history biases are predicted by early visual-evoked activity», en *Journal of Neuroscience*, 2023, 43(21), 3860-3875.

Fraser, D. M., «An exploration of the application and implementation of growth mindset principles within a primary school», en *Br. J. Educ Psychol.*, 201888(4): 645-658.

Freire, P., *Pedagogía del oprimido*, Madrid, Siglo XXI Editores (traducción del original, de 1968), 2012.
—, *Cartas a quien pretende enseñar*, Madrid: Siglo XXI Editores (traducción del original, de 1993), 2014.
Frith, C. D., «The role of metacognition in human social interactions», en *Philosophical Transactions of the Royal Society B: Biological Sciences*, 2012, 367(1599), 2213-2223.
Garcés, M., *Escuela de aprendices*, Barcelona, Galaxia Gutenberg, 2020.
—, *Malas compañías*, Barcelona, Galaxia Gutenberg, 2022.
Gardner, H. E., *Frames of Mind: The Theory of Multiple Intelligences*, Nueva York, Basic Books, 2011 (última versión publicada en inglés).
Garvert, M. M., *et al.*, «Hippocampal spatio-predictive cognitive maps adaptively guide reward generalization», *Nature Neuroscience*, 2023, 26(4), 615-626.
Gerhart, J., y M. Kirschner, *Cells, embryos and evolution: toward a cellular and developmental understanding of phenotypic variation and evolutionary adaptability*, Hoboken, Wiley, 1997.
Gold, T., y S. Rodriguez, *Measuring entrepreneurial mindset in youth*, 2018.
Goldberg, D., «Helplessness: On depression, development and death», en *The British Journal of Psychiatry*, 1976, 128(1), 91-92.
Gollwitzer, P. M., y B. Schaal, «How goals and plans affect action», J. M. & Collis (ed.), *Intelligence and personality* (pp. 139-161), Nueva York, Lawrence Erlbaum, 2001.
Gonida, E., *et al.*, «Implicit theories of intelligence, perceived academic competence, and school achievement: Testing alternative models», en *Am. J. Community Psychol.*, 2006, 119(2): 223-238.
Good, C., *et al.*, «Improving adolescents' standardized test performance: An intervention to reduce the effects of stereotype threat», en *J. Appl. Dev. Psychol.*, 2003, 24(6):645-662.
—; Rattan, A., y C. S. Dweck, «Why do women opt out? Sense of belonging and women's representation in mathematics», en *J. Pers. Soc. Psychol.*, 2012, 102: 700-717.

Goodenough, O. R., y M. Tucker, «Law and cognitive neuroscience», *Annual Review of Law and Social Science*, 2010, 6, 61-92.

Grané, J., y A. Forés, *Los patitos feos y los cisnes negros: Resiliencia y neurociencia*, Barcelona, Plataforma, 2019.

Gray, P., *et al.*, «Decline in independent activity as a cause of decline in children's mental wellbeing: Summary of the evidence», en *The Journal of Pediatrics*, 2023.

Gunderson, E. A., *et al.*, «Parent praise to 1-to 3-year-olds predicts children's motivational frameworks 5 years later», en *Child Dev.*, 2013, 84, 1526-1541.

—, *et al.*, «Who needs innate ability to succeed in math and literacy? Academic-domainspecific theories of intelligence about peers versus adults», en *Dev. Psychol.*, 2017, 53(6): 1188-1205.

Hakamata, Y., *et al.*, «Neurobiology of early life adversity: A systematic review of meta-analyses towards an integrative account of its neurobiological trajectories to mental disorders», en *Frontiers in Neuroendocrinology*, 2022, 65, 100994.

Harris, S., *Free Will*, Nueva York, Simon and Schuster, 2012.

Hattie, J., y H. Timperley, «The power of feedback», en *Rev. Educ. Res.*, 2007, 77(1): 81-112.

Heckhausen, J., y C. S. Dweck (eds.), *Motivation and self-regulation across the life span,* Cambridge, Cambridge University Press, 1998.

Heilbronner, S. R., y B. Y. Hayden, «Dorsal anterior cingulate cortex: A bottom-up view», en *Annu. Rev. Neurosci.*, 2016, 39: 149-170.

Heine, S. J., *et al.*, «Divergent consequences of success and failure in Japan and North America: An investigation of self-improving motivations and malleable selves», en *J. Pers. Soc. Psychol.*, 20018, 1(4): 599-615.

Henshaw, J., y C. Severs, «Exclusive: Growth mindset is 'bullshit', says leading geneticist», *Tes*. <https://www.tes.com/magazine/archive/exclusive-growth-mindset-bullshit-says-leading-geneti cist>, 2019.

Herrnstein, R. J., y C. Murray, *The bell Curve: Intelligence and class structure in American life*, Nueva York, Simon and Schuster, 2010.

Heyes, C., *et al.*, «Knowing ourselves together: The cultural origins of metacognition», en *Trends in Cognitive Sciences*, 2020, 24(5), 349-362.

Heyman, G. D., y C. S. Dweck, «Children's thinking about traits: implications for judgments of the self and others», en *Child Dev.*, 1998, 69, 391-403.

Hidi, S., «Revisiting the role of rewards in motivation and learning: Implications of neuroscientific research», en *Educational Psychology Review*, 2016, 28, 61-93.

Holdsworth, E. A., *et al.*, «Maternal-infant interaction quality is associated with child NR3C1 CpG site methylation at 7 years of age», *American Journal of Human Biology*, 2023, e23876.

Holz, N. E., *et al.*, «Resilience and the brain: a key role for regulatory circuits linked to social stress and support», en *Molecular Psychiatry*, 2020, 25(2), 379-396.

Hoyert, M., y C. O'Dell, «Goal orientation and the aftermath of an academic failure», en *Int. J. Learn.*, 2008, 15(3): 245-251.

Huttenlocher, P. R., *Neural plasticity: The effects of environment on the development of the cerebral cortex*, Cambridge, Harvard University Press, 2009.

Insabato, A., *et al.*, «Neural correlates of metacognition: A critical perspective on current tasks», en *Neuroscience & Biobehavioral Reviews*, 2016, 71, 167-175.

Irving, Z. C., *et al.*, «Will-powered: Synchronic regulation is the difference maker for self-control», en *Cognition*, 2022, 225, 105154.

Jack, R. E., *et al.*, «Facial expressions of emotion are not culturally universal», en *Proceedings of the National Academy of Sciences*, 2012, 109(19), 7241-7244.

Jiang, N., *et al.*, «Negative parenting affects adolescent internalizing symptoms through alterations in amygdala-prefrontal circuitry: a longitudinal twin study», en *Biological Psychiatry*, 2021, 89(6), 560-569.

Jiang, Y., *et al.*, «Effects of reward contingencies on brain activation during feedback processing», en *Frontiers in Human Neuroscience*, 2014, 8, 656.

Job, V., *et al.*, «Beliefs about willpower determine the impact of glucose on self-control», en *Proceedings of the National Academy of Sciences*, 2013, 110(37), 14837-14842.

Johansson, F., *et al.*, «Associations between procrastination and subsequent health outcomes among university students in Sweden», en *JAMA Network Open*, 2023, 6(1), e2249346.

Jones, O. D., *et al.*, «Law and neuroscience», *Journal of Neuroscience*, 2013, 33(45), 17624-17630.

Kaliman, P., «Epigenetics and meditation», en *Current Opinion in Psychology*, 2019, 28, 76-80.

Kehagia, A. A., *et al.*, «Learning and cognitive flexibility: frontostriatal function and monoaminergic modulation», en *Current Opinion in Neurobiology*, 2010, 20(2), 199-204.

Khalil, R., *et al.*, «Response inhibition partially mediates the relationship between emotional states and creative divergent thinking», en *Creativity Research Journal*, 2023, 1-18.

Kim, Y., *et al.*, «Whole-brain mapping of neuronal activity in the learned helplessness model of depression», en *Frontiers in Neural Circuits*, 2016, 10, 3.

Kok, B. E., *et al.*, «How positive emotions build physical health: Perceived positive social connections account for the upward spiral between positive emotions and vagal tone», en *Psychological Science*, 2013, 24(7), 1123-1132.

Komarraju, M., y D. Nadler, «Self-efficacy and academic achievement: Why do implicit beliefs, goals, and effort regulation matter?», en *Learn. Individ. Differ*, 2013, 25: 67-72.

Lesch, K. P., *et al.*, «Targeting brain serotonin synthesis: insights into neurodevelopmental disorders with long-term outcomes related to negative emotionality, aggression and antisocial behaviour», en *Philosophical Transactions of the Royal Society B: Biological Sciences*, 2012, 367(1601), 2426-2443.

Li, Y., y T. C. Bates, «You can't change your basic ability, but you work at things, and that's how we get hard things done: Testing the role of growth mindset on response to setbacks, educational attainment, and cognitive ability», en *J. Exp. Psychol. Gen.*, 2019, 148(9): 1640-1655.

Limeri, L. B., *et al.*, «Growing a growth mindset: Characterizing how and why undergraduate students' mindsets change», en *International Journal of STEM Education*, 2020, 7, 1-19.

Lukas, M., *et al.*, «Maternal separation interferes with developmental changes in brain vasopressin and oxytocin receptor binding in male rats», en *Neuropharmacology*, 2010, 58: 78-87.

Lumey, L. H., y F. W. van Poppel, «The Dutch famine of 1944-45 as a human laboratory: Changes in the early life environment and adult health», en *Early Life Nutrition and Adult Health and Development*, 2013, 3, 59-70.

Maier, S. F., y M. E. Seligman, «Learned helplessness at fifty: Insights from neuroscience», en *Psychological Review*, 2016, 123(4), 349.

— y Watkins, L. R., «Stressor controllability and learned helplessness: the roles of the dorsal raphe nucleus, serotonin, and corticotropin-releasing factor», en *Neuroscience & Biobehavioral Reviews*, 200529(4-5), 829-841.

Mak, M. C. K., *et al.*, «The relation between parenting stress and child behavior problems: Negative parenting styles as mediator», en *Journal of Child and Family Studies*, 2020, 29, 2993-3003.

Martin, A., *et al.*, «Mother and father depression symptoms and child emotional difficulties: a network model», en *European Psychiatry*, 2022, 65(S1), S87-S87.

Matteucci, G., *et al.*, «Cortical sensory processing across motivational states during goal-directed behavior», en *Neuron*, 2022, 110(24), 4176-4193.

McGowan, P. O., *et al.*, «Epigenetic regulation of the glucocorticoid receptor in human brain associates with childhood abuse», en *Nat. Neurosci.*, 2009, 12: 342-348.

—, *et al.*, «Broad epigenetic signature of maternal care in the brain of adult rats», en *PLoS One* 2011, 6: e14739.

McInerney, L., «Carol Dweck floats like a butterfly but her intellect stings like a bee», *Schools Week*, 2015.

McQuaid, R. J., *et al.*, «A paradoxical association of an oxytocin receptor gene polymorphism: early-life adversity and vulnerability to depression», en *Front Neurosci.*, 2013, 7: 128.

Meltzoff, A. N., y P. J. Marshall, «Human infant imitation as a social survival circuit», en *Curr. Opin. Behav. Sci.*, 2018; 24: 130-136.

Miller, D. I., «When do growth mindset interventions work?», en *Trends. Cogn. Sci.*, 2019, 23(11): 910-912.

Miskolczi, C., *et al.*, «Changes in neuroplasticity following early-life social adversities: the possible role of brain-derived neurotrophic factor», en *Pediatr. Res.*, 2019, 85(2): 225-233.

Morehead, J., «Stanford University's Carol Dweck on the growth mindset and education», en *OneDublin.org*, 2012.

Morris, A. S., *et al.*, «Temperamental vulnerability and negative parenting as interacting predictors of child adjustment», en *Journal of Marriage and Family*, 2002, 64(2), 461-471.

Moser, J. S., *et al.*, «Mind your errors: evidence for a neural mechanism linking growth mind-set to adaptive posterror adjustments», en *Psychol. Sci.*, 2011, 22(12): 1484-1489.

Mrazek, A. J., *et al.*, «Expanding minds: Growth mindsets of self-regulation and the influences on effort and perseverance», en *Journal of Experimental Social Psychology*, 2018, 79, 164-180.

Mueller, C. M., y C. S. Dweck, «Praise for intelligence can undermine children's motivation and performance», en *J. Pers. Soc. Psychol.*, 1998, 75(1):33-52.

Myers, C. A., *et al.*, «The matter of motivation: Striatal resting-state connectivity is dissociable between grit and growth mindset», en *Soc. Cogn. Affect. Neurosci.*, 2016, 11(10): 1521-1527.

Nelson, C. A., «Neural plasticity and human development», en *Current Directions in Psychological Science*, 1999, 8(2), 42-45.

Ng, B., «The neuroscience of growth mindset and intrinsic motivation», en *Brain Sciences*, 2018, 8(2), 20.

Nietzsche, F., *Crepúsculo de los ídolos*, Madrid, Alianza, 2013.

Nieuwenhuis, S., *et al.*, «Activity in human reward-sensitive brain areas is strongly context dependent», en *Neuroimage*, 2005, 25(4): 1302-1309.

Nussbaum, A. D., y C. S. Dweck, «Defensiveness versus remediation: Self-theories and modes of self-esteem maintenance», en *Pers. Soc. Psychol. Bull*, 2008, 34: 599-612.

Oleynick, V. C., *et al.*, «The scientific study of inspiration in the creative process: Challenges and opportunities», en *Frontiers in Human Neuroscience*, 2014, 8, 436.

Olivier, E., *et al.*, «Student self-efficacy, classroom engagement, and academic achievement: Comparing three theoretical frameworks», en *J. Youth Adolesc.*, 2019, 48(2): 326-340.

Ollerton, M., «Inclusion, learning and teaching mathematics: Beliefs and values», P. Gates (ed.), *Issues in mathematics teaching*, Londres, Routledge Falmer, 2001, 261-276.

Ortiz Alvarado, N. B., *et al.*, «Do mindsets shape students' well-being and performance?», en *J. Psychol.*, 2019, 153(8): 843-859.

Park, D., *et al.*, «The development of grit and growth mindset during adolescence», en *J. Exp. Child Psychol.*, 2020, 198: 104889.

Paunesku, D., *et al.*, «Mind-set interventions are a scalable treatment for academic underachievement», en *Psychol. Sci.*, 2015, 26: 784-793.

Peck, B., y K. B. Sweetman, «Mindset matters: Developing a growth mindset to reframe failure in libraries», Durham, University of New Hampshire Library, 2018.

Pessoa, L., *et al.*, «Neural processing of emotional faces requires attention», en *Proceedings of the National Academy of Sciences*, 2002, 99(17), 11458-11463.

Pollak, S. D., y D. J. Kistler, «Early experience is associated with the development of categorical representations for facial expressions of emotion», en *Proceedings of the National Academy of Sciences*, 2002, 99(13), 9072-9076.

Pomerantz, E. M., y S. G. Kempner, «Mothers' daily person and process praise: Implications for children's theory of intelligence and motivation», en *Dev. Psychol.*, 2013, 49: 2040-2046.

— y Saxon, J. L., «Conceptions of ability as stable and self-evaluative processes: A longitudinal examination», en *Child Dev.*, 20017, 2(1): 152-173.

Portero, M., y D. Bueno, «El placer de aprender», en *Aula de Innovación Educativa*, 2018, vol. 275, 18-22.

Prados, J., *et al.*, «Cue competition effects in the planarian», en *Animal Cognition*, 2013, 16, 177-186.

Provençal, N., y E. B. Binder, «The effects of early life stress on the epigenome: From the womb to adulthood and even before», en *Exp. Neurol.*, 2015, 268: 10-20.

Provenzi, L., *et al.*, «Neural and epigenetic factors in parenting, individual differences and dyadic processes», en *Brain Sciences*, 2022, 12(4), 478.

Ptáček, R., *et al.*, «Dopamine D4 receptor gene DRD4 and its association with psychiatric disorders», en *Medical Science Monitor: International Medical Journal of Experimental and Clinical Research*, 2011, 17(9), RA215-20.

Qasim, S. E., *et al.*, «Neuronal activity in the human amygdala and hippocampus enhances emotional memory encoding», en *Nature Human Behaviour*, 2023, 1-11.

Quoidbach, J., *et al.*, «Positive interventions: An emotion regulation perspective», *Psychological Bulletin*, 2015, 141(3), 655.

Rattan, A., *et al.*, «"It's ok. Not everyone can be good at math": Instructors with an entity theory comfort (and demotivate) students», en *Journal of Experimental Social Psychology*, 2012, 48(3), 731-737.

Rawsthorne, L. J., y A. J. Elliot, «Achievement goals and intrinsic motivation: A mcta-analytic review», en *Pers. Soc. Psychol. Rev.*, 1999, 3: 326-344.

Reardon, S. F., «The widening of the socioeconomic status achievement gap: New evidence and possible explanations». A: *Whither opportunity? Rising inequality, schools, and children's life chances*, G. J. Duncan y R. J. Murnane (eds.), 91-116, Nueva York, Russell Sage Foundation, 2011.

Redolar, D., *Psicobiología*, Editorial Médica Panamericana, 2018.

—, *Neurociencia cognitiva* (2.ª ed.), Editorial Médica Panamericana, 2023.

Rehman, I., *et al.*, *Classical conditioning*, Europe PCM, 2017.

Respondek, L., *et al.*, «Adding previous experiences to the person-situation debate of achievement emotions», en *Contemporary Educational Psychology*, 2019, 58, 19-32.

Rissanen, I., *et al.*, «In search of a growth mindset pedagogy: A case study of one teacher's classroom practices in a Finnish elementary school», en *Teaching and Teacher Education*, 2019, 77: 204-213.

—, *et al.*, «Implementing and evaluating growth mindset pedagogy: A study of Finnish elementary school teachers», en *Frontiers in Education*, 2021, vol. 6, 753698.

Romero, C., *et al.*, «Academic and emotional functioning in middle school: The role of implicit theories», en *Emotion*, 2014, 14(2): 227-234.

Rowe, M. L., y K. A. Leech, «A parent intervention with a growth mindset approach improves children's early gesture and vocabulary development», en *Dev. Sci.*, 2019, 22(4): e12792.

Russo, S. J., *et al.*, «Neurobiology of resilience», en *Nature neuroscience*, 2012, 15(11), 1475-1484.

Sachser, N., *et al.*, «The adaptive shaping of social behavioural phenotypes during adolescence», en *Biol. Lett.*, 2018, 14(11): 20180536.

San Martín, R., «Event-related potential studies of outcome processing and feedback-guided learning», en *Frontiers in Human Neuroscience*, 2012, 6, 304.

Sarrasin, J. B., *et al.*, «Effects of teaching the concept of neuroplasticity to induce a growth mindset on motivation, achievement, and brain activity: A meta-analysis», en *Trends in Neuroscience and Education*, 2018, 12, 22-31.

Schoppe Sullivan, S. J., *et al.*, «Patterns of coparenting and young children's social-emotional adjustment in low income families», en *Child Development*, 2023.

Schroder, H. S., *et al.*, «Mindset induction effects on cognitive control: a neurobehavioral investigation», en *Biol. Psychol.*, 2014, 103: 27-37.

—, *et al.*, «Neural evidence for enhanced attention to mistakes among school-aged children with a growth mindset», en *Dev. Cogn. Neurosci.*, 2017, 24: 42-50.

Seligman, M. E., «Learned helplessness», en *Annual Review of Medicine*, 1972, 23(1), 407-412.

Sesardic, N., *Making Sense of Heritability*, Cambridge, Cambridge University Press, 2005.

Shea, N., *et al.*, «Supra-personal cognitive control and metacognition», en *Trends in Cognitive Sciences*, 2014, 18(4), 186-193.

Shearer, C. B., y J. M. Karanian, «The neuroscience of intelligence: Empirical support for the theory of multiple intelligences?», en *Trends in Neuroscience and Education*, 2017, 6, 211-223.

Sherry, S., «Over-emphasis on safety means kids are becoming more anxious and less resilient», *The Conversation*, 2023.

Shim, S. S., *et al.*, «Classroom goal structures, social achievement goals, and adjustment in middle school», en *Learn. Instr.*, 2013, 23: 69-77.

Shrikanth, S., *et al.*, «Staying positive in a dystopian future: A novel dissociation between personal and collective cognition», en *Journal of Experimental Psychology: General*, 2018, 147(8), 1200.

Sisk, V. F., *et al.*, «To what extent and under which circumstances are growth mind-sets important to academic achievement? Two meta-analyses», en *Psychol. Sci.*, 2018, 29: 549 -571.

Sligh, A. C., *et al.*, «Relation of creativity to fluid and crystallized intelligence», en *The Journal of Creative Behavior*, 2005, 39(2), 123-136.

Sloterdijk, P., *Estrés y libertad*, Barcelona, Godot Ediciones, 2022.

Smiley, P. A., *et al.*, «Mediation models of implicit theories and achievement goals predict planning and withdrawal after failure», en *Motiv. Emot.*, 2016, 40(6): 878-894.

Sohal, V., y K. Cho, «Cognitive flexibility is essential to navigating a changing world. New research in mice shows how your brain learns new rules», *The Conversation*, 2023.

Sperling, R. A., *et al.*, «Measures of children's knowledge and regulation of cognition», en *Contemporary Educational Psychology*, 2002, 27(1), 51-79.

Starckea, K., y M. Branda, «Decision making under stress: A selective review», en *Neurosci. Biobehav. Rev.*, 2012; 36(4): 1228-1248.

Stiles, J., «Neuralplasticity and cognitive development», en *Developmental Neuropsychology*, 2000, 18(2), 237-272.

Stipek, D. J., y J. H. Gralinski, «Gender differences in children's achievement-related beliefs and emotional responses to success and failure in mathematics», en *J. Educ. Psychol.*, 1991, 83: 361-371.

—, «Children's beliefs about intelligence and school performance», en *J. Educ. Psychol.*, 1996, 88(3): 397-407.

Stoffel, J., y J. Cain, «Review of grit and resilience literature within Health professions educations», *Am. J. Pharm. Educ.*, 2018, 82(2): 124-134.

Sturm, R. A., y M. Larsson, «Genetics of human iris colour and patterns», *Pigment Cell & Melanoma Research*, 2009, 22(5), 544-562.

Sun, X., *et al.*, «Growth mindset and academic outcomes: a comparison of US and Chinese students», *npj Science of Learning*, 2021, 6(1), 21.

Tanaka, A., *et al.*, «Longitudinal association between maternal autonomy support and controlling parenting and adolescents' depressive symptoms», en *Journal of Youth and Adolescence*, 2023, 1-16.

Tang, X., *et al.*, «Building grit: The longitudinal pathways between mindset, commitment, grit, and academic outcomes», en *J. Youth Adolesc.*, 2019, 48(5): 850-863.

Thompson, R. A., «Stress and child development», en *Future Child*, 2014, 24(1): 41-59.

Torres Tribó, J., *Elogi de la mentida*, Figueras, Cal·lígraf, 2022.

Trahan, L. H., *et al.*, «The Flynn effect: a meta-analysis», en *Psychological Bulletin*, 2014, 140(5), 1332.

Tricomi, E., y K. M. Lempert, «Value and probability coding in a feedback-based learning task utilizing food rewards», en *J. Neurophysiol.*, 2015, 113(1): 4-13.

Tsagkrasoulis, D., *et al.*, «Heritability maps of human face morphology through large-scale automated three-dimensional phenotyping», en *Scientific Reports*, 2017, 7(1), 45885.

Tse, P., *The Neural Basis of Free Will: Criterial Causation*, Cambridge, MIT Press, 2013.

Tucker-Drob, E. M., *et al.*, «Genetically-mediated associations between measures of childhood character and academic achievement», en *Journal of Personality and Social Psychology*, 2016, 111(5), 790.

Tymula, A., *et al.*, «Dynamic prospect theory: Two core decision